교과서 밖에서
배우는

사회
공부

교과서 밖에서
배우는
사회
공부

초판 1쇄 인쇄 2015년 9월 21일
초판 1쇄 발행 2015년 9월 30일

지은이 정은교
펴낸이 김승희
펴낸곳 도서출판 살림터

기획 정광일
편집 조현주
북디자인 꼬리별
표지디자인 이혜원

인쇄·제본 (주)현문
종이 월드페이퍼(주)

주소 서울시 영등포구 양평로21가길 19 선유도 우림라이온스밸리 1차 B동 512호
전화 02-3141-6553
팩스 02-3141-6555
출판등록 2008년 3월 18일 제313-1990-12호
이메일 gwang80@hanmail.net
블로그 http://blog.naver.com/dkffk1020

ISBN 978-89-94445-97-7 03300

교과서 밖에서
배우는

사회
공부

정은교 지음

살림터

사회를 알아야 세상을 살아낸다

이 책의 핵심 낱말은 '사회'다. 낱말풀이부터 하자. 사회는 모일 사社, 모일 회會다. 사람들의 모임, 집합, 결사結社를 두루 가리키는 낱말이다. 옛 중국에서는 이 말이 '사社에 제사를 올리기 위한 모임'을 뜻했다. '사社', 또는 '사직社稷'은 땅과 5곡(다섯 가지 곡식)의 신神이었다.[1]

그런데 20세기의 동아시아인들은 이 낱말을 옛 용법用法으로 쓰지 않았다. 유럽 문명은 일본이 가장 먼저 받아들였는데 그들은 society를 한자로 옮겨줄 말을 찾다가 '社會'를 찾아냈다. society의 뜻을 그대로 社會에 옮겨 넣은 것이다. 그 '社會'가 한국과 중국으로 건너갔다. society를 거슬러 올라가면 프랑스어 société를 만나고, 더 올라가면 라틴어 societas를 만난다. societas는 동료, 동업자, 정다운 친구들을 가리키는 말이었다.

사회society는 쉽게 말해 '사람들(친구들)'이다. 「죽은 시인의 사회」라는 영화가 있다(1989년 작품). 미국의 보수적인 남자 사립학교에서 학생들에게 자유로운 정신을 불어넣다가 쫓겨난 키팅 선생의 이야기인

---

1. 이 낱말로 왕조를 빗대기도 했다. '종묘宗廟'는 임금과 왕비의 위패位牌를 모신 사당祠堂으로, 왕실과 나라를 통틀어 '종묘사직'에 빗댔다. "이 나라의 종묘사직을 이어갈 사람!"

데, 그가 학창 시절에 Dead Poets Society라는 '동아리' 활동을 했다. 이 영화에서는 society를 '사회'가 아니라 '동아리(클럽)'로 번역하는 것이 더 알맞다. 그렇다고 '사회'로 꼭 번역해서 안 될 것까지는 없다. 열 댓 사람의 모임이든, 수천만 명의 모임이든 '사람들'이기는 마찬가지이고, 사람들이 곧 사회이므로. "옛 시인들을 기리고 흠모하는admire 사람들!"

현실에서는 어느 경우에 '사회'라는 낱말을 쓰는가? 어느 나라(국가)나 민족(종족)이나 계층의 사람들을 가리킬 때, '한국 사회, 쿠르드족 사회, 상류층/지식인 사회(동네)'라 일컫는다. 국가(공적 영역)와 견줘서 시민사회(사적 영역)를 말할 때도 많다.[2] "시민사회가 시민운동으로 국가를 견제하자!" 여러 나라의 민중끼리 어깨를 겯고(연대하여) 세상을 바꾸고 싶은 사람들은 '민중 사회'라는 낱말을 쓸 수도 있다. 세계 인류를 한눈에 넣고 그들 모두에게 말을 걸고 싶은 사람은 '인류 사회'라는 말을 쓴다. 지금은 지구가 한마을(지구촌)이 됐으므로 앞으로 이 말이 자주 쓰일 것이다. 하지만 아직 대부분의 사람들은 자기 나라(국민국가)에 눈길을 가두고 살아간다. 나라 바깥에 대해서는 가끔 쳐다볼 뿐이다. "우리 사회는 어쩌고……." 하고 말할 때, 그것은 자기 민족 사회(국가)를 가리킨다.

우리는 "같은 TV를 보는 사람들이 '우리 사회'를 이룬다"고도 말할 수 있다. 한국어를 다 같이 알아듣고, 한국어로 떠드는 올림픽 중계를 보면서 한국인으로서 소속감(정체성)을 키우는 사람들이 흔히 말하는 '우리 사회'다. 그러니까 TV가 (우리) 사회를 한데 묶어준다. "텔레비전

---

2. citizen이나 bourgeois나 다 시민으로 번역한다. 옛 로마공화국의 시민citizen은 참정권을 누린 사람. 도시city의 사람들! 근대엔 신흥 부르주아들이 지배세력이 돼서 부르주아가 곧 citizen이라는 게다.

에 내가 나왔으면 정말 좋겠네, 정말 좋겠네……." 하고 읊조린 노래(동요)가 있었다. 그 노랫말에 대해 "그렇게 남들 앞에 나서고 싶으냐?"고 꼭 눈살 찌푸릴 일만은 아니다. 사람들은 '우리 사회'에게 뭐라고 말을 걸고 싶을 때가 많은데, 무슨 장차관도, 국회의원도, 근사한 기업의 사장님도 못되는 민초(民草, 풀뿌리 민중)들은 TV 카메라 앞에라도 서야 (잠깐이지만 생생한) 발언 기회를 얻기 때문이다.

사회와 국가, 사회와 개인

사회와 국가 그런데 '사회'가 대관절 어디 있는가? 서울 종로구에 있는가? 아니면 제주도 서귀포시에 있는가? 삼천리강산 곳곳에 흩어져 살아가는 사람들이 우리 (민족)사회를 이루고 있으니, 사실 이것이 한눈에 잡히지 않는다. 궁금한 사람은 서울 세종로에 있는 (행)정부 종합청사를 찾아가 보라. 바로 옆에는 경복궁도 있고, 근처에는 덩치 큰 신문사도 두서너 개 있다. 행정부는 국가기관의 주축이요, 경복궁은 국가의 역사를 보여준다. '국가'를 넓은 뜻으로 정의하자면 신문(언론)도 국가기관의 하나가 될 수 있다. 그런데 이들 국가기관들이 사회를 대표한다. 올림픽 메달 수여식을 할 때, 선수들이 속한 나라의 국기國旗가 올라가고 국가國歌가 울려 퍼지는데 그것은 선수들이 속한 (민족)사회를 대표해서 알리는 것이다. "몽골 선수가 금메달을 땄다고? 그 나라 사람들(=사회), 대단하구나!"

이렇게 국가는 사회를 대표하기도 하지만, 평소에는 사회에 맞서고, 사회와 마찰을 빚을 때가 많다. 존 로크가 '야경夜警 국가가 좋아!' 하고 부르짖었는데, 국가가 (시민)사회에 대해 뭐라고 호령하지 말라는 경고였다. "국가는 없어져야 해!" 하고 외친 사상가도 많았다. 오랫동안 국가가 민중들 위에 군림하고 호령해온, 관존민비官尊民卑의 뿌리 깊은 역사가 진저리 쳐져서 그런 사상이 나왔다. 국가 관리(관료)들이 진짜로 국민들의 (겸손한) 심부름꾼이 된다면 그때 국가는 비로소 '있는 듯, 없는 듯한' 존재가 되겠지. 국가소멸론은 사실 그런 뜻이다. 옛 중국에서는 (민중이) 왕이 누군지도 알아보지 못하는 상태를 '가장 좋은 나라'라고 쳤는데, 그 생각도 같은 맥락이다. "국가여, 사그라들어라! 사회 속에 녹아들어라!"

사회와 개인 사람(개인)은 사람들(사회) 속에서 살아간다. 그런데 사람은 '사람답게' 살고 싶다. 무슨 뜻인가? 우선 입에 풀칠하는 게 급하다. 밥을 곯아서는 당장 삶이 위협받는다(죽음의 그림자가 다가온다). 그것으로 족한가? 사람은 남들한테 "저 사람, 괜찮은 사람이야!" 하고 인정받아야 "난 괜찮은 놈(년)이지!" 하는 자기 존중감을 느낀다. 제가 하는 일이 그런 대로 보람 있고, 가끔은 즐겁게 놀아야 세상 사는 맛이 난다. 그리고 사람은 제가 속한 사회가 굴러가는 데에 저도 한몫 보탤 때라야, 다시 말해 사회의 주인(의 한 사람)이 돼야 자부심을 품는다. 1987년 말 대통령선거를 벌이던 때에 어떤 택시 운전사는 자기 집 전세금을 빼내서 정치자금으로 기부하기도 했다. 다음 날이면 거리로 나앉아야 하는데도! "이 사회가 내게 희망을 주기만 한다면 그깟 전세금은 아깝지 않아요!"

사람은 사회(사람들)의 운명과 동떨어져서, 자기 삶을 개척할 수 없다. 개인은 부분(하나)이요, 사회는 전체(모두)다. 전태일이 이 생각을 뭉클하게 나타냈다.

"나를 아는 모든 나여! 나를 모르는 모든 나여! 나는 그대 영역(=

사회)의 일부이네. 뇌성 번개가 이 작은 육신(몸)을 태우고 꺾어버린다고 해도, 그대들 소중한 추억 속에 간직된 나는 조금도 두렵지 않을 걸세."

그런데 사람들이 다들 세상을 긍정하고 살아가려면 사회가 어찌해야 하는가? 사회(사람들)가 하나하나의 사람을 다 품어 안을 줄 알아야 한다. 사회다워야 한다. 하지만 여태껏의 사회(세상)는 어땠는가? 노예제 사회는 노예를 사람으로 대접하지 않았다. 봉건 사회는 농노(農奴, serf)를 절반쯤만 사람으로 대접했다(농민이자 노예). 인류 사회가 지배계급과 피지배계급으로 뚜렷이 갈린 뒤부터 민중(노예, 농노)은 하느님(또는 미륵부처)의 나라를 꿈꾸었다. 그곳은 죽어서 가는 하늘나라가 아니고 하느님(미륵불)의 뜻이 실현되는 새 세상이다. 요컨대 지배자와 지배계급이 없는 세상이다. 하지만 현실에서는 카이사르(로마의 지배자)의 지배를 받는 곳이 사회였다. 인류의 지혜와 덕이 쌓이고 쌓여 언젠가는 '사람이 사람을 지배하는 관계'를 없애서 모두가 사람답게 살아갈 사회를 이뤄내야 한다.

지금 우리에게 사회는 있는가? 기상학(氣象學, aerology)의 연구 대상인 '날씨weather'라는 놈은 어떤 굳어진 틀거리, 구조structure가 없다고 한다. "날씨에는 이런 체계가 있다"고 못 박아 말할 수 없다. 그래서 기상학의 설명은 모든 것이 뒤죽박죽인 개방체계를 지향할 수밖에 없다. "어제는 잠깐 저런 틀이었고, 지금은 잠깐 이런 틀을 띠지만 그게 언제 왜 어떻게 바뀔지는 종잡을 수 없어서 우리도 몰라." 이와 달리, 사회에는 좀처럼 바뀌지 않는 어떤 굳센 구조構造가 있다. 사회학의 연구 대상은 그 '구조'다. 사회구조가 있는 한, '사회가 있다'고 말할 수도 있다. 사회도 날씨처럼 뒤죽박죽이기는 하지만, '구조를 갖춘 뒤죽박죽'이니까 말이다. 자본주의 사회를 떠올려보라. 참으로 단순하고 완강한 구조가 버티고 있지 않은가. "돈벌이(이윤벌이)를 자기 목적으로 삼은 집단이 사회 전체를 강력하게 포섭해(끌어) 들이는 곳! 자동기계 같은 경제 체제!"

하지만 인류 사회가 지금 하나하나의 사람을 품어 안고 있는가? 사람은 사회를 이루어 살고, 사회는 사람들(민중)을 위해 굴러가는 그런 사회가 지금 지구촌에 있는가? 지구촌 여기저기에서 그런 착한 생각과 고결한 영혼을 품은 몇몇 사람들이 (좋은) 사회를 만들어보려고 애쓰지만, 그 뜻이 사회 전체에 뿌리내리지는 못하고 있다. 홉스의 '자연 상태'처럼 남들이 땀 흘린 것을 갈취하고(빼앗고), 총칼과 쇠고랑으로 억누르는 나라들이 대부분이다. 약육강식弱肉強食의 정글 사회도 사회라면 그런 사회들이 활개 치고 있을 뿐이다. 지배자와 피지배자들로 날카롭게 갈려 있는 곳!

사회학에 대해 알아둘 것

사회과학에는 정치학, 경제학, 사회학, 인류학, 심리학, 법학 등등이 있다.[3] 얼핏 떠오르는 생각은 이런 것이다. "사회를 알려면 사회학을, 경제를 알려면 경제학을, 정치를 알려면 정치학을 공부하라!" 과연 그럴지, 물음표를 던져라. 그런 생각은 절반만 맞고 절반은 틀리다. 정치

---

3. 자연과학은 뉴턴처럼 세계를 수학으로 나타내기(재현하기)를 좋아하는 학자들이 대부분이다. 어떤 물리학의 앎을 양적으로 계산 가능한 결과로 번역하는 것! 그러나 사회과학에서는 수학을 조심해서 써야 한다. 수학 모델은 인과因果관계를 밝혀주지 않는다. $y=f(x)$에서 변수variable는 원인이 아니라 (숫자로 나타내진) 어떤 변화의 모습일 뿐이다. 수학은 변동의 결과를 계산(재현)하는 데만 관심이 있다. 세상의 어떤 내적 관계(곧 구조)를 재현해내지는 못한다. 무슨 통계표 따위는 사회의 어느 단면만 나타낼 뿐이다. 수학의 미덕美德과 달리, 사회과학은 인과적 설명이 가장 요긴하다.

와 경제를 모르고서 사회를 알 수 있는가? 경제와 사회를 모르고서 정치를 알 수 있는가? 우리는 정치학/경제학/사회학/인류학/심리학/법학을 다 알아야 비로소 사회를 안다. 그러니까 어떤 앎의 대상, 예컨대 '사회'라는 공부거리를 여러 갈래로 쪼개놓고 누구는 정치학, 누구는 경제학……으로 저마다 팻말을 붙여서 제 것만 들이판다면 그 학문은 점점 절름발이 학문이 돼간다. 옛 바벨탑에서 사람들 말이 뿔뿔이 갈리니까 서로 의사소통이 안 돼서 탑이 무너진 것처럼. 이 얘길 들추는 까닭은 "사회학을 공부한다고 사회를 다 아는 게 아님"을 일깨우려는 뜻에서다. 학자들이 통합 학문을 꿈꾸는 까닭도 그래서다.

아무튼 (사회과학의 하나인) 사회학의 공부거리는 무엇인지, 잠깐 훑어본다.

① 문화와 일상생활: 사회화(사회적 존재 되기)와 일탈(사회에서 빗나가기), 현대 문화와 매스미디어(대중매체), 성性과 결혼/가족
② 자본주의와 민주주의: 노동, 산업구조의 변화(정보화 등), 사회 불평등과 계급/계층
③ 사회문제와 사회운동: 시민사회, 여성운동, 도시화와 지역문제, 세계화와 민족문제

사회는 서로 상호작용하는 여러 개인들의 집합체다. 그들의 행위와 그 연관성을 알아내지 않고서는 사회가 어떻게 굴러가는지 헤아리기 어렵다. 개개인은 사람됨이 저마다 다르고, 우연히 벌어지는 일(행동)도 많지만 큰 눈으로(거시적으로) 보자면 어김없이 어떤(특정한) 방향으로 사회관계가 유지되고 또 이따금 바뀌어간다. 노자勞資 관계가, 민족들 사이의 관계가, 지배/피지배 관계가! 사람은 상상력imagination을

키워야 신문과 TV에 나오는 수많은 쪼가리 사실들을 그러모아 사회 전체의 모습을 그려낼 수 있다. 또 자기 사회의 역사(!)를 알고, 딴 민족(종족)들의 삶과 견주어보고(→인류학), 여태껏의 세상과 우리들의 앎 자체를 비판(성찰)할 줄 알아야 비로소 '지금 우리 사회의 모습(→ 사회학의 연구 과제)'도 알게 된다.

그런데 이 책은 사회학이 주로 들이파는 것들에 관심을 가두지 않았다. 사회는 위에 소개해놓은 ①~③의 공부거리들만 알아서는 속속들이 알 수 없어서다. 오히려 정치(전쟁, 국가)와 경제(공황, 성장 귀신)와 법(소유)과 철학(사람의 존엄함)을 알아야 사회를 보는 눈이 가까스로 트인다. 여러분이 사회 교과서를 읽을 때는 그렇게 통 큰 눈길로 살피기 바란다. 윤리나 문학이나 역사 교과서를 읽을 때도 마찬가지다.

아는 것이 힘이 될 수 있을까?

세상의 사회과학에는 두 부류가 있다. 사람들을 지배(통치, 관리)하려고 궁리한 것들과 노동 해방, 인간 해방을 도우려고 탐구해낸 것들! 이를테면 경영학이나 행정학 같은 실용 학문은 자본가나 국가(행정부)의 자리에서 어떻게 국가사회를 합리적으로 관리하고 통치하느냐(곧 지배하느냐)를 주로 들이파는 것이라면 인권과 노동권에 대한 탐구는 일반 민중의 자리에서 그들이 사회의 주인으로 자리 잡는 것을 돕는다. 학자들의 이론(학설) 가운데는 두 가지 면이 뒤섞인 것도 많고, 한때는 진취적인 뜻을 담아냈지만 세상이 바뀐 뒤로는 지배계급을 돕는 학문이 되어버린 것들도 있다. 그래서 칼같이 가르기는 어렵지만 아무튼 크게는 그렇게 둘로 나뉜다.

우리가 배우려는 것은 '통치자의 학문(기술)'이 아니다. 사람들이 사람답게 살아갈 수 있도록 돕는 앎이다. (사람을) 억누르는 것들로부터 풀려나고, '온전한 나'를 가꿔낼 수 있게 돕는 그런 배움! 그런 귀한 앎은 대학의 안락한 연구실에서 학자들이 써낸 글들보다 민중이 세상과 치열하게 맞닥뜨려서 얻어낸 생각(이야기) 가운데서 더 많이 발견된다. 왕국과 제국帝國이 든든하게 자리 잡았던 한漢나라, 당唐나라와 로마제국 시절이 아니라 수많은 나라들이 세워지고 무너지던 가운데 제자백가諸子百家와 보편 종교(이소노미아 철학, 유대교, 예수운동, 원시불교)가 꽃피던 시절이 우리에게 더 풍부한 영감inspiration을 선사한다. 현대의 대학교수들(제도권 학문) 중에는 민중의 호민관tribune보다 지배계급의 식객食客으로 노는 사람이 훨씬 많다. 전자라 해도 초등학교 문턱도 밟지 못한 묵자와 소크라테스와 예수한테 (그들이) 배운 것을 덩달아 읊조릴 뿐이다.

우리의 공부는 말 잘 듣는 학생처럼 세상(기성 사회의 지배층)에 얌전하게 순종하고, 제 앞가림만 들이파는 공부가 아니다. 정신 차려라! 그 사람들 얘기를 다소곳이 따르다가는 우리 인생이 쫄딱 망한다. 그래서 진짜 배움이 간절하다. 지금은 세계대공황과 전쟁(세계대전)의 시대란다! 인류 사회가 망조亡兆의 길로 치닫는 것을 막아내려면 우리가 할 공부는 사람이 달라지고 세상이 달라지도록 돕는 공부여야 한다. 사람들과 사회가 어느 길로 가야 할지, 환한 깨달음을 얻는 공부여야 한다.

인류가 맞닥뜨린 문제들을 떠올려보자. 나라와 나라 사이에 다툼이 점점 커지고 있다. 센카쿠열도(댜오위댜오)를 핑계 삼아 일본과 중국이, 우크라이나(크림반도)를 놓고 미국과 러시아가 서로 총칼을 들이댔다. 세계대전의 전주곡이 울리고 있는 때에 인류 사회는 어찌해야 전쟁을 막을 수 있을까? 팔레스타인 민중은 수십 년 동안 이스라엘의 잔혹(잔인하고 가혹)한 국가테러에 짓밟히며 하늘만 뚫린 감옥에서 생지옥을 살아냈다. '힘이 최고'라는 현실원칙이 도덕원칙을 (지렁이 밟듯이) 짓밟고 있는 시대에 한반도에서 이남과 이북의 '평화' 통일은 과연 가능한 길이기나 한가? 사람들 살림살이도 자꾸 어려워지고 있다. 사회 교과서는 '고령화'를 걱정하지만 발등의 불은 청년 실업이다. 학교와 사회가 무슨 구실을 해야 할지, 고민거리가 지천이다. 경제 성장이 멈칫거리니까 한국의 지배세력은 당연하다는 듯이 '노동개혁(노동자 쥐어짜기)'을 들고 나왔다. 이미 세계 자본주의 체제가 곳곳에서 홍역을 앓고 있다. 우리가 그리스 국가 부도 사태 같은 것을 맞을 경우, 어떤 해법을 마련해야 하는지 지금부터 궁리해야 한다. 어쩌면 지금 인류 문명의 바탕이 서서히 허물어지고 있는지도 모른다. 숲의 소멸과 사막화(그에 따른 물 부족)를 극복해낼 구체적인 실천 프로그램은 무엇일까? 후쿠시마 원자력발전소 붕괴에 따른 방사능 오염은 (일본 언론은 시치미를 떼지만) 지금도 계속되고 있다.[4] 그런데도 원전原電을 계속 지어대야 할까? 지금의 사회경제 체제를 그대로 놔두고 '지속가능한 발전'이란 것이 가능키나 할까? 인간 소외가 칠흑처럼 깊어졌다. 결혼과 연애마저 포기한 청년들이 늘고 있는데 TV는 (사람들더러) 그런 현실을 아무 생각 없이 받아들이라고, 혼자 사는 사람의 본보기를 보여준다. 자살이 늘고, '묻지 마 범죄'가 심심찮게 일어나는 까닭은 세상살이에 패배하고 실성失性한 사람이 우글대기 때문이다. 사회를 고쳐내는 것은 관두더라도, 눈물의 골짜기 같은 이 세상을 우리 개개인이

---

4. 일본 정부가 원전을 2년간 멈춘 까닭은 국민들이 그 기억을 잊게 하려는 것. 반발이 수 그러든 뒤 '원전 재가동'에 들어갈 계획이다. 하지만 오래 잠자던 일본 민중이 이 사건으로 깨어나고 있다.

어찌 살아내야 할까?[5]

　우리는 도우미, 또는 원군援軍이 간절하다. 옛 스승들한테서 진실되게 배움을 구하자. 이를테면 예수가 어떤 깨달음과 희망을 베풀었길래 (절망 속에 살아가던) 앉은뱅이 나자로가 벌떡 일어섰을까? 우리는 타는 목마름으로 묻는다. 쿠오바디스 도미네?[6] 주여, 어디로 가시나이까? 우리는 어느 길로 가야 하나이까?

　하지만 길은 쉽게 찾아지지 않는다. 세상은 온통 신기루 밭이라서! 그렇다고 지쳐 넋 놓지 말고, 세상에 들끓고 있는 문제들부터 찾아 나서자. 문제를 잘 찾으면 그 너머에 답이, 곧 길이 어른거린다. 사람들이 무엇 때문에 힘들어하고, 무엇이 사람들의 삶을 무너뜨리고 있는지부터 일일이 살피자. 그것이 사람들 사이(곧 사회)에서 살아가는 사람이 늘 해야 하는 일이니까. 그 배움이 곧 삶이니까.

---

5. 『아프니까 청춘』이라고 누가 달래자 "아프면 환자지, 개○○야!" 하고 청춘들이 대꾸했다. 청춘들의 '멘토'랍시고 나선 사람이 여럿 있었는데, 멘토 노릇 쉽게 할 수 있는 세상이 아니다.
6. 베드로가 로마제국의 박해를 피해 달아나다가 십자가를 메고 걸어오는 예수를 만났다. "쿠오바디스 도미네?" "네가 내 양들을 버리고 가니까 내가 또 십자가에 못 박히러 간다!" 베드로가 되돌아갔다.

1부

사람살이의 기본 바탕

1 사람의 존엄함에 대하여

프랑스 정부는 이슬람교를 믿는 여성들에게
공공장소에서 히잡을 쓰지 말라고 금지해서
그들을 따돌리고 모욕했다.
"너희 문화는 불온한(나쁜) 거야!
히잡을 부끄럽게 여겨!"

　이 글은 사람의 존엄함에 대해 살펴본다.[7] 대한민국 헌법 제10조에는 이렇게 적혀 있다. "모든 국민은 인간으로서 존엄과 가치를 가지며, 행복을 추구할 권리를 가진다." 한 나라의 헌법에 '존엄'이라는 낱말이 명시된 것은 언제, 어느 나라부터였는가? 1919년 독일 바이마르공화국부터였다. 독일의 민주주의는 사실상 그때 처음 모습을 드러냈고, 이것은 독일 노동자들이 수십 년간 싸워낸 결과였다. 2차 세계대전에서 독일과 일본의 파시즘 침략에 맞서 연합국이 승리를 거둔 뒤로 '모든 인간이 존엄하다'는 생각이 전 세계에 보편화됐다. UN 헌장(1945년)과 세계인권선언(1948년)에 그 말이 들어갔다. 한국은 1962년이 돼서야 그 말을 헌법에 집어넣었다.[8]

　사람은 사람 그 자체로서 존엄하고 가치가 있다. '사람이 존엄하다'는 데에는 어떤 예외도, 제한limit도 둘 수 없다. 제한이 주어지는 순간, 존엄은 허물어진다. 사람을 짐승이나 물건으로 다루는 것(인신매

---

7. 드높고 고귀하다는 뜻. 영어는 dignity, majesty, prestige, venerable로 옮긴다.
8. 교과서는 '인권이 어디서나 개선돼가고 있다'고 낙관했지만, 요즘 들어 그 반대 흐름이 커지고 있다.

매, 생체실험 따위)은 사람의 존엄과 가치를 여지없이 짓밟는 짓이다. 모든 사람은 존엄하므로 국가권력의 주체가 될 자격과 지위가 있다.[9]

동학을 일으킨 최제우(1824~1864)가 이 생각을 감동적으로 나타냈다. 그는 '사람이 하늘!'이라는 말로 존엄의 뜻을 아름답게 나타냈다. 하지만 옛 동아시아에서도 그와 비슷한 깨달음은 이미 있었다. 성리학은 사람의 성품에 천리天理와 하나가 될 착한 도덕성이 들어 있다고 봤다. 정약용은 하늘이 사람에게 스스로 주인이 될 권리를 줬다고 말했다. 최제우의 공功은 '노비들까지도 하늘로 섬기자!'고 그 대상을 넓힌 데 있다.

사람이 왜 존엄한가? 또, 사람이 왜 사람이라는 이유로 존엄한 대접을 받아야 하는가?[10]

먼저 자기애自己愛에 대해 생각해보자. 짐승이 숨 쉬고, 먹이를 먹어서 목숨을 잇는 데는 '자기 사랑'이 굳이 필요 없다. 배고프면 먹이를 찾아서 먹고, 졸리면 아무 데서나 잠자고, 제 본능에 충실하게 행동하면 된다. 그런데 사람은 짐승의 하나이긴 해도 딴 짐승들과 달리 '자기 사랑'이 있다. 그래서 때로는 제 삶을 스스로 중단하기도 한다. "(내 인생이) 살 만한 값어치가 없는데 억지로 더 살아서 무엇하랴!"

남들이 나를 사랑해줘야 나도 나를 사랑할 수 있다

그런데 사람이 자기를 사랑할 수 있는 원동력(힘)이 어디서 나오는

9. 민주주의는 그 생각에 의거해서만 성립한다. 본때 있는 민주정치는 20세기 들어와서 시작됐다.
10. 고교 교과서는 이에 대해 (쉽게 풀이하기 어려워서이겠지만 아무튼) 아무 설명도 하지 않았다.

가? 남들한테서 나온다. 아이는 엄마한테 사랑을 듬뿍 받아야 구김살 없이 커나간다. 전 국민의 사랑을 받은 피겨 스케이트 선수는 그 사랑에 보답하려고 제 몸이 망가지는 것을 무릅쓰고 훈련에 몰두한다. 사람은 남들이 '먼저' 자기를 사랑해줘야 비로소 자기를 사랑할 수 있다. 사람은 남과 관계를 맺지 않고서는 사람꼴과 사람됨을 갖추지 못한다.

만일 남들이 나를 사랑하고 존중한다면 '내 안'에 어떤 귀한 것이 들어 있는 것이 틀림없다. 나는 중요한 존재다. 아무 때나 쓰레기통에 처박힐 하찮은 존재가 아니다. 내가 이 세상에서 갑자기 사라지거나 딴 데로 가버리면 이 세상은 훨씬 어둡고 칙칙해질 것이다. 그런데 나를 귀한 존재로 만들어주는 그것은 무엇일까?

'내 안'에 있는 귀한 것은 '남을 생각할 줄 아는 마음'이다. 사람이 귀한 존재로 도약하는 때는 (다름 아니라) 남들을 자기 삶의 전제前提로 받아들일 때다. 성서는 이것을 아주 쉬운 말로 나타냈다. "내가 대접받고자 하는 대로 남을 대접하라! 네 이웃을 네 몸과 같이 사랑하라!"[11] 얼핏 생각하면 별것 아닌 분부를 하는 것 같지만, 사실은 엄청나게 무거운 명령이다. 우리가 우리를 좋아하는 가까운 이웃과 품앗이(일손 돕기)를 하고 선물을 나누는 것이야 그리 어려운 일이 아니다. 하지만 우리 눈길이 가 닿지 않는, 미지未知의 이웃이나 심지어 우리를 적대하는 사람들까지 사랑하라는(예수가 그렇게 부르짖었다) 것은 거의 불가능한 요구이거나 미친 요구가 아닐까?

아무튼 보편 종교는 '이웃 사랑'의 계명과 더불어 탄생했다. 그 불가

11. 하느님의 가르침을 낱말 하나로 압축하면 '이웃 사랑'이라고 옛 유대교 랍비 히렐이 말했다. 그는 어렸을 때 돈은 없는데 공부를 하고 싶어서 학교 지붕 위에 올라가 수업을 엿들었다는 일화를 남겼다.

능한 명령을 받아들이는 것은 사람에게 믿음의 도약(!)이다. 그것은 자연적인(본능적인) 충동과 욕구와 성향性向에서 벗어나, 자연(본능)을 극복한 존재로 살아보라는 명령이기 때문이다. 이 계명을 받아들이는 사람만이 사람답다(사람됨을 갖추게 된다). 그 밖의 딴 윤리와 도덕은 어떤 것도 곁가지에 지나지 않는다.

코르작은 독일 나치당이 "유대인들을 인종 청소하자!"고 유럽의 대중들을 꾀던 시절에 폴란드에서 유대인 전쟁고아들을 모아서 고아원을 꾸린 사람이다. 폴란드를 점령한 독일 군대가 고아원 아이들을 수용소(가스실)로 데려가려고 오자, 아이들과 함께 노래를 부르며 당당하게(아름답게) 기차역으로 걸어갔다.[12] 1942년의 이야기다. 그는 유대인이 아니라서 죽음으로 가는 기차를 타지 않아도 됐지만 아이들을 돌보려고 거기 기꺼이 올라탔다. 그가 아이들에게 사랑을 쏟았던 것은 아이들이 사람이었고, 사람다운 존재로 커갈 가능성으로 가득 찬 귀한 존재들이었기 때문이다. 그 시절은 '이웃 사랑'의 계명 따위는 한갓 지푸라기가 된 시절이었다. 사람들이 제 목숨 줄을 이어가려고 온갖 비루한(꾀죄죄한) 짓을 다 벌이던, 지옥 같은 시절이었다.

남들을 섬기는 사람이 존엄하다

어떤 사람이 존엄한(존귀한) 사람인가? 사람(남들)을 하늘처럼 섬기는 사람이 존엄하다. 자기를 낮추는 사람만이 높임을 받는다. 예수가

---

12. 아이들을 살릴 딴 길이 없었다. 그는 '기차 타고 소풍 간다'고 아이들에게 둘러대야 했다. 바르샤바 시민들은 그 비극적인 '소풍길'을 지켜보며 "천사들이 행진하는구나!" 하고 눈물졌었다.

수많은 기적miracle을 보여줬다는 성서의 기록은 '인간 해방'의 놀라운 경험들을 신비롭게 표현한 것이다. 앉은뱅이 나자로가 벌떡 일어나 걸었던 비결은 딴 데 있지 않다. "우리는 당신을 존엄한 사람으로 대접하겠소!" 하는 예수의 영혼 깊은 말에 그가 감격했고, 사람다운 사람들(예수와 그 제자들)과의 만남을 통해 그에게 새 세상이 열렸던 것이다. 인류가 싯다르타나 소크라테스를 성인聖人으로 우러르는 까닭도 그들이 '모든' 사람을 다 하늘처럼 섬겼기 때문이다. 행세하는 신분의 사람뿐 아니라 미천한 신분의 사람들까지도!

세상에는 존엄스러운 삶을 살았던 사람이 한둘이 아니다. 몇 해 전에는 한 청년이 지하철 선로에 굴러떨어진 사람을 구해내고 자기가 죽었다. 평범한 청년이었겠지만 그 순간만큼은 고귀한 삶을 살았다. 세월호에서 남들을 구해내다가 죽어간 의인義人들도 우리에게 인류를 믿어도 될 근거를 부여해준다. "우리 사회에 아직 도덕이 죽지 않았구나! 진인(眞人, 진짜 사람)이 있구나!"

더 고결한 삶을 살았는데도 우리가 알지 못하는 경우도 많다. 지배세력이 쉬쉬하며 감추는 역사 속의 이야기다. 1980년 5월, 광주 시민의 항쟁을 그 당시 군사 파쇼 국가의 검열 밑에 있었던 언론들은 죄다 '폭도(빨갱이)'들의 짓이라고 깔아뭉갰다. 윤상원 열사를 비롯해 전남도청을 끝까지 지키다가 죽어간 투사들이 없었더라면, 그때의 시민항쟁이 '민주화 운동'으로 역사책에 기록되지도 못했다. 한진중공업 노동조합 위원장이었던 박창수는 1991년 봄, 안전기획부(공안기관)에 끌려가 당시 노동자들을 앞장서 대변하던 전노협(전국노동자협의회)을 떠나라는 모진 압박을 받았다. 전노협을 깨려고 국가와 자본이 총궐기하던 때다. 1991년 5월 초에 그는 심한 고문torture을 겪다가 죽었다. 그는 "전노협이 나이고, 내가 전노협인데 어떻게 전노협을 떠날 수 있느냐!"

고, 노동운동의 대의大義를 지켜내다가 귀한 삶을 마쳤다.

해방 정국(1945~1953)에 스러져간 사람들도 기억해야 한다. 그때 활동했던 여러 정치세력들을 놓고 우리는 어디가 '좋은 쪽'이고, 어디가 '나쁜 쪽'이라고 단순하게 이분법으로 규정짓지 않겠다. 어느 정치세력이든 당시의 시대적 과제를 떠안는 데에 있어, 비뚤어진 방향으로 처신했거나 어설프게 대응했을 것이라고 냉철하게 짚는 것이 옳다. 하지만 여러 사회정치 세력(의 행위 결과)에 대한 평가와 별개로, 우리 사회를 일으켜 세우려고 제 몸을 바친 수많은 사람들의 삶을 (그들이 어느 세력에 속해 있었건) 우리가 온전히 존중하고 기억하지 못한다면 우리는 우리 사회의 바람직한 미래를 그려볼 지혜를 도무지 찾지 못한다. 그 시절에 자주적인 민족해방의 과제에 복무하다가 수많은 사람이 총에 맞아 죽었거나 감옥에 갇혀 바위처럼 살아야 했다.[13] 이종 선생의 시를 잠깐 읽어보자.[14]

설마 그러랴만 만약 그리는 영상들을 지금 그렇듯이 망막에
거미줄을 친 채 만약에 만약에 죽어도 눈을 못 감는다면……
만약에 사람의 소리를 지금 그렇듯이 가슴에
누질러둔 채 만약에 전하지도 듣지도 못한다면……
또 만약 동강 난 산천山川을 부둥켜안은 채 만약에

---

13. 혹시 미래에 그들의 넋을 달래주는 진혼가鎭魂歌도 없이 어떤 통일이 강행된다면 그 (비전 없는) 통일은 민족에게 재앙이 될 것이다. 구천九泉으로 가지 못한 분단의 유령들이 줄곧 출몰할 것이다.
14. 시인 고은이 예전에 이렇게 말했다. "그이들을 생각할 때 내 섣부른 감옥살이는 사치스러운 것이었다. 0.75평짜리 좁다란 감방에서 나도 살아본 적 있지만 그런 곳에서 기약할 수 없는 세월 저쪽에서 이쪽까지 '잔인한' 시간을 거의 초인적으로 살아낸 그들은 생명이라기보다 바윗돌 쪽이었다. 그들의 이야기를 듣노라면 숨이 막혀왔다. 이종 선생의 시 「설마」를 읽고는 나도 몰래 눈물방울이 맺혔다."

만약에 터도 없는 무덤이 되고 만다면……
아, 설마가 사실일 날이 내일일지도 모르니 만약
그렇더라도 지금 그렇듯이 비겁하지 말고 어리석지 말고
죽음이여, 담담하라, 미소지어라!

그는 1911년에 태어나 민족해방을 위해 이름 없이 일하다가 1959년
부터 10년간 감옥살이를 했다. 환갑 가까운 나이에 형기를 마치고 감
옥에서 나와 (남들은 자식이 돌봐드릴 나이에) 6년간 밑바닥 날품팔이를
하며 살다가 보안관찰법으로 다시 감옥에 끌려갔다. 집안은 풍비박산
이 났다. 77세의 쭈그렁 할배가 되기까지 13년을 더 갇혀 살았다. 같
은 죄에 대해 두 번이나 감옥살이를 시키는 국가는 악질 깡패와 전혀
다르지 않다. 보안관찰법을 만든 것은 국가범죄. 그런데 그가 박정희
와 전두환 군사 파쇼 국가에게 충성을 바치겠노라고 항복 서약서(=전
향서)만 썼더라도 두 번째 옥살이는 피할 수 있었다. 그러니까 그는 자
기 양심良心을 지키기 위해 제 목숨을 걸어야 했다. 그렇게 스러져간
사람들 앞에서 우리가 느끼는 막막함('살아남은 자의 슬픔')을 브레히트
(20세기 중반의 독일 극작가)가 다음과 같이 털어놨다.

물론 나는 알고 있다/오직 운이 좋았던 덕분에/나는 그 많은 친구
들보다 오래 살아남았다/그러나 지난 밤 꿈속에서/이 친구들이 나
를 두고 말하는 소리가 들려왔다/"강한 자는 살아남는다."/그러자
나는 자신이 미워졌다

세상 사람들은 이 세상에 고결한(존엄스러운) 사람들이 살아주기를
남몰래 바란다. 예수나 싯다르타에게 경배를 드리는 사람들의 마음은

그래서일 것이다. 나는 속물俗物로 산다 해도, 누군가는 성스럽게 살아주었으면 싶다. 그래야 이 세상이 언젠가는 밝아질 것이라 믿을 수 있어서다. 하늘같은 엄마의 무릎 밑(=슬하)에서 어린아이가 편안하게 자라듯이, 어른에게는 사람답게 존엄한 삶을 살아가는 사람들의 존재가 '기댈 언덕'이 되어준다. 나치 독일의 유대인 수용소에는 의인義人의 전설legend이 꼭 하나씩 전해 왔다고 한다. "우리는 너나없이 벌레처럼 비루하게 살고 있지만, 그 사람만큼은 곧게 자란 소나무처럼 당당했어! 세상이 어둡지만은 않아!" 그 수용소에 그렇게 의인이라 불릴 만한 사람이 사실 전혀 없었는지도 모른다. 어쩌다가 잠깐 덜 꾀죄죄한 모습을 보였을 뿐인 사람을 가리켜 의인으로 추어줬는지도 모른다. 제가 만나는 사람 모두가 벌레같이 비루한 존재라는 것을 수긍하는 순간, 그 사람들은 세상을 살아낼 힘을 송두리째 잃어버리기 때문이다.

그런데 사람의 존엄함은 원래부터 훌륭한 품성을 타고난 어떤 몇몇 사람만이 보여주는 것이 아니다. 그것을 '타고난 사람됨'의 문제로 속 편하게 여기는 것은 소박한 '성자聖者 숭배'다.[15] 앞서 광주 민중항쟁 얘기를 했지만 윤상원뿐 아니라 도청에 끝까지 남은 사람은 다 존엄한 삶을 살았다. 그들 중에는 엊그제까지만 해도 껄렁껄렁한 건달로 살았던 사람도 있었다. 20세기 중반에 소련의 굴락 수용소에 갇힌 사람들이 반란을 일으킨 적 있다. 그들은 탱크가 다가와서 총알을 폭포처럼 퍼붓는데도 다 같이 어깨를 결고 두려움 없이 노래를 불렀다. 마지막

---

15. 예전에 남미에서는 성인聖人의 전설 같은 것이 전해 왔는데 그들이 그렇게 남다른 사람은 아니었다. 가톨릭 신부神父 가운데 돈을 안 밝히고, 신도들을 사랑한 사람 몇몇을 신도들이 칭송하여 전설을 덧씌웠던 것이다. 그 전설은 신도 대부분이 수동적인 신민臣民으로 살았던 뒤처진 사회의 표현이다.

한 명이 쓰러질 때까지 노랫소리가 그치지 않았다고 한다.[16]

> 덧대기
> 광주 민중항쟁(1980년)은 원래 용감했던 사람들(만)이 나선 것이 아니다.
> 계엄군이 무서워서 숨었다가, 어디 불이 났다길래 궁금해서 가봤다가, 사
> 람들 틈에 섞여 따라가다가, 공수부대가 시민들을 마구 짓밟는 것에 분노
> 가 끓어올라 팔뚝을 휘둘렀고, (데모가) 왠지 신명이 나서 계속했고 (광주
> 시민들이 잔인하게 겪은 일을 세상에 널리 알려야 한다는) 알 수 없는 결기가
> 생겨나서 전남도청을 끝까지 지켰다. 시대가 사람을 만들어냈다. 한국현
> 대사사료연구소가 펴낸 『광주5월민중항쟁사료전집』 참고.

모욕은 자기 존중의 토대를 무너뜨린다

사람은 왜 남들로부터 존중받아야 하는가?[17] 남들에게 존중받지 않
고서는 자기를 존중할 수 없어서다. 자기 존중은 사회적 확인이 필요
하다. "남들이 나를 알아주고 있어. 그러니까 나는 괜찮은 놈이야!"
사람은 자기를 존중하는 마음 없이는 어떤 일도 할 의미가 없어진다.
무엇이 더 값진 일인지, 따질 이유도 없어지고(나는 그런 가치를 만들어
낼 주제가 되지 못해서), 살아간다는 것이 보람을 주지도 못해서다(나는
죽지 못해 산다). 사람은 자기 멸시가 어느 한도를 넘어서면 그 분노를
사회에 퍼붓거나(묻지 마 범죄), 자신에게 퍼붓는다(자살).[18]

사람의 존엄함에는 두 차원이 있다. 자기 존중self-respect과 자부심

---

16. 그럴 때가 사람이 숭고해지는 순간이다. 슬라보예 지젝이 쓴 『잃어버린 대의를 옹호하
며』 참고.
17. 이 대목은 아비샤이 마갈릿이 쓴 『품위 있는 사회』(1996년)의 논지를 간추렸다.
18. 2014년 10월, 강남 어느 아파트 경비원은 입주민의 모욕을 견디다 못해 제 목숨을 끊었
다. 근래 들어 '묻지 마 범죄' 사건도 자주 일어났다.

self-esteem! 이 둘은 서로 조금 다른 개념이다. 앞에 말한 것은 그가 남들을 존중할 태도를 품고 있는 한 누구나 평등하게 누려야 할 것이다. 뒤의 것pride은 사람마다 달리 분배되는 사회적 명예요 자랑이인데, 이는 제 일을 얼마나 잘해내느냐에 따른 자기 평가다. "나는 1등짜리 운동선수야!" 누가 남들보다 공부나 운동을 못한다면 그는 자기를 자랑스러워하기가 어렵다. 하지만 자랑거리가 부족하다 해서 남들에게 멸시를 받아야 할 이유는 전혀 없다. 사람은 누구나 사람으로서 존중받아야 한다.

남을 존중한다는 것은 그 사람의 자기 존중을 존중하는 것이다. "넌 기본적으로 괜찮은 놈이야! 자존감을 품기 바란다!" 그런데 사람이 모욕을 받으면 자기 존중의 토대가 허물어진다. 방글라데시 출신의 (한국 국적을 얻은) 아버지와 한국인 어머니 사이에서 태어난 어린이가 학교에 다닌다고 치자. 못사는 나라에서 온, 피부색도 시커먼 아이라 해서 한국 아이들로부터 놀림을 받는다면 그는 도무지 자기를 존중할 수 없다. "나는 한국인 동네에서 늘 업신여김을 당해야 하는 2등 시민이구나!" 그는 주류 사회로부터 모욕을 받는 셈이다. 성적 꼴찌의 학생도 잠깐 업신여김을 받을 수 있지만 꼴찌는 노력을 해서 벗어날 수 있다. 하지만 '피부가 검다'는 타고난 특징은 그의 사람됨 자체가 짓밟히는 천형天刑이 된다.

한국 아이들이 그를 친구로서 끼워주지 않는다면 그는 한국 아이들과 도통 교류를 할 수 없고, 무슨 일에서든 손해를 겪는다. 어느 한국 아이와 시비가 붙는다면 그는 한국 아이들 모두와 대결을 벌여야 한다. 그의 삶은 늘 위협에 시달린다. 자기 존중감이 바닥에 처박힐 수밖에 없다. 그렇게 사회로부터 대놓고 '왕따'를 당한 대표적인 경우가 독일 나치당이 집권했던 시절의 유대인들이다.

우리는 어떤 못된 개인들한테서만 모욕을 받지 않는다.[19] (지배층이 끌고 가는) 사회로부터도 체계적인 모욕을 받는데 후자가 훨씬 끔찍하다. 몇 해 전에 프랑스 의회는 무슬림 소녀들이 학교에서 히잡(이슬람 여성들 특유의 머리 가리개)을 둘러쓰는 것을 금지하는 법을 공포했다. 정치인들은 '공사公私의 분리를 흐리게 한다'고 터무니없는 구실을 댔지만 실제로는 유럽의 지배문화를[20] 소수자(무슬림)들에게 강제하는 것이고 소수자로서의 정체성을 모욕하는 짓이다. "프랑스에서 살려면 네가 무슬림이라는 사실을 숨기고, 부끄러워해라!" 체계적인 모욕은 또 있다. 여성을 성적 노리개로 삼는 포르노그래피가 군대 안에 버젓이 나돌고, 상사들마저 이를 묵인한다면 같은 군대에 있는 여군들은 속으로, 속으로 모욕감을 쌓아갈 것이다.

왜 사람을 모욕해서는 안 되는가? 사람은 누구나 존엄하기 때문이다. 스스로 제 앞가림을 할 줄 알고, 착한 짓과 나쁜 짓을 구분할 줄 아는 사람은 존엄하다. 사람됨을 갖춘 사람은, 다시 말해 남들과 더불어 사회를 꾸려낼 줄 아는 사람은 누구나 존엄하다. 사람 위에 사람 없고, 사람 밑에 사람 없다.

하지만 우리는 사람이 다들 의젓하고 대견하기 때문에 그들을 존중하는 것만은 아니다. 볼품없고 못난 사람도 있을 수 있다. 그런데 그들이 존중받지 못한다고 생각해보라. 사회로부터 손가락질을 받아 자존감을 잃어버린 사람은 별것 아닌 일에도 상처를 받는다. 그들이 겪

---

19. 한국엔 힘 약한 사회세력을 헐뜯는 데 앞장서는 몇몇 단체가 있는데 국가가 그 뒷배를 봐준다. 국가기관 중에는 (응달에서) 쉬쉬하며 더러운 짓을 벌이는 기관도 있다는 것까지 알아야 세상이 보인다.

20. 한자 공부: 문화文化는 '문(교양 있는 상태)'이 되는 것. '인간화'는 인간답게 되는 것. 감화感化는 느낀 것. 풍화風化는 바람의 영향을 받는 것. 조화造化는 '만들어지는 것.' '산화酸化'는 산소와 결합하는 것. 개화開化는 열리는 것. 진화進化는 나아가는 것. 강화強化는 강해지는 것.

을 끔찍한 고통을 덜어주기 위해서라도 그들을 존중하고 배려해야 한다.[21] 그것만이 그들을 존엄한 사람으로 커가게 돕는 길이다.

정의롭지는 못해도 품위는 있어야

  사회혁명의 시절(19~20세기)에 사람들은 정의正義의 문제를 치열하게 들고팠다. 재화(財貨, goods)를 공정하게 분배하는 문제다. "너희는 조금씩 (약탈과 착취로 우리를) 갉아먹지만, 우리는 한꺼번에 되찾으리라!" 인류에게 사회정의를 실현하는 것은 앞으로도 가장 절박한 문제다. 그런데 자본이 전 세계적으로 단결해 있는 마당에(늠름한 '미-일-한 군사동맹'을 보라) 정의 실현, 곧 사회혁명의 문제는 금세 진전을 보기 어려운 벅찬 과제일뿐더러, 사회문화적 소외와 억압이 깊어진 것이 당장은 더 고통스럽다. "세상이 정의롭지는 못해도 사람을 왕따시키고 모욕 주는 일만이라도 없었으면 좋겠다"는 비명소리가 절로 튀어나오는 판이다. 자본주의를 당장 끝장내지는 못하더라도 유대인이나 장애인을 사람 아닌 것으로 취급하고 멋대로 죽인 히틀러의 나치 국가 같은 것이 다시 들어서는 일만큼은 절대로 막아야 하는 것 아닌가? 속물스러운 부르주아 지배세력은 요즘도 한 나라 안에 2등 시민(무슬림, 이주 노동자들)을 따로 차별 짓고 싶어 안달이다. 이스라엘 학자 아비

---

21. 프란츠 파농은 제국주의자들의 억압과 멸시가 식민지 민중에게 정신병을 초래한다고 했다. 그래서 민족해방투쟁만이 (자존감을 되찾게 해줘서) 그 정신병을 극복할 길이랬다. "너희들, 우리를 멸시하다가는 큰코다친다! 우리는 용감한 사람이야!" 하지만 폭력에 맞선 반폭력을 언젠가는 멈춰야 한다. 그래야 저 잘난 맛에 살던 제국주의자들이 온전한 정신으로 돌아온댔다. 결국에는 원수마저 사랑해야 그 원수의 사람됨이 바뀐다. 이것도 위 얘기와 비슷한 맥락이다.

샤이 마갈릿은 이런 세상 흐름에 맞서 '품위 있는 사회'를 세우는 문제를 따로 주목했다. '품위'란 사람의 존엄함을 소극적으로 살피는 규정이다.

한국의 경우를 예시하자면, 한국의 지배세력이 저희들이 움켜쥔 재화財貨를 간수하기 위해 부동산 투기를 부추기고, 자본가들에게 돈을 퍼주는 이벤트(4대강 사업이나 평창 동계 올림픽)를 마구 벌이는 것이야 당분간 참고 견딜 수도 있다. 하지만 세월호의 진실을 캐려는 유가족들을 '돈을 밝힌다'는 따위의 악랄한 유언비어를 퍼트리며 모욕하는 짓은 묵과해서는 안 된다. 사람이 착취는 견딜 수 있어도 모욕은 견딜 수 없어서다. 그것은 사람(의 정신)을 짓밟아 죽이는 짓이다.

이탈리아 학자 조르주 아감벤은 현대 세계 체제가 '호모 사케르(사람으로 간주되지 않는 사람)'를 만들어낸다고 비판했다. 원래 로마시대에 민적(주민등록)에서 빼버린 사람을 가리킨 말이었는데, 요즘은 현대 국가들에게 버림받은 난민(難民, refugees),[22] 무젤만(수용소에 갇혀 굶주려 죽기 직전의 사람), 국가가 방치하는 슬럼 주민 등을 가리키는 말로 널리 쓰이고 있다. 호모 사케르의 문제도 '품위 있는decent 사회'의 문제의식과 가깝다. 2009년 초 용산 철거 현장에서 저항하던 세입자들이 경찰의 강제 진압으로 여럿 죽음을 당했는데, 그때 죽은 이들을 애도하고자 잿더미가 된 곳을 찾아간 어느 시인이 이렇게 털어놓은 적 있다. "어쩌면 나는 죽은 사람들이 애통했던 것이 아니라, 여태껏 내 삶이 안전하다고 느끼게 해준, 중산층이라는 보루가 국가에 의해 속절없이 무너질지도 모른다는 두려움 때문에 참사 현장을 찾았던 것인지도

---

22. 현대의 제국주의는 20세기 후반 들어 약소국가의 존재 자체를 해체해버리는 식으로 제3세계를 간섭했다. 그래서 내전內戰을 추스를 역량이 없는 (시리아 같은) 약소/약체 국가들에는 난민refugees이 수없이 생겨나고 있다. 그들의 안위가 정치학의 주요 의제로 올라와야 한다.

몰라요." 우리 모두는 잠재적인 '호모 사케르'가 아니냐, 하는 두려움이다.

정의론 말고 '품위nobility'에 관한 탐색이 따로 필요한 까닭은 세상에는 재화와 명예를 공정하게 나누는 일, 또는 법적인 권리 보장으로 풀리지 않는 미묘한 구석이 있기 때문이다. 정의와 불의不義만 따지느라, 우리가 자질구레한 것들로 가벼이 여기고 넘어가는 '인간 모욕'의 문제가 곳곳에 널려 있다는 얘기다. 이를테면 지배세력은 '복지 수당'을 타먹는 사람들을 가리켜 '기생충 같은 존재'라고 끊임없이 험담을 퍼붓는다. 기업세를 덜 내고, 복지 예산을 깎고 싶어서 그렇게 비열하게 떠들어댄다. 그래서 불쌍한 사람들에 대해 동정으로 베풀어지는 '복지'는 가난한 사람들의 자기 존중감을 허물어버린다. 복지국가에 대해, 쪼끔이나마 '부富의 재분배'를 이뤄낸 것으로 흐뭇해할 일만은 아니다.

그런데 어떻게 해야 품위 있는 사회가 세워질까? 결국 모욕을 퍼붓는 사람과 제도에 맞서 싸우는 수밖에 없다. 우리는 1987년 여름에 터져 나온 민중항쟁으로부터 역사의 교훈을 얻어야 한다. 세상을 좁은 눈으로 살피는 사람은 그때 노동자들이 들불처럼 들고 일어난 것을 수십 년간 자본가들에게 헐값(저임금)에 부려 먹힌 것에 대한 반발로만 여긴다. 박정희와 전두환 시대의 자본가들은 저희들을 편들어준 국가 덕분에 20여 년간 땅 짚고 헤엄치며 듬뿍 돈벌이를 했던 것이 엄연한 사실이다. 노동자들이 힘을 모으려고 노동조합이라도 만들라 치면 공안기관(경찰, 중앙정보부)의 저승사자들한테 붙들려가서 보리타작, 매타작을 당했으니 그렇게 뒷배경이 든든한 자본가 앞에서 어찌 눈을 겁 없이 치켜뜰 수 있었겠는가.

하지만 노동자들의 가슴속에 켜켜이 쌓여간 분노는 헐값에 부려 먹히는 억울함 때문이 아니었다. 걸핏하면 욕설을 퍼붓고 심지어 따귀마저 때리는 자본가와 중간관리자들의 인격 모욕에 대한 수치심이 가슴속에 차곡차곡 쌓여갔었다. 그때 노동자들을 일컫는 공식(?) 호칭이 '공돌이, 공순이'였다는 사실을 아시는가? 87시민항쟁으로 자유로이 말해도 좋은 정치 공간이 열리자, 노동자들의 그 응어리가 터져 나왔다. 그때 노동자들이 외쳤던 '사람답게 살고 싶다'는 구호는 가장 직접적으로는 수십 년간 겪어온 인간 모욕에 대한 분노의 외침이었다. 87항쟁 뒤로 노동자들을 가리켜 '공돌이, 공순이'라고 함부로 뇌까리던 회사 관리자들의 교만한 말버릇이 많이 고쳐졌다. 사람을 존중할 줄 모르는 꿋발 높은 놈들한테는 그들을 꾸짖는 사회운동만이 약藥이 된다.

2 노동에 대하여

실업자를 쏟아내는 사회는 앞날이 위태롭다.
자본경제에 무슨 문제가 있는지,
근본을 캐물어야 한다.

　'노동勞動'은 몸을 움직여 일을 하는 것이다. "그는 노동을 해서 밥 먹고 산다." 경제학의 관점에서 보자면 "사람이 생활에 필요한 물자를 얻으려고 손과 발, 두뇌를 부려 써서 이뤄내는 의식적 행위"를 가리킨다. 영어로 '노동'은 labor와 work, 두 낱말로 옮길 수 있다. work는 '일 전반(모두)'을 가리키기도 하는 넓은 뜻이요, labor가 좁은 뜻의 노동이다. 노동과 '일'은 뜻이 겹치지만, 일은 온갖 경우에 다 쓰이는 기본 낱말이므로[23] 사람의 살림살이와 관련된 얘기는 되도록 '노동'이라는 (뜻이 한정된) 낱말로 나타내는 게 좋다.

'7포 세대'를 바보로 만드는 교육은 범죄다

　노동과 관련해, 고등학교 '사회' 교과서의 '일과 여가' 단원을 들춰본다. 직업과 진로(일의 의미와 중요성, 직업/진로 설계), 창업(기업가 정신,

---

23. work, labor, task, job, business, duty, thing, affair, matter가 다 '일'로 번역된다.

창업 설계), 근로자의 권리, 여가 설계에 대해 서술해놓았다. 근로자의 권리(최소한의 근로 조건, 근로의 권리, 노동 3권), 여가 실태 등을 알아두고 진로 찾기에 힘쓰라는 주문이다. 고등학생 개개인이 커서 자기 앞가림을 하는 데에 도움이 될 실용적인 지식을 죽 늘어놨다. 그러나 현대 사회가 어떤 곳인지, 노동과 여가 생활이 어떻게 벌어지고 있으며 어떤 문제를 안고 있는지, 눈을 틔워줄 내용은 별로 없다. '생활과 윤리' 교과서는 직업의 의의(칼뱅과 베버)와 직업윤리를 살폈는데 영혼과 감성이 없는 딱딱한 얘기라 이 대목도 학생들이 억지로 읽을 것 같다.

학생들에게 실용적인 앎도 쪼끔은 필요하다. 하지만 그런 것은 아직 세상에 대해 모르는 것투성이인 중학교 학생에게 들려줄 일이고, 그것도 꼭 필요한 것에 한정해야 한다. 이를테면 노동자가 누려야 할 권리에 대해! 고등학생이라면 세상(=사회와 인간화된 자연)이 굴러가는 이치가 무엇이며 우리가 무슨 문제와 씨름해야 하는지를 알아야 하지, '제 앞가림만 하라'고 그들을 어떤 테두리 안에 가두는 것은 바보를, 우민愚民을 만드는 교육이 아닌가?[24] 그런 옹색한 교과서와 씨름하느라 더 깊은 앎을 맞닥뜨릴 기회를 놓쳐버린 학생들이 어찌 민족을 구원하고 싶다는 루쉰(『아큐정전』을 쓴 20세기 초 중국 문학가)의 포부와 동료 노동자들을 구원하고 싶었던 전태일의 의기義氣를 제 삶 속에 받아들일 수 있겠는가. 요컨대 노동의 세계와 관련하여 (몇 가지 쪼가리 지식 빼고는) 고교 교과서로부터 병아리 오줌만큼도 배울 것이 없다.

왜 학생들이 노동의 세계와 관련해 깊은 깨달음을 품어야 하는가? 그래야 세상을 살아갈 마음의 태세를 갖출 수 있어서다. 일본의 히키

---

24. 고교생더러 '창업'에 대해 알아두라는 것은 정말 쓸데없는 짓거리요, 우민 교육이다. 그런 실용지식은 당장 창업을 고민하는 청년이 (특히 인터넷 시대에) 스스로 얼마든지 터득할 수 있다.

코모리(은둔형 외톨이)들이 우리에게 경각심을 일깨운다. 사회에 나가는 것이 무서워서 방 안에 콕 틀어박힌 젊은이들! 남유럽(이탈리아, 스페인)과 일본뿐 아니라 요즘 한국 사회도 차츰 청년 실업unemployment이 깊어져서 '7포 세대(연애, 결혼, 출산, 집 장만, 인간관계, 직업, 희망을 모두 포기한 세대)'라는 신조어까지 나왔다. 그렇게 제 인생의 목표를 깡그리 포기한 청년이야 많지 않겠지만 그럴 불안감에 대부분 휩싸여 있다. 한국 청년들 중에도 히키코모리가 나오지 말라는 법이 없다.[25]

'창업!'에 대해서도 잠깐 짚자. 빈부 양극화가 가팔라진 21세기에, 학교(국가)가 청소년들에게 '창업!'을 부르짖는 것은 그들의 진로를 책임져주지 못하는 무능력을 덮어 가리려는 뻔뻔스러운 알리바이다. 사람들이 창업에 관한 지식이 없어서 번듯하게 자기 가게(사업)를 열지 못하는 것이 아니다. '발명왕'에 올랐던 한 청년의 넋두리가 신문에 실린 적 있다. 청년들이 아무리 참신한 발명이나 창업 아이디어를 갖고 있어도 큰 밑천(자본)을 갖고 있지 못하다면 (그것을) 실현하기 어렵다고 제가 겪은 일을 털어놓았다. 쪼끄만 구멍가게를 꾸려서 입에 풀칠하는 수많은 자영업자(소부르주아)들의 경험담을 들어보라. 밑천이 얼마나 있어야 안심하고 가게를 낼 수 있는지도 물어보라.

요즘은 마음에 드는 일자리를 찾을 수 없어서 일할 의지(취업 희망)마저 잃어버린 니트족이 세계 곳곳에 늘어나고 있다.[26] 이 험난한 세상이 어떻게 해서 생겨났으며 어찌해야 희망의 실마리를 찾을 수 있을지, 청년들이 통 큰 깨달음을 품는 것이 더 간절하지 않은가?

---

25. 히키코모리가 일본은 100만 명에 근접해가고 있고, 한국은 30만 명쯤으로 짐작된다.
26. Not in Education, Employment, Training의 줄임말. 1990년대 영국과 유럽, 요즘은 일본과 한국에까지 확산됐다. 니트족이 일본은 일찍이 2002년에, 한국은 요즘 100만 명 가까이로 늘어났다.

노동자의 권리를 알아야 한다

부모덕에 온실 속에서 살아가는 10대는 살갗으로 실감하지 못하겠지만, 요즘 가정 형편이 어렵거나 학교를 등진 15~19세 청소년 20여만 명이 편의점 일이나 배달 대행 아르바이트 등을 한다. 또 해마다 특성화 고교생 6만여 명이 공장이나 가게로 '현장 실습'을 나간다. 사회 교과서는 기특하게도(?) 근로 10계명을 서술해놓았다. 만 15세 이상 청소년이 노동일을 할 경우, 꼭 근로계약서를 쓰고 '법정 최저임금'을 달라고 요구하며, 최저 근로조건(하루 7시간, 주 40시간 근로)과 초과근무에 붙는 가산임금과 퇴직금, 30일 전 해고 예고 조항을 알아두라고 했다. 이것은 '근로기준법'에 나와 있는 내용이다.[27]

교실에서는 공허한 낱말에 불과한 노동법이 일부 청소년들에게는 당장 절박한 삶의 문제가 된다. 그들은 품팔이에 나서자마자 제 삶에 관해 알아야 할 것들이 마구 밀려든다. "일하던 도중에 손님이 없으면 '쉬라!'고 하고는 그 시간 동안 돈을 주지 않는데 어떡하죠?" "갑자기 해고당하면 아무 소리 말고 일을 그만둬야 하나요?" "산업재해는 어디까지 인정되나요?" "주휴週休 수당을 받을 수 있는지, 야간근로수당 night-work allowance은 어느 때에 받을 수 있는지?"[28] 그들 대부분은 최저임금을 밑도는 임금을 받거나 직장에서 폭언과 성희롱을 당하거나 재해에 대해 보상받지 못해도 아무 소리 못하고 참거나 일을 그만둬

---

27. 전순옥 의원(전태일 동생)이 노동권 교육을 학교 커리큘럼에 넣자는 법안을 2015년 4월에 발의했는데 지배세력이 노동권을 회수하고 싶어 안달하는 시대에 의회가 그 법안을 받아안을지 미심쩍다.
28. 청소년활동기상청이 펴낸 『청소년을 위한 법 사용설명서』참고. 2002년 대형마트 '까르푸'의 해고 투쟁을 다룬 (네이버 웹툰에 연재된) 만화 『송곳』이 창비에서 출판됐는데 읽어볼 만하다.

버릴 뿐 대들어 따지지 못한다.

노동자의 권리를 알아야 할 사람(대상)은 아직 세상 물정 모르는 청소년들만이 아니다. 다음 글을 읽어보자.

공단(공업단지)은 불법不法 천지다. 제조업에서 '파견 노동자'를 고용하는 것은 불법이지만, 공단 노동자의 다수는 파견 업체를 통해 공장에 취업한다. 회사는 소小사장제를 통해 파견을 도급(어떤 일을 딴 업체에 떠맡기는 것)으로 둘러대거나 파견 업체를 6개월 단위로 바꿔서 눈속임을 하고 있다. 노동비용을 줄인답시고 무료 노동을 시키기도 한다. 출근 시간보다 30분 일찍 출근시킨다거나 업무 시간이 끝난 뒤에도 청소를 시킨다거나 하면서 무급無給 노동시간을 늘린다.

전자제품 하청업체의 경우 물량 쏠림이 심해서 일이 많다가도 금세 끊길 때가 많은데, 노동자들에게 당연히 지급돼야 할 휴업 수당은 거의 지급되지 않으며, 오히려 연차 휴가를 강제로 쓰도록 강요하는 실정이다(연차 휴가를 안 쓰면 노동자에게 돈으로 줘야 한다). 임금도 최저임금을 위반하는 일이 있다. 특히 제조업에서는 허용되지 않는 '포괄임금제'를 연봉제annual salary system라는 이름으로 들여와서 초과근무수당을 떼어먹는 식으로 최저임금을 위반할 때가 많다.

공단에 몰려 있는 업체들은 수직적 하청구조의 2차 3차 밑의 밴더(공정의 일부를 떠맡은 하청업체)들로 언제나 단가(單價, 단위가격)를 줄여야 한다는 압박을 받고 있다. 노동자들을 값싸고 '유연하게' 부리는 것만이 기업이 이윤을 얻을 길이라서 근로기준법마저 허수아비로 만들어버린다.[29]

29. 사회진보연대가 펴낸 『오늘보다』 2015년 6월호 참조.

'소小사장' 제도란 하나의 생산단위로 굴러가는 회사가 마치 소규모 회사(사장)를 여럿 거느린 것처럼 꾸며서 생산 공정의 일정 부분을 (겉으로) 독립시킨 것이다. 회사가 노동자 숫자를 줄이고 싶으면 소사장과 계약만 끊으면 된다. 해고자를 다독거리는 일은 생산 라인이나 공정 하나를 맡고 있는 소사장 몫이다. 한마디로 말해 노동자들이 하나의 노동조합으로 단결하는 것을 가로막고, 노동자 내쫓기를 쉽게 하려고 만든 눈속임 제도다. '파견 노동'은 어떤 업체가 노동자를 고용해서 이들을 딴 회사에 파견 보낸다는 것인데 파견 업체가 하는 일이라고는 노동자를 고용하고 해고하는 일뿐이다. 그러니까 고용과 해고에 관한 귀찮은 일들을 허수아비 업체에 떠맡기는 것으로, 노동자들에게 들어가는 돈을 줄이려고 자본가들이 지어낸 탈법적인(법의 취지에서 벗어난) 짓거리다.

노동자가 누리는 권리는 어떤 것이 있는가? 우선 노동3권이 있다. 우리 헌법 33조 1항은 노동자의 사람다운 생활을 보장하기 위해 단결권과 단체교섭권과 단체행동권(=쟁의권)을 규정해놓았다. 이를 구체적으로 밝혀놓은 것이 하위법下位法인 노동조합법이다.

이 권리가 노동자들에게 저절로 주어진 것이 아니라는 사실부터 새겨두자. 18세기 말 프랑스(1791년)와 영국(1799년)에서는 단결금지법을 만들어 노동자들 여럿이 뜻을 모아 단체를 만드는 일조차 범죄로 취급했다. 노동자는 사용자(회사)와 어디까지나 '1 대 1'로 계약을 맺어야지 여럿이 함께 요구하는 것은 계약의 자유를 위반하는 것이었다. 가진 것이 맨몸뿐인 노동자가 저 혼자서 사장과 계약하면 사장이 시키는 대로 할 수밖에 없다. 심지어 노동자가 술집에서 서로 술잔을 부딪치는 것조차 막았다고 하니 '임금 노예'라는 표현이 결코 과장된 것이 아니었다. 노동자들의 저항을 겪고서야 단결금지법이 폐지됐다

(1824년).

요즘 한국은 노동권이 얼마나 보장되고 있는가? 2014년 5월의 『한겨레』 보도를 들춰 보자.

우리나라가 노동권 보장 수준이 가장 낮은 국가군으로 분류됐다. 국제노동조합총연맹ITUC이 139개 나라의 노동자 권리 지수(指數, index)를 셈해서 알린 내용을 보면, 우리나라는 최하위 5등급에 포함됐다. 국제노총이 여러 나라의 노동권 보장 실태를 조사해 등급을 매긴 것은 이번이 처음이다. 지난해 4월부터 올해 3월까지 단결권·단체교섭권·단체행동권 등 기본적인 노동3권과 관련한 97개 평가 항목에 대한 조사 결과를 토대로 점수를 매겼다고 한다. 5등급을 받은 나라는 중국·나이지리아·캄보디아·짐바브웨·방글라데시 등 모두 24개국이다. 국제노총은 한국을 5등급으로 평가한 이유에 대해 공무원노조 등록 거부, 교직원노조에 대한 법외 노조 결정, 철도파업 노조원에 대한 대량 해고 및 손해배상 소송 등을 짚었다.

노동권을 둘러싼 엎치락뒤치락 싸움

쟁점이 되고 있는 것 하나를 살펴보자. 교사들이 노동권 쟁취를 위해 처음 싸운 때는 1960년 4·19혁명이 일어나고 나서다. 혁명의 열기를 이어받아 그해 5월에 전국교원노조연맹이 탄생해 4만 명의 교원이 거기 가입했다. 어용단체 대한교련의 회원 수는 8만에서 5만으로 반토막이 났다. 하지만 이듬해 군사 쿠데타를 통해 정권을 잡은 박정희가 교원노조를 강제로 해산했다. 그 간부들을 교직에서 내쫓고 감옥에 가두었다. 그 뒤로 학교는 교권(교사들의 권리)의 무법無法 천지였다. 1987년 민중항쟁이 터진 뒤에야 비로소 의회가 교사와 공무원들에게 단결권과 단체교섭 권한을 부여했다. 6급 이하 공무원(교사 포함)은 노동조합에 가입하고 단체교섭을 할 수 있다는 노동조합법 개정안이 가결됐다. 하지만 1988년 2월에 노태우 정권이 이 법안을 거부해서 '없던 일'로 만들었다. 1980년대에 교육민주화 운동을 벌여온 교사들이 악법(실정법)을 어겨서 고치기로 결심했다. 1989년 5월, 전국교직원노조가 돛을 올리자, 대대적인 탈퇴 협박 공작이 들어갔고 이를 거부한 1,500명가량의 교사들이 학교에서 내쫓겼다.

눈앞의 자본들을 편들기에 여념이 없는 한국의 집권 정치세력은 공무원과 교사들에게 노동권을 순순히 허락하고 싶지 않았다. 제 맘대로 지배하는 것의 단맛에 취한 그들은 공무원과 교사를 언제까지나 순한 양으로 부리고 싶었다. 하지만 세계 자본주의 체제를 꾸려가는 사령탑의 자리에 있는 사람들(수뇌부)은 어느 나라에든 노동권이 기본적으로 보장되기를 바란다. 그래야 자본주의가 야만스러운 길로 내닫지 않고 안정을 누릴 수 있기 때문이다. 부르주아들 개개인, 또는 개별 국가의 집권 세력은 노동권을 허용하지 않고 노동자들을 마음껏 부리고 싶지만 부르주아 전체의 안위를 헤아리는 사람들은 자본주의가 인간의 얼굴을 띠는 것이 바람직하다고 여기는 것이다. OECD(경제개발협력기구, Organization for Economic Co-operation and Development)에서는 한국 정부가 가입하고 싶으면 노사관계 법규를 국제적 기준에 맞게 개정하고 지킬 것을 요구했고,[30] 세계무역에 더 크게 참여하고 싶었던 김영삼 정부(1993년 초~1998년 초)가 이를 약속했다. 1999년 초

30. 대의제도와 자유시장을 갖춘 34개 선진국과 중진국이 가입해 있다. 한국은 김영삼 정부 말기에 가입.

김대중 정부에 들어서 전교조에게 노동2권을 부여하는 교원노조법이 만들어졌다. 한국 정부는 교원노조법과 공무원노조법(2004년)을 제정하고서야 OECD 노동조합자문위원회TUAC의 특별노동감시국 지위에서 벗어날 수 있었다.

하지만 앞서 소개한 국제노동단체가 비판하고 있듯이, 한국의 공무원과 교사들은 현실에서 단결권조차 제대로 보장받고 있지 못하다. 정권은 그동안 공무원노조의 등록을 번번이 퇴짜를 놓았다. 2002년 초 창립한 전국공무원노조가 2004년 말 단결권만 겨우 허락하는 절름발이 공무원노조법에 맞서 총파업을 벌이자 2,000여 명을 중징계(파면, 해임 등)하고, 그 뒤로 노조의 등록조차 받아주지 않았다. 게다가 박근혜 정권이 들어선 뒤로 전교조가 해직 교사 몇 사람을 조합원으로 두고 있다는 허무맹랑한 구실을 들어 노동조합으로 인정하지 않겠다고 밝혀 '노동권을 회수하고 싶다'는 속내를 드러냈다.

전교조와 전국공무원노조가 놓인 처지는 노동3권이 따로따로 쪼개질 수 없는 것임을 말해준다. 애당초 단체행동권을 묶어놓고 단결권이나 단체교섭권만 보장한다는 것 자체가 속임수다. 전교조는 단체교섭권이 있다지만 파업 행동이 뒷받침되지 않는 단체교섭으로 얻어낼 것은 자질구레한 것들뿐이다. 공무원노조는 법으로는 단결권을 허락했으면서도 실제로는 정부가 등록을 받지 않아서 단체교섭의 테이블도 마련하지 못했다.

철도파업 노조원에 대해 정부가 손해배상 소송을 청구하고 법원이 정부 편을 들어준 것은 단체행동권을 빈껍데기로 만드는 짓이다. 원래 파업이란 (공장의 가동을 멈추게 해서) 자본가에게 재산의 피해를 끼치는 일이고, 자본가는 그 피해가 부담스럽게 느껴질 때 노동자들의 요구를 들어준다. 단체행동권을 인정한다는 것은 그런 민사民事의 손해배상 청구 대상에서 벗어나게 해준다는 것이고, 그런 권리에 근거해서 노동자들이 파업을 벌인다. 한국 정부와 법원이 파업에 대해 거액의 손해배상을 물린 것을 항의하며 제 목숨을 끊은 노동자도 그동안 여럿 있었다.[31]

한국의 지배층은 파업을 권리가 아니라 사실상 범죄라고 떠벌린다. 프랑스 대법원은 어떻게 판결하는가? 프랑스 대법원은 '불법 파업'이라는 낱말을 쓰지 않는다. 그리고 파업이 아니라 폭력이나 파괴 등 그 자체로 불법인 행위가 있었는지를 조사한다. 파업권의 행사, 곧 단순히 노동을 하지 않아서 생긴 손해가 아닌 다른 손해가 있었는지 밝힌다. 그럴 경우라도 불법행위와 손해 사이에 인과관계가 있는지를 따진다.

단체행동권(파업권)을 좀 더 깊이 들여다보면 그것이 단순히 노동자를 보호하는 차원에서만 필요한 것이 아님을 알 수 있다. 파업권의 문제의식이 좀 더 발전하면 노동자가 자기 일터를 통제할 수 있는 권한인 '작업 중지권'이 나온다. 잠깐 희망적인 상상을 해보자. 세월호를 운행하던 노동자들이 사업주가 (안전 운항을 위협할 만큼) 짐을 잔뜩 실었을 경우, 출항을 거부할 권리를 행사했더라면 그런 어처구니없는 침몰을 막을 수도 있었다. 지금의 산업안전보건법 26조는 '산업재해가 일어날 급박한 위험이 있을 경우' 노동자가 일을 거부할 수도 있다고 밝히기는 했지만 현실에서는 그 법조항이 휴지 조각에 불과했다.

아무튼 1987년에 노동자와 시민들이 격렬한 항쟁을 벌인 결과, 한동안 상당수 노동자들이 최소한의 노동권을 누릴 수 있었다. 교사와

---

31. 구미공단 스타케미칼사의 노동자들은 회사가 무슨 탄압을 하건 '비정규직 채용'에 동의할 수 없다며 2014년 5월부터 굴뚝 위 농성을 벌이며 싸워왔다. 그 결과로, 2015년 6월 현재 그들에게 부과된 손해배상 벌금이 3억 수천만 원에 이른다. 노동3권이 증발해버린 현실을 웅변해주는 사례다.

공무원도 어엿하게 노동조합을 띄웠다. 하지만 곧이어 자본의 반격이 시작됐다. 한국의 지배세력이 노동권을 사실상 휴지 조각으로 만들려는 것은 자본주의가 벌거벗은 폭력을 뿜내는 사회로 뒷걸음질 친다는 신호다.

노동할 권리와 노동의 권리

그런데 유념(주의)할 것은 노동자가 단지 노동3권만 갖고 있는 것이 아니라는 사실이다. 노동3권이란 남의 회사에 가서 고용살이를 해야 하는 사람들이 사회적 약자로서 자기 삶을 잘 건사하도록 (그들에게) 부여해주는 최소한의 권리일 뿐이다. 우리 헌법 제32조 1항은 "모든 국민은 근로(노동)의 권리를 갖는다"고 적어놓았다. "일하고 싶은 사람은 일할 권리가 있다!"

우선 두 권리를 세심하게 구분하자. 노동자가 자기를 보호하기 위해 누리는 권리는 '노동(자)의 권리'다. the right of work(프랑스 말로 droit du travail)다. 대표적인 것이 노동3권이다. 노동자가 사람으로서 당연히 누리는, 더 크고 넓은 권리는 '노동할(일할) 권리'다. the right to work(droit au travail)! 뒤의 것은 노동할 뜻과 능력을 지닌 사람이 사회와 국가에 일할 기회를 달라고 요구하고, 그 기회를 얻을 때까지 자기 생존을 보호해줄 것을 요구할, 공법公法에 속하는 권리다.

왜 우리는 국가에게 '우리가 굶어 죽지 않도록 도와달라'고 당당하게 요구할 수 있는가? 우리(곧 대다수 사람들)의 노동이 우리 사회의 살림살이를 지탱하기 때문이다. 농사꾼이 수확해 보내준 쌀과 채소를 먹지 않고, 노동자가 만들어 보내준 옷을 입지 않고도 살아갈 용가리

통뼈가 어디 있는가? 남들(곧 사회)을 위해 어떤 쓸모 있는 일을 할 마음을 품은 사람이라면 사회를 대표하는 국가(정부)에게 그렇게 당당히 요구할 자격이 충분하다.

한편, 자본주의 체제에서는 특히 그럴 권리가 절대적으로 필요하다. 이놈의 체제는 늘 실업(상대적 과잉인구)을 쏟아내는 체제라서다. 실업자들이 일정 규모 이상 있어야만 자본가가 헐값의 임금을 강제할 수 있다. "너 아니라도 우리 회사 바깥에 실업자들이 우글대고 있어! 그 돈으로 일하고 싶으면 일하고, 관두고 싶으면 관둬!" 그러므로 국가가 자본 체제의 이런 못된 폐해를 덜어주지 않는 한, 인간 사회는 (몇 안 되는) 있는 놈들만 거들먹거리는 정글 사회로 추락하기 십상이다.

복지국가가 뒷걸음질 치는 현대

20세기 후반에 자본주의 선진국들이 복지국가(또는 보험사회)의 길을 개척했던 까닭은 눈앞의 제 이익만 좇는 자본들이 자본 체제 '전체'의 앞날을 위태롭게 하기 때문이었다. 자본가들은 자기 회사 정문 앞에 와서 취직자리를 알아보는 노동자들한테만 관심을 품는다. 자기들이 고용한 노동자가 당장 입에 풀칠을 하고, 그래서 그가 다음날 멀쩡하게 출근할 수 있을지 아닐지 챙기는 것으로 족하다. 아직 공장 일을 하기에는 나이가 너무 어리거나 너무 늙어버린 사람들이 어떻게 목숨을 이어가느냐는 문제는 자본가들이 아랑곳하지 않아도 된다.

근대국가는 자본가들의 이러한 무책임(사악함과 무능함)을 해결하거나 그 폐해를 덜어주기 위해 있어왔다. 어린이를 길러내고 늙은이를 돌보는 것이 근대국가의 책임이다. 예컨대 19세기 중반에 「공장법」이 만들어져서 어린이를 마구 부려 먹는 자본가들을 규제하지 않았더라면 (대다수 아이들이 망가져서) 영국 자본주의가 오래가지 않아 파멸의 구렁텅이로 추락했을 것이다.

자본은 자기들 힘만으로 사회를 꾸려가지 못한다. 수많은 가정family들이 아이를 탈 없이 길러줘야 그 가운데서 자기들이 부려 먹을 노동자를 뽑을 수 있다. 일자리 없는 실업자들이 거리에 넘쳐날 경우, 절망한 사람들이 분노에 찬 행동(폭동)을 벌여서 자본 질서를 어지럽힐 수도 있다. 그러므로 국가가 실업자들을 다독거리고 (그들이 최악의 형편에 빠지지 않도록) 챙겨줘야 한다.

그런데 국가의 물질적인 기반이 어디에 있는가? 조세taxes의 대부분은 기업들한테서 나온다. 20세기 중후반, 자본주의의 좋았던 시절에 쬐금이라도 사회를 책임지겠다는 복지국가가 생겨난 비결은 딴 데 있지 않다. 기업들이 쏠쏠하게 이윤벌이를 할 수 있었고(고도성장의 지속), 기업들에게 무거운 조세를 강제할 수 있을 사회적 압력(=사회주의 혁명에 대한 자본가들의 두려움)이 있었던 덕분이다.

1980년대 이후로, 자본가들이 차츰 '복지국가'를 퇴짜 놓기 시작했다. 균형(건전) 재정이 필요하다며 '재정 긴축(복지비용 축소)'을 밀어붙이고, 자본가들에게 이윤벌이 기회를 달라며 민영화(공기업 팔아치우기)를 다그치고, '대중의 가난은 정부 탓이 아니라'며 실업失業과 가난을 나 몰라라 했다. 신자유주의 구호를 끝없이 되뇌면서, 경찰기관은 실업자들이 몰려 사는 빈민가(미국의 흑인 게토, 아랍계 청소년들이 살아가는 프랑스의 방리유, 남미의 빈민굴 파벨라)에 촉각을 곤두세웠다.

노동권의 적극적인 개념

노동자를 보호할 권리(노동3권)에 앞서, 사람에게는 '노동할 권리'가 있다고 했다. 열심히 일할 마음을 품은 사람은 국가에게 '자기 삶을 보장해달라'고 요구할 권리가 있다고 했다. 그런데 이 일할 권리를 단지 일자리나 실업자 수당을 청구할 (소극적인) 권리쯤으로 비좁게 여겨서는 안 된다. 그것은 일하는 사람을 이 사회의 주인으로 대접하라는 통 큰 요구다.

"나는 일을 함으로써 '나'를 온전히 가질 수 있고, 그래서 이 사회에서 권리를 누릴 자격이 있어!"

인권人權과 시민권은 어디 하늘에서 뚝 떨어지는 것이 아니다. '일할 권리'가 그것의 구체적인 밑돌이다.[32] "일을 해서 남들(사회)의 살림살이를 돕는 사람은 존중받아야 할 사람이다. 그가 이 사회의 어엿한 주인인데 그를 사람(시민)으로 대접하지 않을 이유가 어디 있겠는가!" 그러니까 노동권은 노동하는 사람의 권리를 가리키기 앞서, (갖가지) 권리를 누릴 수 있는 (원초적인) 권리라 하겠다. 일할 권리를 빼앗긴 사람은 사람(시민) 동네에서 왕따를 당한 것이나 마찬가지 아닌가.

노동자가 자본가와 노동조건을 따질(교섭할) 때에 들먹이는 노동3권은 냉정하게 말하자면 노동력 상품이 제 값을 쳐달라고 들이대는 권리에 불과하다. "이왕 품팔이를 하는데 품값이라도 제대로 받고 싶어요!" 그런데 태초에 노동은 한갓 팔려 다니는 상품이 아니었다. 세상을 만들어낸 것은 바로 인류의 노동이 아니었던가. 사람은 남의 것을 뺑 뜯지 않고(갈취하지 않고) 자기 땀을 흘려서 무엇을 얻어낼 때라야

---

32. '노동 없는 인간(시민)'은 형이상학적인 허구다. 노동을 살피지 않고는 해방의 약속도 뜬구름이다.

그것을 소유할(제 것으로 삼을) 자격이 생기지 않는가! 그런데 자본주의 체제가 자리 잡은 뒤로, 만물의 주인(소유의 근거)이었던 노동이 한갓 상품일 뿐인 노동으로 쪼그라들었다.[33] 자본주의 체제는 '사적 소유'를 (누구도 시비를 걸어서는 안 될) 신성한 법리法理로 떠받들고 있거니와, 이것은 사람의 '일할 권리the right to work'를 빈껍데기만 남겨놓는 분서갱유(사상 억압, 모든 책과 앎을 지워버리기)다. 하늘에 태양이 두 개가 있을 수 없듯이, 사적 소유권과 일할 권리, 둘 중에 어느 것이 으뜸의 자리에 놓여야 할지 건곤일척의(천하를 판가름할) 싸움이 일어나야 한다.

긴 설명은 하기 어렵지만, '사적 소유'를 떠받들지 말자는 말은 집단 소유(무슨 국가 소유 같은 것)를 찬양하는 말이 아니다. 사적 소유를 점점 뒤로 물리는 대신, 개인적인 소유와 사회적인 소유를 회복하자는 주문注文이다(이 둘은 함께 간다). 협동조합원들이 누리는 것이 후자의 개념이다. 협동조합의 구성원들은 거기에 여러 주인의 한 사람으로 참여하고 자기가 거기 속해 있는 것을 자랑으로 여긴다. 나 혼자, 내 멋대로 움켜쥘 수 없다고 툴툴대지 않는다.

문제는 소유ownership다. 인류의 대다수를 차지하는 노동자들이 일을 함으로써 자기됨(나)을 얻고 세상의 주인으로서 권리를 누리느냐, 아니면 고용계약을 맺은 동안 노동자들이 일궈낸 것들이 (품값 빼고) 자본가들의 사적 소유로 몽땅 돌아가느냐. 착한 부르주아들은 '누이 좋고, 매부 좋고' 하는 화해(타협)도 가능하지 않느냐고 희망하기도 한다. "사적 소유도 존중해주고, 노동자의 권리도 얼마쯤 존중해주자!" 하지만 그런 시대는 한참 전에 저물었다. 원래 '누구 소유냐?' 하

---

33. 일할 권리가 노동3권으로 쪼그라듦에 따라 더 이상 '보편적' 권리의 원천이 될 수 없었다. 하지만 지금의 대의민주주의에 참여할 정치적 권리는 노동3권으로부터도 나온다.

는 물음에는 한 가지 답밖에 없지만 경제공황의 시대에는 더더욱 계급투쟁이 민낯을 드러낸다. 2008년 세계대공황이 불거져서 미국 정부가 돈을 3조 달러 넘게 찍어낸 뒤로 불과 3~4년 사이에 미국 억만장자들의 부富가 2.4조 달러에서 3.6조 달러로 성큼 뛰어올랐다.[34] 자본이 마음껏 활개 치는 국가 운영의 방향을 돌려세우지 않고서 우리는 도무지 미래를 그릴 수 없다.

덧대기

곳곳의 사람들이 저마다 뿔뿔이 제 살림을 챙기던 시절에는 '사적 소유'가 무슨 경제적 활력을 주기도 했다. 제 것 키우는 욕심에 열심히들 일했으니까. 그러나 세계경제가 한데 얽혀들고 거대 독점자본이 세상을 쥐락펴락하는 시대에는 사적 소유가 전체 인류의 삶과 정면으로 모순(충돌)을 일으킨다. 사적 소유는 그것을 저 혼자 독판 차지하는 것이다. 자질구레한 물건이야 그래도 상관없으나, 전 국민이 시청하는 TV 방송을 누가 자기 것이라 선포하고 제 맘대로 방송한다고 생각해보라. 제2의 봉이 김선달이 나타나서 한강물을 자기 것이라 선포하고 비싼 수돗물 값을 받는다고 쳐보라. 그것은 (우스개 얘기에나 나올 법한) 벌거벗은 폭력이고, 민중에게는 그 김선달 밑에서 노예로 살지 말지, 양자택일할 수밖에 없으리라.

실업은 자본 체제의 정당성을 깡그리 허문다

사람들은 '노동'을 생각할 때 그 노동의 세계에서 왕따를 당한 사람(=실업자)들의 존재를 자꾸 잊어버린다. 현실에서 노동3권은 그런대로

---

34. 그 돈은 민간 은행들의 빚을 갚아주는 데 쓰여서 시중市中엔 풀리지 않았고 그 덕(?)에 인플레가 일어나지 않았다. 세계민중이 대마불사(大馬不死, 큰 자본은 죽지 않는다)의 신화를 깨지 못했다.

실현됐지만 '노동할 권리'는 시렁 위의 부처님(=헌법 속의 글귀)으로 가벼이 취급되기 일쑤다.

언론은 실업을 여러 가지 사회문제의 하나쯤으로 대수롭지 않게 취급한다. "우리 사회엔 주택 문제도 있고, 성폭력 문제도 있고, 실업 문제도 있고 등등……." 자본가들은 그 문제를 '경기 활성화'의 문제로 바꿔치기한다. "기업들이 이윤벌이를 못해서 문 닫은 탓에 실업자가 늘어났잖아요? 실업자를 구제해줄 하느님은 바로 기업들이잖아요? 그러니까 정부가 경기 활성화 대책 좀 내놔요!" 왜 불황이 찾아왔는지 그 근본 원인을 헤아릴 마음이 없다. 거대한 실업자 인구人口가 있어야 자본주의가 '땅 짚고 헤엄치기'를 할 수 있다는, 잘 알려진 비밀(?)에 대해서는 느긋하게 '모르쇠'다. 언론이든, 자본가들이든 '제 눈에 안경'이다. 자기가 보고 싶은 쪽으로 굴절해서 본다.

하지만 노동자는 언제 세상이 가장 잘(제대로) 보이는가? 노동의 세계에서 쫓겨났을 때다. 누구를 품팔이로 부려 먹는 자들과 거기 품팔이로 부려 먹히는 사람들은 서로 대등한 관계가 될 수 없다는 사실이 실업자들에게는 너무나 분명하게 보인다. 회사 측과 힘겨루기를 해서 성공적으로 단체교섭을 맺는 노동조합 대표라면 이 사실을 착각할 수도 있지만 실업자들은 털끝만큼도 착각할 여지가 없다. 자본과 노동이 끝끝내 적대 관계일 수밖에 없다는 사실을 실업자들이 웅변한다. '자본주의 너머'를 온전하게 꿈꿀 수 있는 사람은 바로 이들이다.

그러므로 어떤 노동운동 단체든 (비정규직 차별 철폐와 더불어) 누구에게나 일할 권리를 보장하는 문제를 힘차게 들어 올리지 못한다면 그런 미적지근한 운동은 점점 사그라들 수밖에 없다. 민주노총이 한국 사회에 본때 있게 복무하려면 옛 그리스의 디오게네스가 환한 대낮에 등불을 켜고 사람들을 찾았듯이, 노동의 세계에 들어와 있지 않

은(밀려났거나 문턱도 밟아보지 못한) 사람들을 대변하고 대표할 길을 열심히 찾아 나서야 한다.[35]

헌법은 영원히 바지저고리인가?

인류가 2차 세계대전의 재앙을 겪고 그 교훈을 모아서 밝힌 「세계인권선언」(1948년)은 첫 조항을 다음과 같이 서술했다.

모든 사람은 태어날 때부터 자유롭고, 존엄하며, 평등하다. 모든 사람은 이성과 양심을 가지고 있으므로 서로에게 형제애의 정신으로 대해야 한다.

뒤이어서 인권선언은 노예제도와 고문(잔인한 형벌)을 금지하고, 결사의 자유를 비롯해 사람이 누려야 할 여러 권리를 밝혀 적었다. 그런데 이 선언이 1944년 국제노동기구ILO가 내건 「필라델피아 선언」을 계승했다는 사실이 잘 알려져 있지 않다. 노동자의 생각을 덧붙여 밝힌 「필라델피아 선언」의 첫머리는 "노동은 상품이 아니다!"라는 외침이다. 현대 사회의 가장 큰 과제는 수많은 노동자들을 한갓 '노동력 상품'으로 부려 먹는 사회경제 체제를 넘어서는 것임을 (당시 사회주의 국가들뿐 아니라) 자본 체제를 지탱해온 서유럽과 미국의 지배세력까지도 한때 합의했다는 얘기다.

35. 청년 실업자가 늘어나는 것은 그 사회의 존립을 위태롭게 한다. 생계 위협 때문만이 아니다. 일자리가 없는 청년은 사회생활의 경험도 빈약해지고, 자기 존중감도 추락한다. 사람됨이 파괴돼버리는 것이다. 이런 현실에서도 자본주의를 문제 삼지 않는 사람은 양심이 불량한 사람이다. "남들(또는 후손)이야 어떻게 되든 말든, 나만 잘 살면 그뿐이다!"

「필라델피아 선언」에 담긴 이념을 한국 헌법은 '근로의 권리'를 밝힌 32조 1항으로 (희미하게) 받아안았다. 그런데 우리가 문제 삼아야 할 것은 그동안 수십 년간 한국의 지배세력이 이 권리를 뒷받침하는 소극적인 규정(고용증진, 적정임금, 최저임금제)조차도 제대로 돌보지 않았다는 것이다.[36] 이것뿐이 아니라 헌법이 보장한 갖가지 인권들도 길가에 굴러다니는 돌멩이들처럼 걷어차이기 일쑤였다.[37] 한국에서 끗발을 누리는 지배세력은 솔직히 헌법을 발가락에 낀 때 정도로밖에 여기지 않는다. "헌법이야 듣기 좋은 얘기일 뿐"이라고 비웃는 냉소주의가 다들 몸에 절어 있다. 그래서 우리 사회는 한번쯤 화형식火刑式이 필요하다. 전태일이 근로기준법 책자를 불구덩이에 던져 넣었듯이, 헌법 책자를 불사르거나 찢어서 똥닦으로 써버려야 한다. "너희, 헌법에 담긴 말들이 우습다며? 그럼 아예 헌법을 없애버리자고! 의회에서 지지고 볶아서 만드는 법률? 그따위 쓸데없는 것도 없애! 의회도 문 닫고, 행정부에서 관료들끼리 멋대로 법을 만들어서 너희끼리 멋대로 세상을 굴려봐!"

헌법이 일러주는 길을 무겁게 새기지 않을 요량이면 87년 이후의 민주화 역사도 묵살할 일이고, 민주주의라는 낱말을 교과서에 적어 넣지도 말아야 한다.[38] 민주주의 싸움이 목표 삼아야 할 것은 '헌법에 따른 지배'이고, 헌법에 더 높은 목표를 담아내는 일이다. 우리의 헌법 자체도 우리 사회가 '자본 너머'로 나아갈 것을 희미하게나마 내비치

---

36. 굳이 통계를 들출 것 없다. 청년들이 '잉여' '7가지 포기'라고 자기를 비웃는 말들이 나도는 현실!
37. 한국의 지배세력이 털끝만큼의 양심은 있어서 '5·16'을 (혁명 아닌) 군사 쿠데타라 규정하는 데 동의했다. 하지만 이명박과 박근혜 정권이 잇따라 들어선 뒤로 이승만과 박정희 복권의 공세가 거세졌다.
38. '헌憲'은 법, 본보기라는 뜻. '헌장憲章'은 원칙을 밝힌 글. '당헌'은 정당의 기본 프로그램.

고 있다. '근로의(일할) 권리'가 그것이다.

간추리자. '노동할(일할) 권리'의 문제는 단순히 복지국가를 꾸려달라는 호소가 아니다. 다들 일할 권리를 명실상부하게 누려서 우리 사회의 진정한 주체로 우뚝 서라는 요구다. 노동자를 상품으로 취급하는 사회 체제와 맞서지 않고서 그 요구는 실현될 수 없다.

3 소유에 대하여

2009년 1월 서울용산의 한 건물에서
'재개발 보상비를 제대로 달라'며 싸우던 세입자들을
경찰이 강제 진압하다가 불이 나서 여럿이 죽었다.
소유권이 없는 사람은 생계 대책도 없이 쫓겨나는 세상이다.

현대인 치고 '어떤 것을 갖는다(=소유所有한다)'는 말이 무슨 뜻인지 모르는 사람은 없다. 영어는 have, get, hold, own, possess로 나타낸다.[39] 영어의 동사 가운데 가장 기본이 be와 have라는 데서 알 수 있듯이, 소유 행위는 사람의 가장 기본 되는 행위다. 어떤 것을 갖는다(= 소유한다)는 것은 그 대상(물건)을 전면적, 일반적으로 지배하는 것이다. 소유권所有權은 어떤 것을 자기 물건으로서 직접, 모조리, 나 혼자서 지배하여 사용하고 수익을 올리고 처분할(=팔아 치울) 수 있는, 사법私法에 속하는 권리다.

소유권은 물권(=물건에 대한 권리)의 하나다. 물권에는 소유권 말고도 점유권(지니고 있을 권리)과 지상권(가령 남의 땅 위에 집을 짓거나 나무를 심어 가꿀 권리), 지역권(남의 땅을 얼마쯤 이용할 권리), 전세권(남의 집에 얼마동안 살 권리), 저당권(남의 물건을 담보로 잡을 권리) 등이 있다.

---

39. '소所'가 한 낱말의 앞에 올 때는 '~하는 바(것)'의 뜻이다. 소신(믿는 바), 소원(바라는 바), 소위(이른바), 소출(나오는 것), 소견서(본 것을 적은 글), 소관(관리하는 바) 사항, 소행(행동한 것), 소용(쓰이는 바) 없다, 소생(所生, 낳은 것), 소지품(지니는 물품), 소정(정한 바) 양식, 소회(느끼는 것), 소유所有, 소문所聞, 소득所得, 소이(所以, 까닭), 소임(맡은 것), 소재지(所在地, 있는 곳).

물권 말고는 채권이 있다. 정해진 기간 안에 빌린 돈과 이자를 갚겠다고 계약한, 값을 매긴 증권의 하나! 정부, 공공기관, 특수법인과 주식회사의 형태를 갖춘 기업이 일반 대중과 법인(=기업) 투자자들로부터 비교적 거액의 장기長期 자금을 한꺼번에 많이 구하려고 발행하는, 법적인 제약과 보호를 받는 일종의 차용(=빌렸다는) 증서다.

헌법 23조는 소유권(재산권)을 보장하되 그 내용과 한계를 법률로 정하고, 공공필요에 의해 제한할 수 있다고 밝혔다. 헌법 122조에 따르면, 국토의 효율적이고 균형 있는 이용, 개발과 보전을 위해 소유권에 제한과 의무를 부과할 수 있다.

점유권이 어떤 것을 사실상 지배하는 권리라면 소유권은 그것을 법으로 지배하는 권리다. 그러니까 일종의 관념적인 권리다. 근대의 소유권은 땅(토지)에 대한 갖가지 봉건적인 제약을 없애려고 만들어졌다. 1789년 발표된, 프랑스의 「인간과 시민에 관한 선언」은 소유권을 가리켜 침범할 수 없는 신성한 것이라 못 박았다. 그러므로 국가가 이를 간섭하거나 제한하는 것을 옳지 못하다고 봤다. 하지만 20세기에 들어와서는 차츰 이것에 제한이 두어지기 시작했다. 1919년 독일 바이마르 헌법 153조는 "소유권은 의무를 동반한다"고 했고, 우리 민법 2조는 '신의성실의 원칙'과 '권리 남용 금지'를, 민법 211조는 자기가 소유한 것을 법률의 범위 안에서 사용/수익/처분할 수 있다고 선을 그었다.

소유권이 없는 사람은 사람이 아닌가?

한국의 지배세력은 사적(私的, private) 소유권을 하늘처럼 떠받들어왔다. 누가 그것에 대해 시비라도 걸 요량이면 "저놈! 이적(=적을 이롭게 하는) 세력이 아니냐!"고 대뜸 낙인부터 찍었다. "경찰에 알려! 잡아가라고 해!" 남북이 두 동강 난 뒤로 이북에서 (북한 사회주의 정권이 싫다고) 내려온, 지금은 노인이 된 월남민 가운데는 "60여 년 전에 북한 정권에게 몰수된 내 땅을 도로 찾겠다"고 자나 깨나 별렀던 사람도 많다. 아마 가까운 장래에 북진통일이 이뤄진다면 자기들 나라를 잃어서 땅의 소유권(사적 소유권 아닌 사회적 소유권)마저 빼앗긴 이북 민중들이 수없이 거리로 나앉는 사태가 벌어질지 모른다.

한국 국가만큼 사적 소유권(쉬운 말로 '내 것') 없는 민중을 발톱 밑에 긴 때처럼 업신여긴 국가도 없다. 1988년 서울올림픽이 열릴 때, 정부는 한국을 찾는 외국인들에게 더러운 판자촌을 보여줘서는 안 된다며 '도시 재개발'을 구실로 삼아 서울의 달동네 주민 72만 명을 한꺼번에 서울 바깥으로 내쫓았다.[40] 그들 더러운(?) 사람들이 길거리에서 덜덜 떨며 한뎃잠을 자든 말든, 일터에서 멀어져서 삶이 더 고단해지든 말든 아랑곳하지 않았다. 소유권을 소유하지 않은 사람은 언제든 삶의 근거를 빼앗아도 된다는 논리가 염라대왕처럼 한국 사회에 군림해왔다. 인간 세상은 원래 그런 곳인가?

잠깐 조선왕조 후기後期로 돌아가 보자. 교과서는 근대 사회가 민주주의 사회이고, 그러므로 국가가 민중을 주인으로 성심껏 떠받든다는, 자화자찬의 조잡한(허튼) 얘기를 잔뜩 적어놨는데, 자세히 살펴보면 옛 봉건 국가들 중에는 현대 자본주의 국가보다 훨씬 너그러이 인정仁政을 베푼 나라가 많았다. 예컨대 조선의 임금들은 홍릉(서울 청량리 근처)으로 성묘를 다녔는데 그때마다 (행차에 방해 된다며) 종로 길가의

---

40. 세계적으로 유례없는 대규모 인간 추방! 이는 한국 자본주의가 얼마나 비인간적인지를 웅변한다.

가게들을 걷어치웠다. 하지만 한반도가 다 왕토王土이니 그렇게 철거해도(=허물어도) 괜찮다고 무심히(가벼이) 여기지 않았다. 상인들이 영업을 하지 못해 손해가 난 비용을 나중에 다 물어줬다. 조선 말에 오면 그 비용이 커져서 왕가王家의 살림에 부담이 됐지만 보상을 그만두지 않았다. 박정희와 노태우와 김영삼은 어땠을까? 판잣집에서 내쫓겨 서울을 떠나는 철거민들의 처지를 단 1초라도 동정해본 적 있었을까? 우리는 인문人文이 살아 있던 시대로부터 돈벌레들이 그악스레 판치는 야만(정글)의 시대로 뒷걸음질한 것 아닐까?

물론 가난한 사람을 아무렇게나 내쫓는 일이 한국에서만 벌어진 것은 아니다. 올림픽이라는 것이 참 수상쩍은 행사여서 바르셀로나(1992년)와 애틀랜타(1996년)와 아테네(2004년)와 베이징(2008년)에서 올림픽이 열렸을 때도 (서울올림픽만큼은 아니라도) 어김없이 빈민 추방이 벌어졌다. 대다수 인류가 즐겁게 구경하는 스포츠행사의 뒷면을 들여다보면 자본의 구역질 나는 돈벌이가 도사리고 있다. 도시를 번듯하게 꾸며야 땅값이 높이 치솟아 거기 땅 갖고 있는 놈들의 배를 불리는 것이다.

공유지의 비극

사람들이 저마다 자기 재산(=사적 소유권)을 불리는 데만 열중할 때 무슨 일이 벌어지는가? 1968년 미국의 개럿 하딘이 쓴, (수없이 인용된) 짤막한 에세이 「공유지의 비극」이 이를 간단하게 말해준다.

한 마을에 양羊 백 마리를 키우기에 알맞은, 마을 공동 소유의 풀밭이 있었다. 그 마을에는 열 집이 있었고, 집집마다 열 마리씩 양을 키웠다. 그런데 언제부턴가 다들 양을 두세 마리씩 더 키우기 시작했다. 그 결과는? 먹이가 부족해진 양들이 풀뿌리까지 죄다 캐먹어서 결국엔 풀밭이 사막이 돼버렸다.

그런데 이 예화(일화)에서 얻을 교훈이 과연 "풀밭(토지나 자원)을 효율적으로 이용하는 데에 사유재산이 더 낫다"는 것일까? 풀밭을 공유했다고 해서 문제가 되는 게 아니다. 다들 자기 소를 키우는 데만 안달한 데서 문제가 터졌다. 물론 공유재가 잘못 이용(남용)될 수도 있다. 그렇다고 그 해결책이 꼭 사적 재산권을 강화하거나 국가가 어떤 방침을 내리먹이는 것(가령 국유화하여 국가가 관리하기)이라는 이분법뿐인가?

그동안 공유지共有地에 관한 생각은 영국에서 생겨난 토지 인클로저(울타리 치기) 사례에서 비롯된 몇몇 협소한(비좁은) 경우에 한정해놓고 토론해왔다. 엘리너 오스트롬이라는 학자가 그 가정假定 또는 전제前提를 허물어 이분법을 무너뜨렸다(2009년). 양치기들이 대화를 나눠서 문화적 공유 규칙을 만든다면 공유지 문제를 해결할 수 있다는 것이다. 부르주아 경제학은 이분법을 철석같이 믿지만 (오스트롬은) 그 둘 어느 것도 길이 아니란다. 공적인 정책 수단과 사적인 경영 방식을 풍부하게 배합해서 민중이 자치自治하는 것이 해결책이란다!

하딘이나 오스트롬이나 고작해야 양치기 100명 남짓 되는 마을 단위를 연구 대상으로 삼았다. 그러므로 작은 규모의 공유 자원을 관리하는 방법을 그보다 규모가 큰 문제에 그대로 들이대기는 어렵다. 하딘은 규모가 작은 공유 풀밭을 운영하는 데서 얻어지는 결론을 전 세계의 인구 문제를 설명하는 데에 그냥 들이대는 잘못을 범했다. 하지만 오스트롬은 규모가 큰 문제일 때, 개별 이용자 사이에 직접 협상 (토론)이 불가능하므로 의사결정 구조가 겹겹(중층)을 이뤄야 한다고 봤다. 마을 수준에서 결정할 내용과 국가(또는 전 세계)가 결정할 내용이 다르다는 것이다.

로크의 소유권 이론은 한때 세상을 뒤흔들었다

사적 소유권을 하늘처럼 떠받드는, 근대의 지배적 사상(=자유주의) 흐름의 선두에 영국의 존 로크(1632~1704)가 있다. 그런데 먼저 선을 그어둘 것은, 요즘 부르주아 경제학자들이 사유私有를 두둔하는 까닭과 그가 재산권을 드높이 받든 까닭이 적잖이 다르다는 사실이다. 요즘의 '사유私有 찬양론'이 배부른 사람들이 제 밥그릇(꿋발)을 지키려는 입방아인 것과 달리, 존 로크는 부르주아들이 갓 태어나던 때, 봉건 왕국의 굴레에서 벗어나려고 재산권을 옹호했던 것이다. 영국 왕이 "저놈들, 잡아라!" 하고 유럽 전체에 널리 알린 반역자 명단에 그가 올라 그가 한동안 네덜란드에 망명을 가서 숨어 살았다는 사실을 새겨두자.[41] 그의 아버지는 청교도 혁명(1642년)을 밀고 간 크롬웰 공화파의 투사(기병대장)였다. 그의 사상은 명예혁명(1688년)의 분위기를 북돋는 데 기여했고 프랑스의 계몽사상가 루소와 미국의 독립혁명가 제퍼슨에게 큰 감화를 주었다. 같은 사유라 해도 사상의 역사적인 맥락이 (지금과) 뚜렷이 다르므로 2008년 세계대공황 때 엄청난 구제 금융을 받았던, 이른바 대마불사大馬不死라는 거대 자본들을 옹호하기

---

41. 네덜란드는 그를 숨겨줄 만큼 진취적인 나라였다. 그래서 (거기서) 스피노자도 나올 수 있었다.

위해 존 로크를 내세우면 안 된다.

그는 세상 모든 것을 다 사유해도 된다고 말하지 않았다. "하느님이 사람들에게 땅을 주셨다"고 성서에 적혀 있지 않으냐면서 땅은 공유지라 했다. 모든 자연은 공동의 소유이지만 개개인이 거기에 노동을 덧보탠 생산물만큼은 땀 흘린 사람의 몫이라고 했다. 애덤 스미스와 마르크스의 노동가치설은 로크의 생각을 이어받은 것이다. 그리고 이렇게 사유를 인정할 수 있는 근거는 누구나 필요한 만큼 갖다 써도 충분할 만큼 '자연'이 너르기 때문이라고 했다. 그러니까 자본주의가 자연생태계를 거덜 내고 있는 21세기에 로크가 살았더라면 사유를 한사코 억누르자는 주장을 그가 펼쳤을 것이다. 그리고 땅을 독점해서 불로소득인 지대地代를 누리는 특권 세력에 맞서 싸웠을 것이다.[42]

그는 사람이 얼마만큼이나 소유해야 한다고 여겼을까? 사과apple의 경우, 제가 딴(수확한) 것들이 썩지 않을 만큼만 따야 한댔다. 창고에서 썩어갈 만큼 따서는 안 된다. 왜? 썩히는 것도 옳지 못할뿐더러 남들도 그 나무에서 사과를 따갈 수 있어야 하니까. 그래야 남들도 밥먹고 후식(디저트)을 즐길 수 있으니까. 그런데 "내가 땀 흘려서 얻은 것은 내가 가질 권리가 있어! 그 권리는 고귀한 것!"이라고 자부해온 사람이 남들을 위해 (어느 정도보다 더 갖지 않겠다고) 선뜻 제 욕심을 억누를 수 있을지가 문제다. 남들에 대한 배려가 큰 사람이라면 처음부터 사적 소유가 아니라 함께 누릴 길을 찾지 않았을까?

---

42. 자본주의의 잔인함을 잘 말해주는 것이 '부동산'이다. 집 한 채를 따로 더 가진 사람이 그 전세금에 은행에서 얻은 빚을 합쳐 또 다른 집을 사고, 또 거기서 나온 전세금으로 다른 집을 사고…… 그렇게 '소유권'을 마음껏 불려가다가 문제가 생기면 그가 산 집들이 (제 돈이 텅텅 빈) 깡통 주택이 된다. 그 주택이 경매(법원의 강제처분)에 넘어가면 깡통 전세가 돼서 세입자가 수천만 원이 넘는 거액의 전세금을 돌려받을 수 없다. 소유권 쥔 놈이 멋대로 돈놀이하다가 망친 결과를 전세 든 사람이 뒤집어쓴다. 전세금을 보호하는 법이 있지만 그 법이 휴지 조각이 될 때가 많다.

그런데 소박한 농업경제에서나 '부패(썩어가는 것)' 문제가 빚어진다. 시장경제(화폐)가 발달함에 따라 사람은 재화財貨를 돈의 형태로 무한히 소유(축적)할 수 있게 됐다. '얼마 이상은 저장하기 어렵다'고 하는, 자연적인 제한이 사라졌다. '사유가 옳다'는 로크의 논리는 곧바로 남들의 불만(반발)에 부딪친다. 그의 시대는 부르주아가 아직 걸음마를 하던 시절이라서 그의 논리가 현실과 크게 부조화를 빚어내지 않았지만, 빌 게이츠 한 사람이 수십 개 나라의 부富를 몽땅 합친 것만큼이나 부를 누리는 시대에는 그가 말한 것의 결론(=사유는 옳다)만 들이댈 경우, 거대 독점자본을 찬양하는 얘기가 돼버린다. "모든 자연은 공동의 소유"라는, 그의 생각에 숨어 있는 대전제는 떠내려가버린다. 홍수가 났을 때 온갖 가재도구가 허무하게 떠내려가듯이.

그는 '남들도 누려야 한다'는 생각을 꽤 염두에 뒀다. 그러니까 그의 자유주의는 공화주의를 배척하지(내치지) 않는다. 공화주의(共和主義, republicanism)란 귀족(있는 놈들)과 평민(없는 분들)이 어울려서 공존하자는 사상이다. 그는 이 두 사상 사이에서 오락가락했다고도 말할 수 있다.

그런데 화폐경제가 발달하고부터 이 둘은 서로 공존하기가 어려워졌다. 로크가 그렇게 떠받든 의회는[43] 현대(특히 20세기 말)에 와서 공화주의로부터 철저하게 등을 돌렸고, 그래서 현대 세계 자본주의 체제는 심각하게 '지배의 위기'를 겪기 시작했다. 사회를 결속해줄(한데 묶어줄) 힘은 결국 정의正義로부터 나오는데 그런 사회 정의를 실천할 구석(가능성)을 21세기 대다수 나라의 의회에서 도무지 찾을 수 없어서다. 정의가 사라진 국가는 깡패집단과 다를 바 없다고 일찍이 아우

---

43. 그에게 국가는 곧 의회였다. 덩치 큰 관료제도나 폭력기구(군대)를 둬서는 안 되는 야경夜警 국가!

구스티누스(354~430년)가 갈파했거니와 자본주의 체제가 세상을 지배한다는 것이 과연 옳은 일인지, 아무리 해도 긍정적인 답을 끌어낼 수 없다.[44]

로크는 재산권(소유권)의 보존에 근거한 부의 축적이 사회 전체의 부를 키워주리라고 여겼다. 그랬기에 부의 불평등을 별로 신경 쓰지 않았다. 그런데 사람의 '자기 보존의 욕망'이 공공선公共善에 대한 이해利害보다 더 크다면? 로크는 그럴 가능성에 대해서는 진지하게 탐구하지 못했다. 그러니까 그의 소유권이론(자유주의 사상)으로부터는 자본이 괴물이 돼버린 현대 사회를 바로잡을 지혜를 얻을 수 없다. 로크뿐 아니라 자유주의(사적 소유) 사상 전체가 현실 앞에서 파산이 났다.[45]

그가 살았던 17세기만 놓고 보면 그의 사상이 '진취적'이었다고 기꺼이 칭송해줄 수 있다. 공화주의와 더불어 가는 자유주의라고! 하지만 그 뒤 3~4세기 동안 줄기차게 세상을 주름잡았던 (로크가 그 길을 일러준) 근대 자유주의 국가는 하느님이 '함께 살라!'고 명령하신 인류 공동의 자연권마저 걷어차버리고, 부에 대한 탐욕을 좇아 향락의 길로 치달은 어떤 외설적인indecent 아버지다. 어린 자식들이 아버지의 세계관(인생관)에 휩싸여 살아가듯이 사람들은 사회 주류主流가 퍼뜨리는 생각을 따르며 살아간다.[46] "너희, 더 잘 살고(=소비하고) 싶지? 그럼 자본주의에 대한 기대를 접지 마! 즐기고 사는 것 말고는 생각하

---

44. 266대(2013~) 교황 프란치스코는 '자본주의가 문제 있다'고 자주 발언했는데 가톨릭 교회가 사회 변혁의 주체로 거듭나겠다는 결의까지 담보한 발언이 아니라서 그 발언에 무게가 실리지 못했다. 그 얘기는 "(빛과 소금 구실을 못해서) 교회가 무너지고 있다!"는 경고의 외침에 머무를 뿐이다.

45. 60억 인류의 절반이 하루 2달러도 못 쓰고, 12억 명이 1달러도 안 되는 돈으로 목숨을 잇는 비참한 현실 앞에서 자본주의와 자유주의를 자랑할 수는 없다.

46. 정신분석학은 이를 초자아(超自我, super-ego)라 한다. 사람들이 내심으로 따르는 자아 이상理想.

지 마! 그리고 대大자본이 무너지려고 하면 너희들 세금으로 그것을 살려내!" 하고 끊임없이 민중을 세뇌하는, 맛이 간 아버지! "평등이 필요해요!" 하고 부르짖는 공화주의자들도 그 아버지의 자식이다. 결국에는 "경제를 살리는 것(=성장)이 먼저지!" 하는 주류 이데올로기에 무릎 꿇는다. 존 로크는 그런 근대국가의 길을 처음 열었다. 그의 글에서 좋은 생각을 추려내려면 '투사였을 때의 그'만 따로 세심하게 읽어내야 한다.

지대와 토지개혁

지대(地代, rent)는 어떤 것을 갖고 있는 사람에게 그 이용자들이 치러야 하는 돈이다. 원래는 땅주인에게 치르는 현물現物이나 돈에서 생긴 말이었지만, 현대에 와서 그 가리키는 범위가 넓어졌다. 이를테면 빌 게이츠가 엄청나게 떼돈을 번 비결도 전 세계의 인터넷 이용자들한테서 지대를 뜯어낸 데 있다.

인간 사회에서 '지대'는 바람직하지 않은 것이다. 무엇을 갖고 있다는 이유만으로 벌어들이는 불로소득이라서다. 1945년 우리 민족이 일제日帝로부터 해방됐을 때, 맞닥뜨린 으뜸 과제가 무엇이었냐 하면 지주에게서 땅을 몰수해서 실제로 벼농사를 짓는 농민에게 돌려주는 일이었다. 이를 '토지개혁'이라 일컬었고 우리 헌법 121조는 "국가는 농지에 관하여 경자유전(耕者有, 농사짓는 사람이 땅을 가져야 한다)의 원칙이 달성되도록 애써야 하고, 농지의 소작(小作, 남더러 농사짓게 하기) 제도를 금지한다"고 못 박았다. 실제로는 이 조항이 일찍부터 휴지 조각이 됐지만 말이다.

왜 지대가 (전체 사회에) 바람직하지 않은가? 땅주인은 놀면서 배를 불리지만 실제로 일하는 사람은 배를 곯고, 그래서는 농업도 발전할 수 없어서다. 사람은 자기가 일한 만큼 더 많은 열매를 누릴 수 있을 때 자기 일에 의욕을 품을 수 있다. 그런데 일제 시절에 지주地主가 소작료(=도지)를 얼마나 거둬들였는가? 농민이 10가마를 수확하면 거기서 평균 5가마를 가져갔다. 소작료 말고도 갖가지 구실로 뜯어가는 것을 합쳐 7가마를 가져가는 지주도 적지 않았다. 그러니까 대다수 소작농은 농사를 제법 지었으면서도 늘 보릿고개를[47] 넘어야(겪어야) 했다. 그래서 최서해의 「탈출기」를 비롯해 농민들의 가난을 고발한 소설이 일제강점기에 많이 나왔다.

경제사 문헌에 따르면 우리 민중은 조선 후기보다 일제강점기에 훨씬 가난하게 살았다. 지주의 수탈(약탈)이 훨씬 심해졌기 때문인데 왜 그렇게 됐을까? 지주들이 농민을 마음껏 빼앗아가도록 일본 제국주의가 총칼과 대포를 앞세워 서슬 퍼렇게 엄호했기 때문이다. 일본 제국주의 자체가 최대의 지주로서 군산항을 통해 막대한 볏섬을 자기네 나라로 실어 날랐다. 한편 땅 잃고 집을 잃어 살 길이 막막해진 농민들은 두만강 너머 만주 땅으로 괴나리봇짐을 짊어지고 떠나가야 했다. 채만식의 소설 『태평천하』에 이런 현실이 잘 그려져 있다. 한국인 지주에게는 자기들이 소작농한테서 마음껏 갈취하도록 뒷배를 봐주는 일제가 무척 고마운 존재였고, 그런 세상이야말로 '태평천하'였던 것이다. 최근 들어 한국의 지배세력 주류가 『태평천하』의 주인공 윤직원 영감을 그리워하며 "식민지 시절이 태평천하였다"는 헛소리를 자꾸 늘어놓는 까닭은 지배세력 대부분의 선조가 친일 지주였다는 배경과

---

47. 작년 가을에 거둔 볏가마는 다 떨어지고, 올해 심은 보리는 아직 여물지 않은 5~6월을 가리키는 말.

잇닿아 있다.

현대 자본주의가 새로운 지대를 만들어내다

그런데 20세기 후반 들어 새로운 '지대'가 생겨나기 시작했다. 우선 인터넷을 보자. 인터넷의 바다에 숱한 물고기들이 뛰놀 수 있는 것은 거기 참여한 숱한 네티즌들의 지혜와 노력 덕분이다. 구글google이나 네이버naver, 다음daum 같은 신종 디지털 기업들은 네티즌들을 위해 간단한 기반 시설만 제공했을 뿐이지 어떤 콘텐츠(내용)도 만들어내지 않는다. 애당초 그 콘텐츠를 한두 기업이 만들어낼 수 있는 게 아니다. 그런데도 거기서 막대한 광고 수입(=지대)을 디지털 기업들이 두고두고 거둬들인다. 게다가 인터넷 공간을 독점하고 있다는 권세를 남용하기까지 한다. 구글은 미국 정보기관이 인물 정보에 관한 데이터를 몽땅 넘겨달라고 요청하자 구글 이용자들의 허락도 받지 않고 덥석 넘겨주었다.

지식재산권(또는 지적 소유권)도 지대가 전략적으로 진화한 형태다.[48] 공장을 굴리는 데서 생기는 이윤의 폭이 좁아들자, 자본가들은 (돈벌이의 활로를 찾아) 지식 자체에서 지대를 뜯어먹기 시작했다. 정부기관으로서 특허청이 '산업스파이'를 판별해내고, 기업에게 '지대를 매

---

48. 지적 재산권은 산업재산권(특허권, 실용신안권, 상표권, 디자인권)과 저작권(문화예술분야 창작물)으로 나뉜다. 영업비밀보호권이나 반도체칩 배치설계보호권 같은 새 지식재산권이 자꾸 생겨났다. 미국은 최근 법을 고쳐서 저작권 보호 기간을 50년에서 70년으로 늘렸다. '지식을 공유하자'는 세계 민중의 요구를 더 거스르는 짓이다. 특허권을 둘러싼 삼성전자와 애플사의 싸움은 (감성적 가치까지도 재산권의 배타적 권리로 간주하는) 슈퍼-지식재산권의 시대를 예고한다. 자본 간의 이전투구가 더 볼썽사나워졌다.

길 권한'을 부여해준다. 문화체육관광부는 '저작권copyright'을 지켜준다. 구술(口述, 말을 주고받기) 시대에는 이런 개념들이 성립할 수 없었다. 앎(지식)은 개인이 혼자 움켜쥘(소유할) 수 있는 게 아니라 공동체 속에서 수행되는(=말로 주고받는) 것이었기 때문이다. 어떤 물건으로 고정될 수 없었다. 그것을 담아낼 도구(인쇄된 책, 컴퓨터 파일)가 나오고부터 소유권 개념이 비로소 싹텄고 개인의 창의성이 주목받게 됐다.

지식(또는 지적) 재산권은 최근에 번성하게 된 개념이라 일반 민중이나 학자들이나 충분히 주목하지 못하고 있다. 그래서 그것의 폐해가 널리 알려지지 않았다. 이를테면 가난한 민중에게는 약藥을 값싸게 구할 수 있느냐가 그의 건강과 목숨까지 좌우한다. 에이즈AIDS가 들끓는 아프리카의 민중이 어떻게 세계 초국적 자본이 만들어낸 값비싼 에이즈 치료약을 살 수 있겠는가. 그런데 의약품 특허의 등 뒤에는 초국적 제약회사가 높은 수익을 올리도록 특허제도를 보장해주는, 세계무역기구wто의 '무역관련 지적재산권 협정TRIPs'이 도사리고 있다.

자본 선진국과 개발도상국 사이에는 이것(지식재산권)을 규제하는 문제를 놓고 줄곧 정치적 대립이 있어왔다. "특허의 철옹성을 하늘 높이 쌓자!"는 쪽과 "그러지 말자!"는 쪽 사이에! 누가 옳은지, 잠깐 생각해보자. 특허를 심하게 따지는 곳의 하나가 제약회사다. 자본 선진국들은 "에이즈 약의 특수 성분은 우리만이 어렵게 알아낸 비밀이야! 딴 사람들은 아무도 이것을 모르니까 우리는 비싼 값을 받을 권리가 있다"고 주장한다. 그런데 그것이 딴 사람 아무도 모르는 엄청난 비밀인가? 아인슈타인의 상대성이론만큼이나 수준 높은 지식인가? 훌륭한 실험실을 차려놓고 고등교육을 받은 연구원을 여럿 불러다 쓰면 머지않아 찾아낼 수 있는 앎이다. 남들보다 조금 먼저(!) 알아낸 것을 (특허로) 독점해서 비싼 값을 받을 뿐이다. 그 지식이 어디 하늘에서 뚝 떨어졌는가? 숱한 나라의 사람들이 탐구한 과학이론과 기술지식이 쌓이고 쌓인 바탕 위에 새로운 앎이 살짝 덧보태졌을 뿐이다. 특허를 매기겠다면 거기서 얻는 사용료(지대)는 그 앎에 기여한 무수한 사람들에게 골고루 분배돼야 하는 것 아닌가?

특허의 아성이 높이 쌓일수록 골 때리는 일들이 벌어진다. 조선의 협잡배, 봉이 김선달이 어리석은 백성들한테 '대동강이 내 것'이라고 바락바락 우겨서 물값을 받아먹은 것 같은 날강도 짓거리가 (인류가 드높은 과학기술문명을 자랑하는 21세기에) 버젓이 벌어진다. 이를테면 2012년 말 인도 의회는 「종자법The Seeds Act」 제정을 놓고 토론을 벌였다. 그 배경은 이렇다. 인도 농민들이 곡식의 수확량을 늘리려고 화학비료를 마구 쓰다 보니 땅이 산성으로 바뀌어서 오히려 수확량이 줄었다. 대지주들은 땅심(=지력地力)을 원래대로 복구하는 더딘 길을 가기보다 산성 땅에서도 잘 크는 유전자 변형 씨앗들GMOs을 심기로 결심했다. 유전자 변형 씨앗의 90%를 독점한 미국 대기업 몬산토와 미국 정부가 이를 알고, 인도 정부에 압박을 넣어서 지적 재산권을 강화하는 협약을 맺었다. 인도 농민들이 새 씨앗으로 재배 종자를 바꿀 경우, 그들은 두고두고 비싼 지대rent를 몬산토 회사에 물어야 한다. 산성 땅을 더 악화시킬 그 씨앗으로 인도의 농지가 회복 불가능한 지경으로 망가진다면 그 피해는 누가 감당해야 할까?

생명(유전물질)과 관련해 특허를 매기려고 하는 독점자본의 음모는 그 결과가 어떻게 될지, 가늠하기 어려울 만큼의 위험을 낳는다. 독점자본은 2000년대 들어 인간게놈프로젝트(인간 게놈=유전자에 있는 30억 개의 뉴클리오티드 염기쌍의 서열을 밝히는 과제)가 얼마쯤 성과를 거두자,[49] "얼씨구나!" 하고 그 유전자들을 특허의 대상으로 삼으려는 짓거리마저 서슴지 않았다. 이를테면 아마존 원시림에 자라는 희귀 식물의 유전자도 저희가 먼저 발견했으면 저희 것이란다! 과학기술문명의 발달에 빌붙어 피를 빨아먹으려는 기생충들!

간추리자. 지식재산권은 공업 생산에서 이윤벌이의 기회가 줄어든 세계 독점자본이 과학기술 자체를 돈벌이 구실로 삼겠다고 나서면서 휘두른 칼자루다. "우리한테 자릿세(지대)를 바치지 않으면 가만 안 놔둔다!" 이에 맞서 1980년대 이래로 copyleft 운동이 여기저기서 일어났다.[50] copyleft는 copyright와 맞세우려고 만든 신조어다. right는 '권리'이자 정치적 우파右派를 가리키는 말이요, left는 정치적 좌파左派, 곧 문제투성이 세상을 바꾸려는 사람들을 일컫는 말이다. 이들은 지적 재산권을 아예 없애거나 크게 바꾸자고 부르짖었다. "지식은 인류 모두가 편리하게 갖다 써야 할 공유 재산이다!" 하지만 자본 선진국의 지배세력이 (WTO나 IMF를 통해) 단결해서 자본 질서를 늠름하게 밀어붙이는 데 견주어, copyleft의 목소리는 아직 한참 미약하다.[51]

날로 기승을 부리는 불로소득 세력

자본주의 이전의 인류 사회는 돈이 저절로(?) 돈을 버는 것, 다시 말해 남에게 돈을 꿔주고 이자利子를 받아먹는 것을 커다란 죄악으로

---

49. 유전자 지도를 그려내던 초기엔 과학자들이 '불치병 근절'을 장담했는데 곧 낙관이 수그러들었다.
50. 아직 독일과 스웨덴의 해적당, 미국의 전자프런티어재단EFF 같은 단체 몇몇의 목소리뿐이다.
51. 부르주아들도 '지대' 자체는 없애야(줄여야) 한댔다. 누가 무엇을 독점해서(=진입 장벽을 쳐서) 거저 누리는 잉여 소득은 자원의 효율적 배분을 왜곡한다댔다. 그런데 그들은 이 낱말을 마구잡이로 쓴다. 공기업도, 은퇴 후 혜택을 누리는 관료도, 심지어 공무원연금 가입자들도 '지대'를 누린다고 그 개념을 한껏 넓혀 쓰면서 정작 거대 독점자본이 누리는 지대에 대해서는 입을 다문다. 일종의 물타기다.

여겼다. 구약 성서에 적힌 모세의 열 가지 계명 가운데는 '네 이웃의 아내를 탐하지 말라'는 말씀이 있는데 이 계명에는 경제적 배경이 있었다. 그 시절엔 돈을 갚지 못하는 사람의 아내를 빼앗아가는 비인간적인 고리대(高利貸, 비싼 이자로 돈 빌려주기)가 성행했는데 이것을 비판하는 뜻이 그 계명에 들어 있다. 『베니스의 상인』에 나오는 샤일록 같은 '고리대금업자'가 자본주의에 들어와서는 금융자본가(=은행과 증권사)와 (은행에서 이자를 받아먹는) 금리 생활자들로 바뀌었다. 자본주의 체제가 대공황으로부터 벗어날 (국가 개입의) 길을 내놓은 경제학자 케인스(1883~1946)는 돈 놓고 돈을 버는 금리 생활자 계급이 공황의 틈바구니 속에서 안락사할 것으로 낙관했다. 한때는 그럴 것 같기도 했다. 자본을 처벌하는 공황의 시대라서 자본가들의 코가 납작해지고, 또 2차 세계대전 이후 한동안 산업자본이 활기를 띤 탓에 20세기 중후반의 자본주의는 부패한(비뚤어진) 모습을 덜 보였었다. 그러다가 1970년대 들어, 자본 체제의 모순이 깊어져서 자본이 이윤벌이를 할 여지(기회)가 자꾸 막히자 자본가들이 다시 타락한 길로 빠져들었다. 기업을 잘 굴려서 이윤을 얻는 쪽이 아니라 너나없이 불로소득에 속하는 '지대'를 추구하는 쪽으로! 아니 민중의 살림을 약탈하는 길로! 케인스의 후계자요 노벨 경제학상을 받은 스티글리츠도 그런 말을 했다. 부를 쌓는 데에 두 길이 있는데 하나는 스스로 부를 일구는 것이요, 하나는 남의 부를 빼앗는 것이라고!

앞서는 지적 재산권을 매겨서 민중의 지갑을 갈취하는 짓거리들을 말했다. 그것은 독점자본이 벌이는 짓이고, 악덕 지주나 상업은행은 또 다른 짓을 벌인다. 2000년대 초 미국의 부동산 거품이 꺼지자 빚(은행 대출)을 갚지 못한 사람들이 제 집을 빼앗기는 사례가 무수하게 생겼는데(2010년 한 해에만 100만 건이 넘었다), 그 대부분이 새빨간 속임수는 아니라 해도 위법적인 압류(빼앗기)였던 것이 분명하단다. 미국 정부는 이런 약탈이 '문제가 있다'고는 수긍했으면서도 사태를 적당히 얼버무렸다. "이미 빼앗아간 것을 어찌 돌려주겠니?" 하는 식이다. 데이비드 하비에 따르면[52] 주택 거품 붕괴 이전에도 부동산 개발꾼이나 지주가 계략을 꾸며서 남의 집을 빼앗거나 동네 집값을 떨어뜨려서 부를 약탈해 가는 일이 미국 곳곳에서 수없이 벌어졌다고 한다. 물론 이런 일이 미국만의 일이 아니다. 높은 경제 성장을 이룬 나라들(중국과 브라질, 인도)에서는 다 벌어졌다.

> 덧대기
> 세계는 산업자본이 힘쓰던 때로부터 금융자본이 힘쓰는 때로 옮아왔다. 금융자본은 부패한 투기세력의 성격이 짙다. 예컨대 미국의 악명 높은 헤지펀드인 엘리엇은 2005년 석면회사 오언스코닝의 피고용자들이 여럿 죽어서 막대한 피해보상금을 낼 어려운 처지에 놓이자 그 어지러운 틈에 그 회사를 사들여 피해보상금을 대폭 깎아 회사가치를 올리고는 되팔아서 10억 달러를 벌어들였다. 이런 자본은 기생충 자본이지 생산 자본이 아니다. 다시 말해, 사회에 기여하는 바가 털끝만큼도 없다. 기업 가치를 오래 지탱하는 일은 관심이 없고, 잠깐 사이에 주가(주식 가격)를 띄워서 시세時勢 차익을 노리기만 한다. '한탕 장사'에 몰두하므로 기업의 투자와 고용이 움츠러들기 마련이다.

근래 들어서는 사회 전체가 '지대'를 추구하는 일에 매달렸다. 세계 곳곳의 도시는 저마다 자기의 역사와 문화, 남다른 볼거리를 번듯하게 꾸며서(별것 없다면 급히 지어내서) 여행객들을 끌어들인다. 세계 곳곳의 상업적인 축제(카니발)를 보라. 올림픽을 개최한 곳들이 어찌 되었는지도 보라.[53] 관광객이 늘어나 땅값이 오른다면 그 이득은 대부분

---

52. 그가 쓴 『반란의 도시』와 『자본의 17가지 모순』 참고.

누가 챙기는가? 지주와 부동산 개발꾼들이 챙긴다.

자본주의는 상대적으로 진취적일 때가 있고, 퇴폐적(반동적)일 때가 있다. 산업자본주의 국면은 비록 식민지 수탈(약탈)의 어두운 그림자를 동반하기는 했어도 아무튼 생산력을 키워서 경제에 활력을 불어넣는 힘이 있었다면, 금융자본주의 특히 21세기 들어 온갖 분야에서 지대를 추구하는 약탈적인 자본주의 국면으로 접어들어서는 생산력 발달도 시들해지고 퇴폐적인 짓거리만 성행하게 된다. 2008년 금융공황 때 미국 FBI(경찰)는 불법으로 장부를 조작한 은행 간부 500여 명에게 쇠고랑을 채웠다. 이는 금융자본의 본질을 잘 보여준다. 파생금융상품(선물先物, 스왑, 옵션)이라는 해괴한 속임수까지 판치는 것을 보라.[54] 1970년대 들어 달러와 금金의 맞바꾸기(태환 제도)를 없앤 뒤로, 화폐와 채권과 땅과 자원(석유 등)과 특허(지식재산권)를 지닌 사람의 권세가 걷잡을 수 없이 커졌다. 그들은 생산 활동 대신 이자와 로열티 loyalty, 지대를 먹을 데만 찾아다녔다. 패권 국가(미국)가 딴 나라들에 '지식재산권 협정TRIPs' 따위를 강요해서 이들의 뒷배를 봐줬다.

> **덧대기**
> 자본주의를 옹호하는 중앙일보도 '지대'에 대해서는 열을 올린다. "조물주造物主 위에 건물주가 계시니라." 하고 비꼰(풍자한) 칼럼이 실린 적 있다. "영세 사업주가 종업원에게 최저 시급보다 2,820원 더 올려주는 것도 버거워하는 까닭은 건물주에게 비싼 임대료를 갖다 바치기 때문이 아니겠냐"는 것이다. 헨리 조지는 '지대 조세제도'로 정부가 지대를 환수해서 (뺏어서) 사회가 공유하라고 부르짖었단다. 구멍가게 장사꾼들은 너나없이 '건물주의 노예 신세'와 같단다.

---

53. 예컨대 스페인의 바르셀로나는 자기들의 유서 깊은 문화를 (올림픽을 계기로) 잘 선전해서 땅값이 뛰었다. 그런데 올림픽위원장 사마란치가 바르셀로나에 넓은 땅을 갖고 있었다.
54. 기초 자산의 가치 변동에 따른 위험을 회피하기 위해 고안됐다. 그 규모가 어마어마하다.

돈 많은 사람이 나라의 주인인가?

잠깐 재벌 얘기도 하자. 21세기 세계 자본 체제는 '1 대 99'의 사회가 됐다고들 말한다. 인구 1%의 부자the rich들이 인류 사회 전체를 쥐락펴락할 지경에 이르렀다는 것이다. 2008년 세계금융공황에서 파산해야 마땅한 미국과 유럽의 거대 자본가들이 (정부가) 헬리콥터로 퍼부어주는 돈다발을 받고 오히려 쏠쏠하게 돈을 벌어들였으며 피해는 99%의 민중이 깡그리 뒤집어썼는데, 그에 대해 아무런 정치적 반대도, 저항도 없었다는 사실이 '1 대 99'의 현실을 잘 말해준다.

> **덧대기**
> '10 대 90'의 사회는 정의롭지 못하기는 해도 '위험한 사회'라고까지 말할 것은 없다. 하지만 '1 대 99'의 사회는 인류 공멸(함께 멸망하기)의 위기마저 불러온다. 제국주의 국가들이 독점자본을 살리기 위해 (전쟁을 비롯해) 무슨 짓이든 다 벌일 태세라서다. 세계 민중이 이것을 막아낼 정치적인 힘을 키우지 못한다면 지금의 사회경제적 위기에서 헤어날 실마리를 찾을 수 없다.

한국의 경우는 어떠한가? 한국은 재벌과 그 떨거지(뒷돈 챙긴 관료)들이 인구의 1%를 이룬다. 2015년 봄에 방영된 TV 드라마 「풍문으로 들었소」가 잘 그려냈듯이 한국은 재벌이 경제와 정치, 모든 분야에서 판치는 나라다.[55] 심지어 노무현 전 대통령은 '한국이 삼성 공화국'이라고까지 못 박았다. 재벌이라고 다 같은 재벌이 아니고 삼성 재벌이

---

55. 롯데 재벌이 (2016년 완공 예정인) 잠실 제2롯데월드를 짓는 데에 갖가지 입씨름이 벌어졌다. 석촌호수가 말라붙는 것도 찬반이 붙었지만 더 큰 문제는 옆에 있는 성남 서울공항의 비행기 이착륙에 위험을 끼친다는 것. 공군 장교와 비행장 사람들 대부분이 123층의 건물이 올라가는 것을 반대했는데도 이명박 정권이 반대 여론을 내리눌렀다. 국가가 누구를 편드느냐를 여실히 보여준 사건이다.

왕이라서다. 삼성과 관련해 불거진 사건 몇 개를 소개한다.

1. 2007년 말 김용철 변호사가 천
주교정의구현사제단의 도움을 받
아 삼성 재벌이 비(밀)자금을 쌓
아뒀다는 비리 의혹을 폭로했다.
자기가 7년간(1997~2004) 삼성그
룹 구조조정본부의 재무팀과 법
무팀에서 일할 때 갖가지 더러운

노무현 전 대통령은 "한국이 삼성 공화국이 됐
다"고 말한 적 있다. 국가가 민중의 심부름꾼이
아니라 독점자본의 심부름꾼으로 놀았던 것이
아닌지, 따져 묻자.

짓에 함께했다고 양심선언을 했던 것이다. 우선 삼성에버랜드 전환사
채 헐값 배정(또는 편법 증여) 사건을 덮어 감추고, 법의 처벌을 피하
는 일을 거들었단다.[56] 이것은 1996년 삼성에버랜드가 전환사채를 헐
값에 '주주株主 우선'으로 발행한 뒤, 딴 주주들이 그 인수引受를 포
기해서 이재용(이건희의 아들)에게 돌아가도록 만든 사건이다. 또 '삼
성관련 X파일' 같은 소송을 거들었다. 이것은 2005년 문화방송의 이
상호 기자가 국가안전기획부의 도청(훔쳐 듣기) 내용을 담은 테이프
를 찾아내서 삼성그룹과 정치권/검찰이 짝짜꿍을 벌인 실태를 까발
린 사건이다.[57] 그는 "이건희 회장을 신神처럼 받들어 모시는 회사
분위기를 참을 수 없어 거기서 나왔다"고 털어놓았다.

→ 2006년 삼성그룹은 8,000억 원의 사회 공헌금을 내고 소유/경영
권 승계와 관련된 불법/탈법 행위에 대해 면죄부를 받았다. 2010년
이명박 정권은 "경제 회생回生이 중요하다"면서 삼성 이건희 회장에

56. 전환사채는 어떤 조건 밑에 '보통 주식'으로 전환할 선택권이 부여된 사채(私債, 개인
빚)이다.
57. 중앙일보 홍석현 회장과 삼성그룹 이학수 부회장이 1997년의 대통령선거 때 어떤 후보
에게 돈 대주는 계획을 궁리하고 검사들에게 뇌물 준 것을 확인한 내용이 들어 있었다.

대해 사상 처음으로 '단독 사면pardon'을 내렸고 이건희가 회장으로 다시 복귀했다.

2. 2011년 1월, 삼성전자 LCD 공장의 설비 엔지니어로 일하던 청년 노동자 김주현 씨가 기숙사에서 스스로 목숨을 끊었다.[58] 이를 통해 삼성이 "노동조합을 절대로 허용하지 않는다"면서 어떻게 노동자들을 부려 먹었는지, 그 실태가 알려졌다. 하루 14~15시간을 일할 때가 대부분이고 1~2개월에 겨우 한 번 외출이 허락됐다. 그는 "상급자들이 밥을 안 먹고 일해서 밥을 먹을 수가 없다. 근무시간이 불규칙해서 잠을 못 잔다. 일을 제대로 가르쳐주지도 않고 '이거 해!' 하고 시킨다"고 일기에 적었다.

3. 2014년 5월, 권오현 삼성전자 부회장이 기자회견을 열어 "백혈병 등의 피해를 겪은 노동자 가족에게 사과하고 합당한 보상을 하겠다"고 밝혔다. 그런데 이는 2007년 기흥반도체 공장의 황유미 씨가 백혈병으로 죽고 그 가족과 노동단체 '반올림' 등이 7년간 싸워온 끝에 회사가 겨우 반응을 보인 것이다. 영화 「또 하나의 약속」은 이 사건을 널리 알리는 내용이다.

4. 2014년 11월, 『미디어 오늘』은 제일모직(옛 삼성에버랜드)이 주식시장에 들어가는 것에 관해, 정권이 삼성을 음으로 양으로 돕지 않는 한, 제일모직이 지주회사(=딴 회사의 사업 활동을 지배 또는 관리하는 회사)로 바뀌기 어렵다고 분석했다. 그런데 이재용이 이건희로부

---

58. 2009년부터 삼성전자 반도체 기흥공장의 자살 사건만 6건이 제보될 만큼 자살이 잇따르고 있다.

터 삼성 재벌의 경영권을 이어받으려면 제일모직이 지주회사로 바뀌어야 한다. '팩트 TV'는 11월 중순, 삼성SDS 기업이 주식시장에 들어간 것이 이재용의 3남매가 내야 할, 6조 원 남짓 되는 상속세를 덜 내기 위한 꼼수가 아니냐고 의혹을 제기했다. 이재용의 3남매는 삼성SDS가 주식시장에 등록한 첫날 5조 원가량의 시세 차익을 얻었다고 한다. 이건희의 자식들이 상속세를 한사코 덜 내려는 까닭은 단지 '돈이 아까워서'가 아니라, 제 재산이 일정 규모 밑으로 줄어들면 삼성그룹 전체의 '경영권'을 잃어버리기 때문이다.

문제는 재벌(=기업그룹)의 지배구조다. 한국 30대 재벌의 총수 집안이 기업그룹의 전체 재산에서 차지하는 몫(=지분율)은 평균 4.2%에 불과하다.[59] 몇 푼 안 되는 돈을 투자했으면서 어찌 총수의 자식에게로 경영권이 '세습(대물림)'될 수 있느냐 하는 근본 물음이 제기된다. 법이 그렇게 허락하고, 또 정권이 뒷배를 봐줘서 그렇게 굴러 왔다.

재벌 총수들은 경영권을 휘둘러서 자기가 경영하는 기업들의 돈을 제 것처럼 쓴다. 예컨대 2015년 초 대한항공은 총수 조양호의 딸 조현아가 승무원들에게 행패를 부려서 쇠고랑을 찬 사건에 대해 '국민들에게 사죄한다'는 신문 광고를 냈다. 잘못한 주체는 대한항공이 아니라 조현아다. 그런데 광고비 9억 원을 대한항공이 냈다. 재벌 총수는 그 그룹 자본의 아주 작은 부분만을 댔으면서 경영권이라는 칼자루를 쥐고서 회사 돈을 마구 갖다 쓰는 무한권력을 휘두른다. 우리는 사적 소유권이 독점 권력을 낳는 실례를 여기서 발견한다.

---

59. 총수(회장님)를 owner라 부르는 것은 사실과 맞지 않다. 경영권을 쥐었지, 기업 그룹의 재산 가운데 그의 것은 손톱만큼이다. 성질이 나빠 삿대질을 일삼는 회장에게는 임원들이 그와 마주치는 것도 두려워한다. 1970년대에 대통령이 장관들을 걸핏하면 구둣발로 걷어찬 것과 같은 맥락이다.

또 다른 예를 들자. 2015년 여름, 롯데그룹 회장 신격호의 맏아들과 둘째 아들 사이에 경영권 승계를 둘러싸고 이전투구(泥田鬪狗, 진흙 밭 개싸움)가 벌어져서 신문에 대서특필 되고, 국민들로부터 빗발치는 비난을 받았다. 맏이는 아비와 친족을, 둘째는 어미와 사장단을 업고서 자기가 후계자라고 내세웠다. 롯데는 신격호가 0.05%의 코딱지만 한 지분(몫)을 갖고서 계열사들끼리 순환 출자하는 꾀를 써서 제왕처럼 군림해왔다. 재벌 평균의 84분의 1밖에 안 되는 자본을 댔으면서 무한 권력을 누렸다. 예컨대 이사회나 주주총회를 열어 결정할 문제도 신격호가 아무 자리에서나 말 한마디 뱉으면 그게 효력을 발휘하는 식이었다('손가락 경영'). 그는 죽을 때까지 권력을 놓지 않으려고 '경영권 승계'에 관한 프로그램을 내놓지 않았던 탓에 분쟁이 더 추악해졌다. 93세 나이(2015년 현재)로, 정신이 오락가락하지 않느냐는 의혹까지 나왔는데 그런 그가 무슨 말을 했느냐로 경영권 '세습heredity'이 결정되는 판이었다.

롯데 재벌은 롯데백화점 본점을 지을 때도 정권의 특혜 논란이 일었고, 제2롯데월드의 건설도 이명박 정권의 엄청난 특혜가 아니었다면 불가능했다. 게다가 "한국에서 번 돈을 일본에 퍼주는 것 아니냐"는 의심마저 제기돼왔다. 일본 도쿄에 있는 포장재 회사인 광윤사가 한국과 일본의 롯데 계열 회사들을 지배 해왔기 때문이다. 직원이 3명뿐인 이 (유령) 회사의 최대 주주가 신격호다. 롯데의 계열 회사들 가운데 일본 쪽 회사는 주식시장에 상장上場한 곳이 전혀 없고 한국도 9개 회사뿐이다. 영업 비밀이 많다는 얘기다. 여당(새

롯데 재벌 총수 신격호는 90살이 넘도록 권력을 내려놓을 줄 몰랐다. 그래서 경영권 승계 다툼이 더 추악해졌다. 더 이상 재벌이 나라를 쥐고 흔드는 일이 없어야 한다.

누리당)에서도 "재벌 지배구조의 개혁이 필요하다"는 말이 나올 만큼 재벌 지배구조 개혁의 목소리는 무척 큰데도 여태껏 행정부와 국회를 주물러댄 재벌들의 권세가 워낙 드높아서 롯데의 '형제의 난亂'도 지루한 법 싸움(소송전)으로 이어질 뿐, 기업법 개정으로 이어질 것 같지 않다. 여야당의 재벌 비난은 국민들에 대한 립서비스(입에 발린 말)에 가깝다.[60]

북한 정권이 '봉건 왕조'와 겉모습이 얼마쯤 비슷한 것은 사실이겠지만 그에 대한 비판이 진정성을 띠려면 남한 재벌이 황제처럼 군림하고 대대손손으로 경영권을 이어온(=세습한) 것도 치열하게 비판해야 한다. "니들이 경영권을 보검처럼 휘두르는 근거가 어디 있는데?"

그리고 재벌 개혁의 정치 의제agenda를 들고 나서야 한다. "재벌로의 부의 집중이 위험 수위에 다다랐다. GDP 대비 10대 재벌의 자산이 2003년 48%에서 2012년 84%로 2배 가까이 뛰었다. 지구촌에 이렇게 재벌이 판치는 나라는 없다. 재벌 독식 경제에서는 어떤 경제 민주화 정책도 먹히지 않는다. 그래서는 한국 자본주의가 무너진다! 미국과 일본, 심지어 이스라엘까지 재벌을 해체하지 않았는가. 금융과 산업을 분리해서 재벌을 실질적으로 해체하라! 부도가 난 대기업은 국유화하라!"[61]

60. 장남은 국적이 일본인이고(한국어를 모르고), 차남은 이중국적으로 병역 면제를 받았다. 인터넷에 올라온 '장자연 리스트'에 누구 이름이 들어 있다. 롯데그룹은 신격호의 일본인 부인이 태평양전쟁 때의 A급 전범 시게미쓰 마모루와 아무 인연도 인척 관계도 없다고 부인했다. 롯데그룹은 80개 계열사가 20만 명을, 하청업체까지 합치면 관련되는 35만 명을 포괄한다.
61. 박승호가 쓴 『21세기 대공황의 시대』참고. 중앙일보는 '재벌개혁' 여론을 수긍하는 척하면서도 지금 재벌 체제의 해체가 꼭 정답은 아니라고 슬며시 물타기를 하고 나섰다. 재벌개혁은 그들이 중앙일보 같은 언론마저 장악하고 거대한 기득권을 휘둘러대는 것을 타파하자는 것이다.

너, 어떤 사람으로 살래?

마무리 얘기로, 소유 그 자체를 짚어보자. 18세기의 루소가 이렇게 말했다. "소유는 남들도 가질(누릴) 수 있는 가능성을 애당초 막아버리는 폭력이다. '소유가 곧 권력'이라는 사실에서 지배와 복종의 논리를 벗어날 실마리도 얻는다.[62] (사적) 소유가 없어지면 권력도 사그라들(소멸할) 것이기 때문이다." 낱말 자체에 그런 뜻이 이미 들어 있다. '사적私的'이라는 뜻의 private는 라틴어 privare에서 비롯됐는데 이 낱말은 '빼앗는다'는 뜻이다. 영국의 인클로저 운동은 "이 풀밭은 내 거야!" 하고 울타리를 둘러서 제 풀밭에 남들이 들락날락거릴 권리마저 빼앗는 운동이었다. 원래 마을 사람들이 그곳을 공유지로 삼고 살았는데도!

사유의 폐해를 겪을 대로 겪은 21세기의 인류는 그러니까 어떤 소유 형식이 사람들에게 바람직한지, 갖가지로 궁리하고 실천해볼 필요가 있다. 대안이 될 (소유) 형식은 꼭 한 가지만이 아닐 것이다. 국가 소유도 있고 공동체(협동조합) 소유도 있으며 현실에서는 여러 소유 형식이 실정에 맞게 결합돼서 굴러가는 것이 안성맞춤일 때가 많다. 어쩌면 '소유 형식 그 자체'를 허물어야 하는지도 모른다. 사적 소유제도가 판을 치는 곳에서는 가진 것 없는 사람들의 설움이 칠흑처럼 깊어지지만, 모든 것이 '국가 소유'가 돼버린 나라에서도 민중이 설움을 겪을 수 있어서다. 옛 소련 사회주의 국가가 그랬듯이 국유화가 타락하면 국가 관료들이 국가 재산을 마치 제 것처럼 갖다 쓰면서 거드름을 피운다. 누가 무엇을 소유하는 순간, 또 다른 누군가는 거기서 왕따가

---

62. 삼성 재벌이 정치인과 행정부 관료들을 손바닥 안에 놓고 쥐락펴락한다는 사실을 떠올리라.

되어 설움을 겪는다.

딴 글에서 나는 "사적 소유가 아니라 개인적 소유로 나아가야 한다"고 썼는데, 이때의 '개인적 소유'란 내가 그것의 주인이되 나 혼자서만 그것을 움켜쥐지는 않는 상태를 가리킨다. 협동조합원의 한 사람으로서 나는 (내가 속한 협동조합에 대해) 주인이라는 생각과 긍지를 품지만, 그렇다고 그 협동조합이 나 혼자 북 치고 장구 치는 곳은 아니라는 말이다. '소유 형식 그 자체'를 허물자는 말의 속뜻은 바로 이런 식으로 살아가는 사회를 꿈꾸자는 것이다. TV 방송국 같은 데를 생각해보자. 전 국민이 시청하면서 울고 웃는 TV 방송을 어찌 어느 잘난 개인이 소유하고 제멋대로 운영할 수 있겠는가. 그것은 방송사 사장의 것이 아닐뿐더러 그것의 운영을 돌봐주는 국가의 것만도 아니다. 유익한 방송을 만드는 방송국 일꾼들만의 것도 아니다. 그것은 국가의 것이고, 방송국 일꾼들의 것이면서 시청자(민중)의 것이기도 하다. 민영(민간 경영)도 국영(국가 경영)도 아니고 공영公營이 돼야 한다. 그런 공영과 공유公有의 개념을 우리 사회의 살림살이에 널리 적용하는 것이 우리의 숙제다.

더 자세한 대안은 나중에 찾자. 자본주의 사회 속에서 협소해진(좁아든) 우리의 눈길부터 넓히자. 근본적인 질문을 꺼내 들어라. 이를테면 우리는 '땅을 소유한다'고 말한다. 그런데 과연 사람이 땅을 가질 수 있는가? 사람은 100년도 못 산다. 반면에 땅은 수백만 년, 수억 년 전부터 (이 지구 위에) 있었고 앞으로 수백만 년, 수억 년 뒤에도 거기 있으리라. 100년도 채 못 사는 사람이 그 땅에서 온갖 단물을 죄다 빨아먹겠다면 뒤이어 그 땅에 오래오래 깃들어 살아갈 사람들은 어쩌라는 말인가.[63]

오히려 저 유구한(오래된) 땅이 사람을 (잠깐씩) 거느리고 있는 것 아닐까? 저 땅이 자신의 기름진 흙으로 우리에게 곡식을 선사해줘야 우리는 하루살이 목숨일망정 이어갈 수 있다. 저 땅이 반란을 일으킨 다면(가령 땅힘을 잃어 사막으로 바뀔 경우) 당장 인류는 죽음의 위기와 맞닥뜨린다. 그런 이치를 헤아린다면 '내 것 찬양'이 얼마나 천박한 짓 거리인가!

장회익이 이런 사정을 깊이 헤아려 '보-생명'이란 개념을 제안했다. 지구 위의 흙과 공기와 물이 그 자체는 생명이 아니지만, 그것들 없이 생명이 전혀 지탱할 수 없으므로 그것들을 '보補-생명'이라고, 다시 말 해 '생명을 보충(보조)해주는 것들'이라 일컫자는 제안이다. "보생명 없 이 생명은 없다. 그러니 가이아 여신(그리스 신화에 나오는 대지의 여신) 을 거룩하게 섬겨라!" 옛사람들은 그 생각을 "하느님이 주셨다"는 말 로 에둘러서 나타냈다. 사람들 모두가 정성을 다해 챙기고 간수해야 할 고귀한 것이지, 어느 한두 놈이 저 혼자 실컷 단물을 빨아먹고 팽 개쳐도 되는 싸구려가 아니다. 그러니 '사유'의 권력을 뽐내는 하루살 이들과 사생결단으로 대결해야 한다.

사람에게는 무엇을 갖고 있어서 얻는 행복이 있고, 남들과 정情을 나눠서 얻는 행복이 있다. 예컨대 누가 좋은 학력(스펙)을 쌓아서 돈 벌이에 유리해진다면 그것이 다행이기는 하겠다. 그렇다고 자기가 무 슨 명문대를 졸업했다는 사실이 대단한 행복을 선사해주는 것은 아니 다. 정다운 사람과 잊지 못할 추억을 쌓는 행복에 견주면 그것은 허깨 비 같은 것이다. 그런데 풍요로운 소비생활에 빠져 있는 사람은 눈앞 에 그것을 가능케 할 '돈'만 어른거린다. 오로지 돈, 돈, 돈! 그래서 세

---

63. 벤야민이 『정의의 범주에 관한 작업 노트』에 이렇게 썼다. "하루살이 인간이 무엇을 소 유한다는 것은 덧없는 일. 그러므로 '소유의 질서'는 결코 정의正義로 이어질 수 없다. 오 히려 정의justice는 소유될 수 없는 물건의 조건이라 하겠다……. 정의는 세계를 최고의 물 건으로 만들고자 하는 노력이다."

상의 풀꽃들이 얼마나 다채로운 색깔과 냄새를 뿜내는지 일일이 느끼고 맛볼 열정도 사그라든다. 벗들과 더불어 세상을 꿈꾸며 고결한 지혜를 나눌 호연지기(浩然之氣, 호탕한 기개)도 자취를 감춘다. 요컨대 그에게는 "이거, 내 거구나!" 하는 소유 감각밖에 남지 않는다. '내 것'에 눈이 먼 근대 사회(곧 자본주의 체제)로 접어들고부터 사람들의 감각(감성)이 얕아졌을 뿐만 아니라 말글살이(언어생활)도 사회 체제를 닮아가기 시작했다. 이를테면 옛사람들은 "나, 요새 잠을 잘 못 자!" 하고 자연스레 말했는데 요새 사람들은 '소유' 관념을 통해 굴절된(왜곡된) 말을 내뱉는다. "나, 요새 불면증을 갖고 있어!" 하고. 자기가 (별달리) 가진 것이 없으니 불면증이라도 '갖겠다'는 것인가.

예전 사람들은 일찍부터 무소유無所有의 지혜를 후손에게 가르쳤다. 보편 종교의 경전(성서와 불경) 곳곳에 그런 말씀이 적혀 있다. 배운 것 없는 민중도 그런 지혜는 넉넉했다. "나물 먹고 물 마시고 돌베개 하고 누웠으니 무엇이 부러우냐!"고 넉넉한 마음을 읊은 시詩가 있고, "저세상에 갈 때 무엇을 갖고 가느냐? 좁은 관에 눕기는 다 마찬가지"라고 헛된 물욕物慾을 꾸짖는 속담이 전해 내려왔다. 제 것 움켜쥐기에 눈이 벌건 사람은 돈을 버느라 허둥지둥 살면서 제 울타리 안의 정원garden만 흐뭇해하지만 그럴 욕심이 없는 사람은 온 지구를 자기의 뜨락garden으로 누리며 더 깊은 감수성을 틔운다.

에리히 프롬이 이런 생각을 "소유냐, 아니면 존재냐" 하는 명제로 간추렸다. 무엇을 움켜쥘(가질) 것이냐, 애면글면 애쓰지 말고 "너, 어떤 사람(존재)이 될래?"라는 물음에나 진지하게 응답하라는 분부다. 인간 사회의 목표도 달라져야 한다. 박정희는 한국 사회의 목표를 '내집, 내 승용차!'로 삼자고 부르짖었다. 어떤 사람이 될지는 고민할 것도 없다고 했다. 하지만 박정희의 꿈이 얼추 이뤄졌는데도 사람들의 낯빛이 어둡다. 앞날이 불안하다며 아이를 낳지 않는 부부가 적지 않고, 자살률도 세계에서 몇 손가락 안에 들 만큼 높다. 그동안 우리 사회가 굴러온 길이 무엇인가 단단히 잘못되지 않았을까?

사람 사회의 진정한 부富는 훌륭한 사람들 자체다. 수없이 널린 석유통도 아니고, 산더미 같은 돈더미도 아니다. 요즘은 부르주아들도 이 사실을 어렴풋이(쪼끔) 깨닫고, 왜곡된 낱말로나마 나타낸다. 무슨 영재the gifted 교육이니 창조적 지식경제니, 어쩌고 하는 낱말로! 세상을 제대로 알고 굴려갈 줄 아는 사람이야말로 최고의 생산력이다. 그런데 사람은 소유의 대상이 아니다. 삼성의 이건희와 이재용이 삼성그룹의 노동자들을 '자기 것'이라 여길지는 모르지만 말이다.

그러므로 우리의 결론은 이것이다. 무엇을 많이많이 움켜쥘(소유할) 헛된 욕망일랑 내려놓고, 훌륭한 사람으로 크겠다는 포부(긍지)부터 키워라!

2부
현대 사회가 안고 있는 문제

1 자연과 자본의 모순:
자연 파괴

인류가 살아가는 데에 (석유와 광물자원이
바닥나는 것보다) 더 위험한 것은
땅이 메마르고 물이 말라붙는 것이다.

먼저 (고교) 사회 교과서를 간단히 살피고 덧보탠다. '인구, 식량, 자원' 단원부터 보자. 교과서는 세계 인구가 2050년 무렵에 80~100억 명에 이를 것으로 예측하고, 인도와 중국을 비롯해 개발도상국이 그 인구의 대부분을 차지할 것으로 본다.

그동안 세계 곳곳은 인구가 더디게 커나가다가 언제부턴가 기하급수적으로(몇 배로 부쩍) 급증한 뒤 다시 속도가 급하게 떨어져서 제로(심지어 마이너스) 성장률을 나타냈다. S자 꼴의 곡선을 그렸다. 인구의 제로 성장 지역은 모자란 일손(이주 노동)을 딴 데서 자꾸 불러들이는데 한국도 그런 곳이 됐다. 교과서의 '다문화' 항목도 그래서 들어갔다.

인구 증가가 멈추면 자본주의도 멈춘다

인구 추정은 까다롭고 부정확하기 마련이다. 하지만 21세기 말에 세계 인구가 120억 명(어쩌면 100억 명)가량에서 정점을 찍고 난 뒤 안정된 제로 성장 상태에 도달할 것이라고 조심스럽게 내다볼 수 있다. 왜 그렇게 될까? 자본주의에 깊숙이 포섭된 사회는 아이를 점점 덜 낳는 저출산의 경향이 생겨나기 때문이다. "이놈의 사회가 사람을 한갓 일회용 물건으로 써먹고 버리는데 이런 살벌한 곳에서 살아가라고 아이를 낳고 싶지는 않아요!" 지금은 인구가 3% 넘게 늘어나는 곳이 (자본주의에 별로 포섭되지 않은) 아프리카와 남아시아, 중동(=서아시아)뿐이다. 그동안 자본주의가 꾸준히 커온 것은 17세기 이후로 인구가 꾸준히 늘어난 덕분이다. 1980~2010년 사이에 전 세계에서 노동자(피고용자)가 12억 명이 늘었는데 그 절반이 중국과 인도, 두 나라에서 나왔다. 헐값으로 부릴 일꾼이 넘쳐날 때 자본주의가 커갈 수 있거니와, 앞으로는 그럴 여지가 부쩍 줄어들었다. 그러므로 더 이상 자본주의와 상관없이 굴러가는 그 바깥 공간은 없다!

　그동안 산업혁명과 정보기술혁명은 사람을 덜 쓰거나, 하찮은 일에나 잠깐씩 부려 쓰는 쪽으로 산업 체제를 점점 바꿔냈다. 제레미 리프킨은 사람이 하는 일을 기계가 몽땅 대신해서 '노동의 종말'을 맞을 것이라고까지 우울하게 내다봤다. '신자유주의!' 구호가 울려 퍼진 1980년대부터 세계 자본가들은 '노동 유연화' '구조조정(곧 정리해고)'을 밀어붙였는데 21세기 말부터 인구 성장이 제자리걸음을 하리라는 전망은 그나마 우리를 다행스럽게 한다. "인구가 더 늘어나지 않을 텐데 어떻게 우리를 싸구려로 부려 먹겠니?"[64] 하지만 그런 다행스러움 뒤에는 출산을 단념하는 수많은 사람들의 눈물과 한숨이 깔려 있다는 사실도 잊어서는 안 된다. 아이 기르기가 아무리 힘들어도 사람들이 아이를 낳는 까닭은 그것이야말로 제가 (죽더라도) 세상에 남길 너

---

64. 식민지 역사를 들여다보면 노예 주인이 노예를 심하게 부려 먹는 곳(지역)에서는 노예 여성들이 독한 마음을 먹고 출산파업을 벌였고 게다가 노예를 마구 사냥할 기회가 줄어들어든 탓에 노예 주인들이 일꾼을 구하지 못해 쩔쩔맸다는 기록이 나온다. "이런 잔인한 세상에 아이야, 태어나지 마라!"

무나 뚜렷한 자취이기 때문이다. 다들 자식 낳는 기쁨과 자식을 키우는 보람을 포기한 대가로 (돈과 권세를 쥔 놈들한테) 덜 착취된다는 것은 너무 쓸쓸한 일이다.

그런데 인구 성장이 (21세기가 끝날 쯤에) 멈추게 될 때, 자본주의도 제로 성장의 안정된(!) 상태에 다다를 수 있을까? 전혀 불가능하다! 자본은 이윤벌이가 주춤하는 순간, 당장 비틀거리기 때문이다. 사람들의 노동의 총생산량이 늘어야 이윤벌이가 탄력을 받거늘, 인구 성장이 멈췄는데 자본이 이윤을 벌어들일 구석이 신통하게 있을 리 없다. 그러므로 자본주의 체제가 과연 옳은지, 그 (지배의) 정당성이 곧바로 의심받게 된다.

인구의 흐름에서 또 하나 쪼끔 미더운 사실은 앞으로 개발도상국 민중이 점점 인류의 주역으로 떠오르리라는 것이다. 그동안 인류 역사에서 변두리로 취급되었던 아프리카와 남아시아, 그리고 제국주의 열강의 이권利權 사냥터로 짓밟힌 서아시아(중동)의 민중이 인류 사회에서 좀 더 대접받는 쪽으로 달라질 가능성이 꽤 높아진다. 사람 사회에서 숫자(사람 수)는 큰 힘(밑천)이다.[65] 자본주의(제국주의)는 인종 차별 위에 번영을 이룩해왔거니와, 서유럽의 백인이 소수인종으로 쪼그라드는 흐름은 자본주의의 기초도 취약하게 만든다.

지구촌의 식량은 부족한가?

교과서에 따르면 2010년에 인류가 식량을 29억 톤이나 생산해서 사

---

65. 미국 사회도 인종의 비중이 바뀌고 있다. 히스패닉(중남미 출신)이 15%로 흑인(13%)을 앞질렀다.

람들을 다 먹이고도 4억 톤이나 남는다고 했다('UN 세계식량계획'의 통계). 그런데도 9억 명이 굶주린단다. 왜 이런 일이 벌어지는가?

지난 200년간 세계 곳곳에 생겨났던 기근(굶어 죽는 사태)은 단순히 자연재해(가뭄과 병충해)가 심해서 벌어진 경우가 거의 없다. 지배세력이 빈민들을 마음껏 착취하면서 '나 몰라라' 했기 때문에 벌어졌다. 인구의 4분의 1(=200만 명)이 굶어 죽거나 병들어 죽은 아일랜드 (감자) 기근(1848~1852)은 영국인 지주들의 비정한 수탈로 말미암은 것이다. 감자마름병으로 감자 농사는 깡그리 망쳤지만 밀농사는 아무 탈이 없었고, 지주들이 몇 해만이라도 지대를 탕감(면제)해줬더라면 기근이 일어나지 않았다. 그런데 자본주의의 돈맛을 알게 된 지주들은 지대를 못낸 농민들을 털끝만큼도 동정하지 않고 내쫓았다. "세상에 전 국민이 거지인 나라도 있구나!" 하고 유럽인들이 충격을 받을 만큼 사정이 참혹했다. 아일랜드의 수도 더블린 시의 바닷가 거리에는 그 비참한 역사를 잊지 말자고 세워놓은, 그때 굶주리다가 죽어간 사람들의 동상銅像이 있다.

19세기 말 여러 해 동안(1876~1902) 세계 곳곳에서도 식민지 민중이 기근famine으로 죽어갔다. 중국에서 이집트에 이르기까지 엘니뇨(해수 온도 상승) 현상에 따른 가뭄이 3차례나 들이닥쳐서 농사를 모조리 망쳤다. 3,000만~5,000만 명이 굶어 죽었는데 이는 제국주의의 탐욕과 무관하지 않다.[66] 세계시장을 독점한 자본가들이 곡물 값을 멋대로 조작했고, 돈을 갖지 못한 백성은 아무 손도 쓰지 못하고 죽어갔다. 전통 농업사회는 가뭄과 기근이 닥칠 때 빈민을 돕는 사회 시스템과 아름다운 전통이 있었기 때문에 굶어 죽는 사람이 그렇게 많지 않

66. 마이크 데이비스가 쓴 『엘니뇨와 제국주의』 참고. 동학혁명이 일어난 까닭도 당시 일본이 조선의 쌀을 수탈해간 것과 연관이 깊다.

았다. 자유시장을 강요하는 제국주의가 아사자餓死者를 무더기로 만들어냈다는 사실을 잊지 말자. 제국주의가 식민지 사회에 있었던 부조扶助, 곧 이웃돕기 시스템을 무너뜨려버렸다.

지금도 그렇다. 아프리카의 민중은 식량이 없어서가 아니라 돈이 없어서 굶주린다. 굶주리다 못해 아이들은 진흙과자를 먹는다. 진흙이 창자에 들러붙어 창자가 축 늘어져서 항문으로 삐져나올 때까지! 2010년 아이티 지진 때 그랬다. 그런데 미국 곡물 기업의 곳간에는 밀과 옥수수가 가득하다. 돈 없는 민중에겐 단 한 톨도 (곡물을) 꿔주는 법이 없다. 인정人情이라고는 눈곱만큼도 없는 흡혈귀들이다. 소고기 비프스테이크를 만날 처먹는, 부유한 나라의 중산층도 아프리카의 식량 사정을 어렵게 만들었다. 미국과 캐나다에서 가꾼 옥수수는 큰 몫이 (사람에게가 아니라) 비육우肥肉牛를 키우는 데로 돌아간다. 에탄올 (바이오 에너지)을 뽑아내는 공장에 굳이 옥수수를 팔아먹는 농장 주인도 그렇다. 사람 목숨을 살리는 것이 자동차를 굴리는 것보다 더 절박한 일이거늘 그들은 제 돈벌이만 생각하지 세상 사람들의 필요를 생각하지 않는다. 옥수수가 소의 여물(먹이)로, 에탄올의 재료로 쓰이지 않았더라면 개발도상국의 가난한 민중이 더 헐값에 옥수수를 살 수 있었으리라. 성서는 '일하지 않는 놈은 먹지도 말라'고 했는데 근대 자본 체제는 오히려 '돈 없는 사람은 목숨도 잇지 말라'고 거만하게 비웃는다.

기근 사태는 곡물 무역을 독점하고 있는 5대 곡물 메이저(카길, ADM, LDC, 벙기, 앙드레)와 투기 자본(헤지펀드 등)의 장난질 탓이 무척 크다. 2007~2009년 국제 곡물 가격이 하늘 높이 뛰었을 때, 이들은 돈을 갈퀴로 긁어모았다.[67] 누구 돈을 빼앗아서 이들이 돈방석 위에 앉았는가? 한국을 비롯한 곡물 수입국가 민중의 돈을! 그때 세계 37개

나라에서 식량폭동이 일어났다.[68]

곡물 메이저(=대기업)들은 개인 기업 또는 가족 기업으로 비밀 경영을 하고, 조세 피난처(세금 도둑질하는 허깨비 나라)와 스위스 비밀 은행 계좌를 들락날락거리는 대표적인 천민the humble 자본가다. 그들은 개별 국가들보다 곡물 작황(경작 상황)에 대한 정보를 더 많이 갖고 있다. 이들은 세계무역기구wto와 자유무역협정FTA 등을 앞세워서 개별 국가들의 관세제도를 없애게끔 협박해서 곡물의 '자유무역'을 강제했다. 이때의 '자유'란 부르주아들이 마음껏 활개 치는 자유이지 민중의 자유가 아니다. 현대 자본주의 국가들이 독점자본가들의 뒷배를 봐주는 위원회(또는 나팔수)에 불과하다는 기본 사실이 여기에서 드러난다. 한국 정부가 줄곧 실행해온 '추곡 수매收買 제도'가 2000년대 초 폐지된 것도 이들의 농간(협박) 탓이다.[69] 한국 정부는 그동안 줄곧 곡물 메이저를 통해 국제 시세보다 더 비싸게 곡물을 사들였으니 애당초 '식량 주권'을 추구할 기개(용기)와 능력이 없었던 셈이다.

(지하) 자원은 무한한가?

통계에 따르면 앞으로 석유는 50년 가까이, 철광석은 70년, 납은 20

67. 2008년 4월 『월스트리트저널』은 "곡물대기업 ADM이 유례없는 기회를 맞았다"고 보도했다.
68. 식량도 장만하지 못하는 자기들 정부에 항의했겠는데 비판의 화살이 WTO와 FTA를 비롯해 세계 자본 체제를 겨누는 것으로 상향되어서 정곡을 찔러야 실질적으로 문제 해결의 길이 열린다.
69. 정부가 가을에 의무적으로 쌀을 사들이고, 봄(춘궁기)에 쌀을 방출해 농민과 소비자들의 살림을 안정시키는 제도. 1995년 우루과이 라운드 협정이 발효돼 '농업 보호' 기능을 잃었고, 2004년에 폐지됐다.

년, 구리는 34년 캘 것이 남아 있다고 한다. 탐사(탐색 조사)와 캐내는 기술의 발달에 따라 (통계보다) 좀 더 늘어날 여지는 있지만,[70] 아무튼 100년 안에 에너지와 광물 자원이 대부분 고갈될 가능성이 꽤 높다.

그동안에도 한정된 지하자원, 특히 석유를 놓고 나라들 사이에 다툼이 끊이지 않았다. 미국이 서아시아의 이라크와 아프가니스탄을 침략하고 시리아 정부를 끝없이 흔들어댔던 것도 (간단히 말하자면) 서아시아에 파묻힌 석유를 제가 온통 차지하기 위해서였다. 1979년, 이란에 민족혁명이 일어나 이슬람정권이 들어선 것도 영국과 미국의 석유 수탈에 맞서 민중이 떨쳐 일어났기 때문이다. 그 뒤로도 미국은 자원 확보 다툼에서 잠재적 맞수가 될 수 있는 이란과 러시아와 중국을 견제하려고 늘 세계 경찰국가(실은 깡패국가) 노릇을 일삼았다.

어느 나라가 세계의 지하자원을 독차지해서 (저희끼리) 당분간 번영을 더 누릴 수는 있겠다. 하지만 그래봤자 1세기 안에 석유와 광물들이 바닥을 드러낸다. 그 사태(파국)를 대비하려면 어찌해야 하는가? 자원을 끝없이 탕진하는 경제 체제를 그만 접는 것 말고 다른 길이 없다. 그동안 자본 체제가 내놓은 대량의 상품을 소비하는 데 만족해온 사람들은 이 체제가 얼마나 자원을 낭비하고 자연을 착취해왔는지 단 1초도 헤아리지 않았다. 자연자원들이 머지않아 고갈될 것이라는 얘기를 듣는다 해도 돌아서면 금세 잊어버린다. 그것은 내(우리)가 걱정할 일이 아니라고 속 편히 믿기 때문이다. 그들의 머리에는 '지금 내가 삶을 누릴 생각'뿐이지, 앞으로 자기 후손들이 어찌 살아갈지에 대해서는 아무 생각도 없다. 현대 사회에서는 '미래'라는 관념 자체가 슬금슬금 소멸해가고 있다!

70. 바다 밑 석유를 제대로 캔다면 채굴 기한이 늘어난다. 그렇더라도 백 년 뒤엔 바닥을 보일 것이다.

자동차 산업을 예로 든다. 2013년 전 세계 자동차 생산량은 8,766만 대다. 2001년에 5,600만 대, 2007년에는 7,000만 대 남짓이었으니 근래 들어 부쩍 늘어난 셈이다. 한편 전 세계 철광석 매장량은 3,300~3,400억 톤쯤 된다. 앞으로 100년간 지금의 규모로 계속 자동차를 쏟아낸다면 (그것만으로도) 철광석 매장량 중에 꽤 많은 분량을 써서 없앨 것이다. 그런데 초창기에 나온 자동차는 잘 관리하기만 한다면 30~50년을 넉넉히 굴릴 수 있었다. 사람의 '필요'로 치면 그 기간 동안 새로 자동차를 구입할 이유가 없다. 그런데 자동차 회사가 판매 대수를 늘리려고 소비자들을 끊임없이 세뇌했다. "새 모델이 나왔어요! 새 차를 사지 않는 분은 시대에 뒤떨어진 사람입니다!" 사람들이 (차를 구입하고) 7~8년이 지나면 새 차를 찾으러 나서게끔 소비문화를 부추겼다. 자동차 수명을 그에 맞춰 조작(!)했다. 휴대폰 경우도 '수명 조작'의 또 다른 사례다. 2년 안에 다시 새 상품을 사들이게끔 제품을 그렇게 만든다. 사람의 필요를 위해서가 아니라 이윤벌이를 위해 상품을 마구 찍어내는 경제 체제가 지구촌의 자원을 낭비해서 고갈시키는 것이다.[71]

숲의 소멸과 사막화, 물 부족

석유와 광물자원의 고갈보다 더 위험한 것은 숲이 사라지는 현실이

---

71. 미묘한 구석도 있다. 세계 곳곳에서 (특히 아프리카에서) 벌어지는 토지 수탈은 식량과 광물 자원이 바닥을 보이는 데 대한 두려움보다는 지대 수익에 눈독 들이고 식량과 자원을 미리 선점하려는 경쟁과 더 관련이 깊다. 세계 곳곳의 식량 폭동도 (한쪽에서 굶주리고 있는데도) 돈벌이를 위해 시장에서 장난질을 치는 세력에 대한 분노가 거기 깔려 있다.

다. 석유가 다 떨어지면 사람들 대부분은 자전거를 타거나 걸어 다니는 생활로 되돌아가야 한다. 생활이 소박해지긴 해도 그렇다고 목숨이 위태로워지지는 않는다. 오히려 맑은 공기를 마실 터이므로 더 건강해진다. 하지만 숲의 소멸은 차원이 다른 문제다. 사람의 살림살이와 생명을 더 근본적으로 뒤흔들고 위험에 빠뜨린다. 4,000년 전에 서아시아인들이 노래한 서사시 『길가메시』는 삼나무 숲의 파괴를 경고했는데 그 뒤에 그 경고대로 메소포타미아 문명이 무너져버렸다.

지난 200년 사이에 숲은 전 세계 59억 헥타르에서 40억 헥타르(지구 표면적의 31%)로 그 넓이가 크게 줄었다. 1990년대에 그 파괴 흐름이 심각해서 해마다 미국 미시간 주의 넓이(1,600만 헥타르)만큼 사라졌다. 2000년대에 들어서도 해마다 1,300만 헥타르씩 사라지고 있으므로 이대로라면 100년 뒤에는 27억 헥타르만 남는다. 고대 중국은 치산치수治山治水를 국가의 으뜸 사업으로 삼았는데 근대 인류는 그 가르침을 까맣게 잊어버린 셈이다.

전 세계 숲의 절반은 개발도상국에 있는데 그 대부분(12억 헥타르)이 열대 다우림多雨林이다. 목재를 베어 수출하느라, 화전火田과 목축(방목)을 하느라, 그 숲이 대부분 황무지로 바뀌었다.[72] 필리핀과 태국, 인도네시아, 브라질의 숲들이 적막강산이 되었다. 아마존 우림을 비롯해서 열대 다우림은 그동안 지구에 산소를 공급하는 허파 기능을 해왔으니 인류의 목숨이 점점 위태로워진 것이다. 또, 열대 우림 지역은 지리적 특성 때문에 나무뿌리가 얕게 뿌리내리고, 겉흙(표토)도 불과 몇 센티미터밖에 되지 않는다. '녹색 사막'이라 부를 만큼 땅이 메마르

---

72. 비가 많이 오는 열대지방은 풀이 빨리 자라므로 숲을 목초지로 바꾸면 헐값으로 소를 먹일 수 있다. 하지만 (얼마 뒤) 땅이 메말라진다. 일부 사람은 이득을 보고 전체 사회가 그 대가를 치른다.

다. 한번 훼손되면 비가 올 때마다 땅의 겉흙이 흘러내려 그 땅이 불모不毛가 되므로 어지간해서는 숲이 복구되기 어렵다. 1997년에는 동남아시아에 큰 산불이 나서 아시아 일대가 연무煙霧에 한동안 휩싸였다. 그 뒤 그 넓은 땅이 어찌 됐을지, 짐작하기 어렵지 않다.

사막화도 심상치 않다. 전 세계의 건조 지역은 61억 헥타르인데 그 상당 부분이 사막으로 바뀌고 있다. 해마다 아프리카의 라이베리아에 맞먹는 면적(1,200만 헥타르)이 불모의 땅으로 둔갑한다. 메마른 풀밭에 가축 떼를 마구 풀어놓은 것이 그 주된 원인인데, 요즘은 지구 온난화에 따른 이상 기후로 가뭄이 심해진 것이 한몫 톡톡히 했다. 아프리카의 사하라 사막 이남과 서아시아, 몽고와 고비 사막, 호주와 미국 서부, 남미의 일부가 특히 심하다. 세계 인구의 5분의 1이 사막화의 결과로 살림이 곤궁(궁핍)해졌다.

사막화의 원인은 또 있다. 관개(=논밭에 물을 대는) 농업도 오래 하다 보면 땅을 망칠 수 있다. 고대의 메소포타미아도 처음엔 무척 기름진 땅이었는데 관개농업이 뒤탈(=땅에 소금기가 많아지는 염류화 현상)을 남겨 기원전 2000년부터 농사 수확량이 크게 줄어 결국 화려한 문명의 몰락으로 끝났다. 요컨대 사막화는 자연 탓이 아니라 자연을 마구 착취한 사람들의 탓이다.

가뭄은 오래전부터 인류를 괴롭혀온 문제다. 고대 인더스 문명과 마야 문명도 지독한 가뭄으로 땅이 메말라서 무너졌다.[73] 존 스타인벡의 소설 『분노의 포도』에는 1930년대 미국 남부가 겪은 가뭄이, 펄 벅이 쓴 소설 『대지』에는 1920년대 중국이 겪은 가뭄 이야기가 담겨 있다.

---

73. 4대 문명이 다 밀농사를 지은 것을 몰락 원인의 하나로 꼽기도 한다. 논은 물을 가둬주고 겉흙을 보호해줘서 사막으로 잘 바뀌지 않는다. 벼와 더불어 콩을 심으면 땅힘(지력地力)도 북돋아진다.

그런데 2000년대 들어 엘니뇨(해 수온도 상승)에 따른 가뭄과 홍수가 부쩍 잦아졌다.[74] 가뭄과 사막화 탓에 세계 곳곳이 물 부족에 시달리고 있다.

이를테면 중국의 황하가 1970년대 이후로 중상류의 수량이 급격히 줄어든 탓에 강으로서 구실을 잃어버릴 위험에 놓여 있다. 1년에 석 달 넘게 강이 말라붙는다. 지나친 방목과 지구 온난화의 영향으로 강수량이 줄어 상류 지역의 초원이 사막으로 바뀐 탓이다. 중국 대륙의 급수탑給水塔 노릇을 하는 티베트 고원의 빙하가 빠르게 녹아내리는 것도 무척 위험한 징조다.[75] 미국의 제조업체들은 가뭄이 계속되는 남서부에 자리 잡은 공장터를 물이 풍부한 오대호伍大湖 지역으로 아예 옮겨 가야 할 판이다. 연구 보고서에 따르면 2030년 무렵부터는 (인도와 중국을 비롯해) 전 세계의 물 수요가 공급을 40% 웃돌아 인류의 절반이 고통을 겪을 것이라고 한다. 세계 곳곳에는 대규모 대수층(帶水層, 지하수를 담고 있는 지층)이 37곳 있고 그것들이 인류가 쓰는 물의 35%를 대주고 있는데 그 가운데 21곳의 수량이 뚜렷이 줄어들었고 특히 13곳은 거의 말라붙었다고 한다.[76] 석유 고갈보다 물이 고갈되는 사태가 먼저 들이닥치고 있다.

한국도 몇 손가락 안에 꼽히는 물 부족 국가로 곧 발전할(?) 것이다. 그동안은 물을 흥청망청 쓰고 살았지만 앞으로는 허리띠를 졸라매야 한다.[77] 하지만 물 사정이 가장 참혹한 곳은 아프리카와 서아시아다.

74. 물난리(가뭄과 홍수)로 인류는 매년 36조 원이 넘는 손실을 겪고 23억 명이 피해를 입었다.
75. 댐 건설로 물 부족 현상이 더 심해졌다. 머지않아 중국의 농업이 큰 파탄에 직면할 것이다.
76. 호주 서쪽 캐닝 분지의 대수층은 주변의 광산에 엄청난 물을 대느라 완전히 말라붙었다(광산은 물을 잡아먹고 오염물질을 쏟아낸다). 인도와 북아프리카의 대수층도 말라붙었다.

전 세계 10억 명이 더러운 물을 식수로 마시고, 수많은 어린이들이 설사병으로 죽어가는데 그 대부분이 이 두 곳이다.

> **덧대기**
> 근래 들어 가뭄과 홍수가 잦아진 사태를 '지구 온난화'에 따른 이상 기후 탓으로 거의 대부분의 학자들이 설명한다. 이것이 어김없는(되돌릴 수 없는) 지구 온난화인지, 아니면 (빙하기가 돌아오면 다시 한숨을 돌릴) 기온과 수온의 일시적인 상승인지, 과학자들 사이에 아직 100% 의견 합치가 이뤄지지는 않았다. 하지만 그렇다 해도 '위험이 무척 크다(=지구 온난화가 벌어졌다)'고 가정하고서 대비하는 것이 실천적으로 옳은 태도다.

대기오염, 그 밖의 환경 파괴

1952년 말 영국의 런던에서는 한 달 동안 스모그(연기 안개)가 내리덮여서 만여 명이 죽었다. 1984년 말 인도 보팔 지방에서는 미국계 회사에서 유독 가스가 새어나와 2만여 명이 죽고, 60여만 명이 질병의 피해를 겪었다. 2015년 봄, 중국의 여류 방송인 차이징이 제 돈을 털어 스모그의 실태를 알리는 다큐를 찍었다(2억 명이 넘는 중국인들이 시청했다). 자기가 스모그에 노출된 탓에 딸이 뇌종양을 안고 태어나서 충격을 받았던 것이다. 베이징에 사는 그녀는 일 년의 절반, 하늘이 스모그로 덮이지 않은 날만 딸을 집 바깥에 데리고 나갔다. 베이징 시민은 외출 때 산소마스크가 필수라고 하니 '에어포칼립스(대기오염에 따른 지구 종말)'라는 신조어가 전혀 과장이 아니다.

대기의 오존층은 반도체 칩을 만들거나 냉장고의 냉각재로 쓰는 프

---

77. 낡은 수도관으로 1년에 7억 톤의 물이 새고, 수돗물 사용량도 세계적으로 높다(1인이 하루 282리터).

레온가스, 비행기와 자동차가 내뿜는 일산화질소 탓에 (남극과 북극 지방에) 구멍이 뚫렸다. 20세기 후반의 이야기다. 그 구멍으로 자외선이 쏟아져서 식물의 엽록소가 줄어들고 소와 돼지가 암에 걸린다. 각국이 프레온가스 사용을 금지한 뒤로, 최근에 와서 구멍이 다소 줄어들었다.

땅과 물의 오염도 심각하다. 산성비는 호수의 물고기를 죽이고, 땅을 산성으로 만들어 농사를 망치게 한다. 건축물도 산성비를 맞으면 썩어 문드러진다. 20세기 말에 독일의 숲은 산성비로 말미암아 절반 넘게 말라죽었다. 스웨덴과 미국은 호수湖水의 5분의 1이 물고기의 떼죽음을 겪었다. 한국은 중국발 스모그 탓에 (특히 가을에) 산성비가 내린다. 서울 남산의 나무들이 그 피해를 겪는다.

산업 활동이 쏟아내는 공장 폐수 등이 강과 바다의 생태계를 망가뜨리는 일도 오래전부터 벌어졌다. 부영양화(富營養化, 유기물질의 증가)로 플랑크톤이 지나치게 늘어나서 수생水生 생물이 오히려 죽어갔다. 적조red tide와 녹조綠藻가 그것이다.

독성이 있는 화학물질은 이루 다 헤아릴 수가 없다. 농약과 광산 폐기물, 전자 폐기물(전자파), 제초제에 들어 있는 다이옥신, 플라스틱 PVC, 건전지에 들어 있는 수은, 스티로폼과 석면 가루, 해체되는 폐선에서 나오는 유독물질 등등.[78]

군대(미군과 나토군)도 오염의 주범 가운데 하나다. 걸프전(1991년, 미국과 이라크의 전쟁)과 코소보 전쟁(1999년, 나토군의 유고슬라비아 침략)에서 열화우라늄탄을 무더기로 써서 방사능 오염이 일어났다.[79] 러시

---

78. 유럽 열강은 오염된 폐기물(농약 따위)을 아프리카나 히말라야 산맥 근처에 갖다 버렸다. 가난한 국가들이 돈 몇 푼을 받고 쓰레기를 받아들였다.
79. 충북 영동에는 미군이 쓰다 버린 (딴 나라에서 가져온) 열화우라늄탄 폐기물이 묻혀 있다.

아의 체르노빌(1986년)과 일본의 후쿠시마(2011년)에서 터져 나온 원자력발전소 폭발이 어떤 결과를 낳았는지는 군이 말할 것도 없다.

인류는 계속 번영을 누릴 수 있을까

지금까지의 이야기를 간추리자. 지구의 지하자원은 이번 세기가 끝날 때쯤이면 대부분 고갈될는지 모른다. 석유 자원에 대한 대안을 원자력 발전에서 찾는 사람도 있지만 오히려 우라늄이 석유보다 먼저 고갈될 것이다. 하지만 석유와 광물자원의 고갈이야 자원을 아껴 쓰는 경제로 체질을 바꿔서 그럭저럭 대처할 수도 있다. 더 무겁게 다가오는 부담은 사람의 기본 생활을 지탱하는 농업의 기반이 무너지고 생명의 건강마저 해칠 위험이다. 숲이 사라지고 사막이 늘어가는 것이 더 문제다. 여태껏 농업은 그런대로 인류를 먹여 살릴 만큼 생산해냈다지만 불모의 땅이 늘어나고 마실 물조차 말라붙는다면 사람의 먹을거리 생산이 당장 벽에 부닥친다. 인류의 생존 자체가 위기에 빠지는 것이다. 자본주의 수익 논리에 의거한 단작單作 농업이 그동안은 높은 생산량을 자랑했지만 근래 들어서 그 후과(後果, 부작용)가 불거지기 시작했다.[80] 땅은 늘 가꾸고 섬세하게 돌봐야 높은 생산력을 발휘하는데 수익만 좇는 자본가들이 땅으로부터 단물만 빨아먹었지 땅을 가꿀 줄 몰랐기 때문이다. 긴 설명이 필요 없고, 사막화와 물 부족 사태가 그 사실을 한마디로 웅변해준다.

---

80. 자본가들은 "북아메리카는 밀농사, 아프리카는 커피와 코코아 생산!"식으로 특화하여 단작 농업을 추구해왔다. 전반적으로 농업환경(기름진 땅, 풍부한 물)이 망가진 것은 그 탓이 크다.

더 불길한 것은 생물다양성의 감소, 아니 생물 종들의 멸종이다. 20세기 들어 멸종의 위험을 맞은 것들이 여기저기서 나타났다. 북극곰과 팬더곰, 자바 코뿔소와 수마트라 호랑이, 검은발 족제비와 바키타 돌고래, 보르네오피그미 코끼리가 당장 자취를 감추게 생겼다. 포유류의 4분의 1이 멸종 위기에 놓여 있다. 근래 들어 꿀벌이 많이 죽어간다는 보도도 있었다. 이것은 일부 포유류의 멸종보다 훨씬 심각한 사태다. 농업에 큰 타격을 입혀 인류의 생존마저 위태롭게 할 수 있다.

이상 기후가 멸종을 부채질했다. 지구의 역사를 통틀어 6번째 대멸종기인 셈인데, 그동안은 자연의 재난(운석과의 충돌 등)이 멸종을 초래했다면 이번은 인류의 산업 활동으로 말미암아 멸종 사태를 맞게 됐다. 최악의 경우, 그럴싸한 짐승 중에 사람만 살아남는 사태가 일어나지 말라는 법이 없는데, 제 그리움을 실어 나를 기러기와 저 대신 울어줄 소쩍새가 사라진 세상에서 인류의 감수성이 얼마나 조잡하게 쪼그라들 것인가.

1854년에 인디언 추장 시애틀이 미국 대통령에게 보낸 편지에는 이런 글귀가 적혀 있다.

짐승이 모두 사라져버린다면 인간은 영혼의 외로움으로 죽게 될 것이다…… 쑥국새의 외로운 울음소리나 한밤중 못가에서 들리는 개구리의 노랫소리를 들을 수 없다면 삶에는 아무것도 남지 않는다.

시애틀은 인디언의 멸종을 담담하게 예견했거니와, 백인들이라고 과연 영원토록 번영을 누리겠느냐고 나지막이 되물었다. 시애틀의 말을 공감하는 사람 같으면 수많은 짐승들이 덧없이 자취를 감춘 21~22세기의 적막한desolate 풍경을 차마 견디지 못해 시름시름 앓다가 죽어갈 것이요, 아니면 애당초 영혼 없는 사람으로 쭈그러들어 아무런 정情도 모르고 세상을 살아가리라. 그래서야 우리가 사람이라는 사실이 뭐가 자랑스러울까.

21세기에는 생물체의 멸종 속도가 1세기 전보다 훨씬 빨라진다. 자연 파괴의 결과와 본격적으로 맞닥뜨릴 것이다.[81] 이 사태를 두고만 볼 일일까?

자본이 결국에는 생태계를 파국으로

당연히, 20~21세기에는 '생태계 위기'가 으뜸 화두話頭로 떠올랐다. 그런데 생태주의를 부르짖은 사람들 가운데 종말론적 파국(인류의 멸망)까지 단언한 사람도 적지 않았다. 그 예측이 옳을까? 다행스럽게도 파국론은 헛다리를 짚은 지레짐작이었다는 사실이 여러 차례 밝혀졌다. 일찍이 18세기 말 맬서스의 인류 멸망론(=늘어나는 인구를 감당할 수 없다)이 허튼 전망으로 드러났는가 하면 1970년대에 떠돈 '기근 창궐론(수없이 굶어 죽는다)'도 근거 없는 억측으로 끝났다. 다섯 가지 사실을 헤아려야 한다.[82]

첫째, 근대 문명을 주도해온 자본가들은 생태계의 온갖 난국(부작용)을 여태껏 '그런대로' 헤쳐 나왔다. 런던 스모그(1952년)도 차츰 가라앉혔고, 댐 개발이 생태계를 파괴한다는 것이 알려지자 뒤늦게나마 (일부의) 댐을 허물어버린 나라도 있다. 물론 그동안 허튼 비관론이 많

---

81. 사람은 그동안 숱한 진귀한 동식물들로부터 제 건강을 돌볼 '약'을 구했다. 약을 못 구하면?
82. 데이비드 하비가 지은 책 『자본의 17가지 모순』 참고.

왔다 해서, 앞으로 생태계의 파국(종말)이 일어나지 않으리라는 보장은 없다. 하지만 미래를 너무 섣부르게(경솔하게) 비관하지 말라는 경종警鐘은 울린 셈이다.

둘째, 우리의 관점(개념)을 되살필 필요가 있다. 데카르트 이후로 근대 사상가들은 "인간이 자연을 지배한다!"고 자랑스럽게 떠들었는데, 그런 생각은 인간 문명(또는 자본 체제)과 자연nature이 서로 남남이라는 전제에 바탕을 두고 있다. 요즘 들어서 '자연 지배'를 반성하는 사람들은 거꾸로 "자연이 인간들에게 앙갚음한다"는 얘기를 많이 하거니와, 이것도 자연과 인류(자본 체제)가 서로 별개의 것들이라는 전제premise에 바탕을 두기는 마찬가지다. 그런데 실은 수많은 세월 동안 인류가 자연환경을 개조해온 탓에 자연이 적잖이 인간화되었다. 게다가 산업혁명이 이어진 최근 3세기 동안 자연이 자본의 이윤벌이에 알맞은 장소로 아예 변형돼왔다. 북아메리카의 드넓은 밀밭과 아르헨티나의 광활한 목장을 떠올려보라. 비닐하우스를 덮어쓴 땅은 사람들이 거기 돈(자본)을 쏟아붓고 일손을 들이대야 식물(야채류)을 생산해내지, 돈이 끊기면 곧바로 황무지가 된다. 유럽의 숲들은 사람들이 관리하고 이용하는 숲이지 원시림이 아니다. 자연은 이미 자본의 손아귀(순환과 축적 과정) 속에서 놀아나고 있다.

셋째, 자본이 환경문제를 커다란 돈벌이 영역으로 바꿔버렸다. 생태계 위기의 원인을 따지자면 자본 체제의 죄를 물어야 하므로 자본가들이 치도곤을 당해야(=혼나야) 마땅한데 오히려 그들이 (환경문제 해결을 자기들 손에 맡기라고) 큰소리를 치는 형국(실정)이다. 지구 온난화 문제가 그렇다. 수상쩍게도 그 해결책으로 '탄소 배출권 협약'이 맺어졌다. 지구촌이 온통 시장市場 바닥이라서 대뜸 그것이 거래 대상으로 둔갑했다. '탄소배출권 거래제도'가 그것이다.[83] 그것을 열심히 거래한다고 지구 온난화가 사라지나? '프로작'이라는 우울증 치료제가 있다. 의사들이 너나없이 그것을 처방하자 '그것 없으면 우울증을 견디지 못하는, 다시 말해 그 약에 길들여진 환자들'이 생겨났다. 그 약이 부작용을 일으키면 그 부작용을 다스린답시고 또 다른 약이 개발된다. 환경과 건강 문제가 온통 자본의 손아귀 안에서 놀아나는 것이다.

넷째, 환경문제가 아무리 심각해져도 자본은 끄떡없이 이윤벌이를 계속할 것이다. 한쪽에서는 가진 것 없는 빈민the poor들이 생태계 파괴의 결과를 고스란히 뒤집어쓰고 굶어 죽거나 병들어 죽는데[84] 식량 폭동과 사회혁명이 일어나 그 화살을 맞지 않는 한, 자본가들은 곤란할 일이 도무지 없다. 독성 폐기물 따위는 저희들 동네에서 멀리 떨어진 곳에 버리면 된다.[85] "나 죽은 뒤에 지구가 온통 쓰레기장이 되든 말든 내 알 바 아냐!"

다섯째, 자본에게 자연은 잠재적인 사용가치를 지닌 거대한 창고에 불과하다. 자연은 (국가가 승인하는) 사유재산권으로 갈가리 찢어진다 (분할된다). 자본과 국가는 모든 공유재(숲, 바다……)에 담장을 둘러쳐서 '돈으로 환산(교환/계산)되는 것'으로 바꾼다. 현대의 봉이 김선달들은 상품이 된 자연에 대해 보검寶劍처럼 '소유권'을 휘둘러서 사회적 부富를 실컷 뽑아먹는다. 특허권과 재산권 같은 법조항들이 그들의 뒷배를 봐준다.[86] 요즘은 자본이 자연뿐 아니라 생명형태 자체를 돈으로

---

83. 미국의 앨 고어(전 부통령)가 지구 온난화 해결에 공을 세웠다고 노벨평화상을 받았는데 그가 한 일이라고는 탄소배출권 거래제도를 성사시킨 일뿐이다. 장사꾼들이 평화운동가란다!

84. 중국 북부 사람들은 1980년대 이후로 대기오염 탓에 기대 수명이 5년이나 줄어들었다.

85. 래리 서머스(세계은행 전 총재)는 "선진국 산업 쓰레기를 아프리카에 버리자"고 제안한 적 있다.

86. 그동안의 환경운동은 자본 체제와 맞짱 뜨지 못하고 자질구레한 것들만 집적댄 탓에 시들어버렸다.

사고팔려는 지경까지 나아갔다. '유전자 염기서열'을 먼저 밝히는 사람이 그 지식을 제 것으로 누리고 돈을 벌어야 한다고 우겨댄다. 염기서열을 알아낸 사람은 두고두고 떼돈을 벌거나 (그것을) 멋대로 조작할 권리도 누려야 마땅한가? 우리는 그 사람을 인류의 생명을 좌우할 주인으로 모셔야 하는가?

자연의 재난은 사람(사회) 탓이다

자본 체제와 자연과의 모순이 아직은 '치명적인(되돌릴 수 없는)' 파국으로까지 치닫지 않았다. 노스트라다무스(1503~1566)처럼 "언제 지구가 멸망한다"고 예언하는 것은 삼가야 한다. 하지만 자본 체제가 인류 사회를 '위험한' 지경으로 몰아가는 것은 분명하다. 예전에는 어디에 가뭄이 들고, 어디 바다가 오염되는 식으로 재난(자연의 재앙)이 군데군데, 국지적으로 나타난 반면, 요즘은 더 넓게 광역으로, 또는 세계 전체를 휩쓴다. 산성비는 유럽과 아시아에 동시에 쏟아지고, 지구 온난화의 영향을 피할 지역은 어디에도 없다. 여태껏 자본이 그런대로 방어를 해냈지만, 이제는 역부족이 된 것 같다.[87]

자본 체제가 이런 생태계 문제를 제대로 감당하지 못하는 까닭은 '문제가 뭔지 몰라서'가 아니다. 무슨 일을 해야 할지 몰라서다. 자기들의 이윤벌이와 끗발(패권)을 흐뜨리지 않는 선에서만 대응책을 마련하려다 보니 뾰족한 대책을 찾지 못한다. 대다수 국가와 자본가들이 수

---

87. 자기들 살아가는 동네(유럽)는 잘 방어했다. 유럽의 잘 가꿔진 숲을 보라. 하지만 돈벌이의 대상일 뿐인 개발도상국의 자연은 마구 약탈했다. 곳곳의 열대 원시림이 파괴된 것을 보라.

긍하는 대응책도 일부 국가(자본)가 훼방을 놔서 뚜렷하게 진전되지 못할 때가 많다. 지구 온난화를 막아내자는 기후변화협약의 경우, 세계 최강국 미국이 줄곧 퇴짜를 놔서(=협약의 비준을 거부해서) 큰 힘이 실리지 못했다. 제국주의의 흉악한 민낯이 드러나는 장면이다.

자본이 인류의 살림살이를 온통 좌우하는 실정이라, 대다수 인류는 상황이 어떻게 돌아가는지 잘 모른다. 돌아가는 정보는 자본이 (쉬쉬하며) 독점하고 있으므로 늘 사태가 벌어진 뒤에야 문제를 (뒤늦게) 알게 된다. 우리가 알고 있는 것은 환경문제의 범위(규모)가 무척 커졌고, 지금의 제도적 틀(=자본의 꽁무니만 좇는 국가들)로는 이것을 감당해낼 수 없다는 기본적인 사실뿐이다. 이런 상황 자체가 위험을 알리는 신호라 하겠다. "전문가(박사님)들과 정당이 (이러저런 대비책을 세우라고) 행정부에 따끔하게 일러주겠지." 하고 (그들을) 믿고 (그들에게) 맡기는 것은 너무나 무책임한 짓이다. 메르스 괴질怪疾의 확산 사태 (2015년)로 여지없이 드러났듯이 '전문가들'이 형편없이 헤매는 경우가 한둘이 아니다.[88] 그래서 '위험한 세상'이 됐다는 것이다.

생태계에 무슨 재앙(재난)이 터진다면 그것은 인류 문명이 '자연의 한계'에 부딪쳤기 때문이 아니다. 수많은 세계 민중이 물난리와 사막화와 대기오염과 수많은 생물 종의 멸종으로 고통을 겪는다면 그것은 자연이 원래 변덕스러워서 그런 것이 아니라, 인류 사회의 지배층이 물욕에 눈먼, 추레한(볼품없는) 속물들이라서 겪게 되는 일이다.

자본가들이 자연 재난과 관련하여 앞으로 치명적인 역적질까지 벌일지, 말지는 두 가지 측면에 달려 있다. 첫째는 자본가들 가운데 치부致富에 눈먼 쪽과 (상대적으로) 양심良心 있는 쪽, 어느 그룹이 끗발

---

88. 한국은 (돈벌이가 변변찮아서) 감염 전문가가 별로 없다. 돈벌이 잘해 덩치 키운 삼성병원이 메르스 괴질 확산의 일등 공신功臣(?)이 됐다. 덩치 큰 병원일수록 위험하다!

(경제권력)을 더 높일 거냐는 점이다. 기업을 꾸려서 이윤을 벌어들이는 쪽은 그나마 말이 통한다. (생산자로서, 또 소비자로서) 노동자들과 더불어 살아야 기업이 제대로 굴러가니까 막가파로까지 놀지는 않는다. 하지만 불로소득, 곧 지대를 뜯어먹는 놈들은 딴 사람들 처지는 아랑곳하지 않는다. 자본 체제가 이윤벌이의 위기를 겪자, 저희가 번영할 길을 '지대벌이'에서 찾는 놈들이 무척 늘어났다. 생산기업가들 가운데도 뒷구멍으로 돈놀이(금융 투기)에 열을 올리는 놈들이 수두룩하다. 인류가 살림살이의 위기를 겪는 까닭의 하나는 그런 변화 탓이다. 자본주의가 부패해가는 변화!

둘째는 그동안 자본에 휘둘려 온 세계 민중이 얼마나 정신을 차리고 옳은 소리를 내느냐다. 자본이라는 놈은 자연과든 사람들과든 그 생명력vitality를 뽑아 먹는 식으로 관계를 맺는다. 자본의 손아귀 안에서 오랫동안 길들여지면 (자연의) 다양성이든, (사람의) 넋이든 다 말라붙는다. 자본이 쓰다 버린 자연은 사막으로 바뀌고, 자본이 쓰다 버린 사람은 좀비나 강시 같은 존재로 추락한다. 그 점에서 자연과 사람은 공동 운명체다.[89] 자연이 살아나야 사람도 살고, 사람들이 깨어나야 자연도 살릴 수 있다.

---

89. 낱말 공부: '자연自然'은 스스로 그렇게 되는 것. '천연天然'은 타고난 것. '필연必然'은 꼭 그렇게 되는 것. '초연超然하다'는 느긋하다(뛰어넘었다)는 뜻. '미연未然'은 아직 그렇게 되지 않은 것. '당연當然하다'는 마땅히 그렇게 돼야 한다는 뜻. '숙연肅然하다'는 엄숙하다는 뜻. '돌연히'는 갑자기.

2 사람과 자본의 모순: 소외

카프카의 소설 「변신」은 자본주의 사회의 소외가 얼마나 깊은지, 통렬하게 풍자했다. 자기가 벌레처럼 살아간다고 느끼는 사람이 무척 많다.

우리들 나날의 삶에서 '소외'는 남들이 (나를) 꺼리고 따돌린다는 뜻의 낱말로 쓰인다. "그 애는 학급에서 소외돼 있어." "응달에서 살아가는 소외된 이웃을 도웁시다!"[90] 그런데 '소외'를 (친구들한테서) 따돌림당하는 몇 안 되는 학생이나, 쪽방에서 전기장판 하나로 겨울을 견디는 몇몇 외로운 독거(獨居, 혼자살이) 노인들한테만 해당되는 (가벼운) 말로 여긴다면 큰 착각이다. 이 글은 지구에서 살아가는 현대인치고 (많든 적든) '소외'의 설움과 아픔을 겪지 않는 사람이 오히려 드물다고 못 박는 데서 출발한다. 근대 자본주의 사회에 들어와서 사람들은 무엇으로부터 멀어지고 밀려났을까?

제가 만든 것에서, 제가 하는 일에서

첫째, 자기가 만든(생산해낸) 것들이 자기와는 아무런 인연이 없다.

---

90. '소원疏遠하다'는 낱말은 낯설고 멀다(서먹서먹하다)는 뜻이고, '친소親疏 관계'는 친하고 낯선 관계다. '소외疏外'는 낯설어서 (바깥으로) 멀어진다는 말.

1970~1980년대에 다음과 같은 노래가 노동자들 사이에서 불렸다. "내 손 거쳐 만든 물건, 백화점에 가득해도 셋방살이 내 집에는 중고품도 하나 없네." 세상 물건을 다 만들어내는 노동자들이 자기가 만들어낸 것들 앞에서 오히려 주눅이 든다. 재벌 본사가 들어설 비까번쩍한 고층 빌딩을 지은 건축노동자는 그 빌딩 앞에서 참 낯설다. 그들이 귀가해서 몸을 누일 곳은 꾀죄죄한 판잣집이니까! 자기들이 땀 흘려 빌딩을 지어준 덕분에 더 위엄이 높아진 자본가들 앞에서 왠지 쪼그라든다. 식민지 시절에 한국(조선) 민중은 총칼과 대포로 자기들을 지배한 일본 제국주의자들 앞에서 납작 엎드려 살았다. 한국 농민이 더 열심히 일할수록 (고율의 소작료로) 일본인 지주들의 배를 더 불려주고 조선총독부(한국을 다스린 일본 정부기관)의 권세를 더 높여주었다. 그들이 일궈낸 것들(막대한 농산물)이 그들을 짓누르는 데 쓰였다. 아무리 일해도 변변히 살림을 꾸릴 수 없었던 사람들이 한반도에서 밀려나 (소외돼서) 두만강 건너 북간도로, 러시아의 연해주(프리모르스키)로 쫓겨 갔다.

둘째, 사람들은 자기의 일(노동) 자체로부터 소외되었다. 자기가 무슨 일을 어떻게 할지, 스스로 판단하고 결정할 수 없다. 자본가가 시키는 대로 컨베이어 벨트의 또 다른 부속품이 돼서 단조롭고 무의미한 단순노동을 끝없이 반복하는 노동자에게 '일하는 보람(즐거움)'이 어디 있겠는가.[91] 일할 때에 그는 (그를 부려 먹는 사람들의) 로봇이요 노예가 된다. 손과 몸을 부지런히 놀리고 있지만 그의 머리는 잠들어 있

---

91. 2010년 봄 중국 선전의 전자제품 회사 '폭스콘'에서 고등학교를 갓 마친 노동자 16명이 한 달 사이에 잇달아 자살했다. 같은 동작을 4초에 한 번씩, 하루 만 번 반복하는 일을 했고, 월급은 고작 520위안이었다. 대만에서 온 사장은 노동자들을 로봇으로 대체하겠다고 몰인정하게 반응했다. 애플의 하청업체로 수십만 명을 고용했다. 스티븐 잡스(애플 창업주)는 폭스콘의 초과-착취 덕분에 돈을 벌었다.

다. 제 머리로 무엇을 궁리할 일이 없기 때문이다. 하루 종일 쉴 틈 없이 볼트 너트만 죄다가 미쳐버린 영화「모던 타임스」의 주인공(채플린)처럼 머리가 돌아버리지 않는 것이 다행이다. 일을 마치고 공장 밖으로 나와서야 그는 비로소 자기 몸뚱이의 주인이 된다. 술 한잔을 마시거나 노래방에 갔을 때라야 그는 '사는 것 같다'고 느낀다. 그에게 제일(노동)은 밥 세끼와 술 한잔을 얻을 수 있게 해주는 수단(벌이)으로서만 의미를 띨 뿐이다. 보람 없이 억지로 일해야 하는 제 신세에 대한 짜증과 설움이 언제나 속으로 속으로 쌓인다.

옛 농사꾼(자영농)이나 장인匠人들은 달랐다. 무엇을 언제 심고, 언제 거둘지 (자연을 세심하게 관찰하여) 스스로 결정했다. '벼는 주인 발자국 소리 듣고 자란다'고 했거니와, 벼가 탈 없이 잘 자란 가을 황금 들녘에서 농사꾼은 올림픽 금메달을 딴 운동선수 못지않게 뿌듯한 기쁨을 느꼈다. 장인master들은 어떤가. 남들이 쉽게 흉내 내지 못할 명품을 만들어냈다. 고된 단순노동도 더불어 하긴 했지만 그들은 일할수록 경험과 지혜를 쌓았다. 이와 달리, 자본주의 기업의 노동자들은 자기 일에 대해 긍지를 품기 어렵다. 자본가가 쪼개서 나눠준, 별달리 경험과 숙련을 필요로 하지 않는 일들이라서다. 현대의 노동자들이 소비문화에 자꾸 빠져드는 까닭의 하나도 그들이 다람쥐 쳇바퀴 돌듯 끝없이 소외된 일을 반복하는 일터의 사정과 무관하지 않다.

남들에게서, 자연으로부터

셋째, 남들로부터 멀어진다(내쳐진다). 학급에서 따돌림당하는 학생은 소수지만, 어른들의 사회에서는 왕따당하는 쪽(노동자)이 다수요,

왕따시키는 쪽(자본가들)이 소수다. 노동자는 위/아래 위계질서 밑에서 상사(윗사람)의 명령에 따라 주어진 쪼가리 일만 죽어라, 해내느라 다들 모래알 같은 존재로 뿔뿔이 흩어진다. 서로 어깨를 겯고 함께 나아갈 일이 없으니 다들 자기만의 고립된 섬에 갇힌다. SNS(소셜네트워크서비스)로 열심히 안부安否를 주고받지만 그럴수록 공허한 마음만 더 깊어진다.

넷째, 자연으로부터도 멀어진다(밀려난다). 옛사람들은 자연의 품에 안겨 자연과 하나 되어 살았다. 중국 당나라 때 시인 이백이 그 기쁨을 잔잔하게 읊었다.[92]

問余何事棲碧山 묻노니, 그대는 어찌 푸른 산에 사는가
笑而不答心自閑 싱긋 웃고 입 다무니 마음이 절로 한가롭네
桃花流水杳然去 복사꽃 실은 물이 아득히 흘러가니
別有天地非人間 별천지 따로 있네, 인간세상 아니네[93]

요즘 세상에 별천지는 죄다 사라졌다. 이 산 저 산 곳곳을 뚫어 자동차 길을 냈으니, 산신령이 깃들 곳이 바이(전혀) 없고, 경관景觀이 빼어난 물가마다 장사치들이 터를 잡아 요란하게 풍악을 울려대니 호젓이 자연의 정취를 맛볼 길이 어디에도 없다. 반딧불이와 함께 거닐 풀숲이 없고 귀뚜라미 울음을 들어볼 데가 없다. 세상사람 대부분이 시멘트 콘크리트와 공장 굴뚝으로 뒤덮인 도시에 갇혀, 돌아갈 고향(=자연)을 잃어버렸다.[94]

---

92. 사람들의 '정치적 무관심'도 세상에서 소외된 것의 표현(결과)일 때가 대부분이다.
93. '산山'과 '한閑'과 '간間'이 각운rhyme을 이룬 7언 절구絶句. 한시漢詩는 이(태)백과 두보를 꼽는다.

비단 그것만이 아니다. 과학기술 지식을 움켜쥔 부르주아들이 돈벌이 기회를 찾으려고 심지어 유전자를 갖고 장난질(황우석의 줄기세포 소동을 떠올리라)을 쳐대는 마당이니 '(있는 그대로의) 자연'은 이미 사라졌다. 유전공학을 멋대로 적용하면 인간이 '조작(실험) 대상'이 돼서 인간성을 빼앗길 뿐만 아니라, 우리가 자연 그 자체마저 잃어버린다. 자연의 구성 규칙을 알게 되자마자 자연이 아무런 실체가 없는 조작 대상으로 굴러떨어지고, 대지(땅)의 신비로움도 사라져버린다. 그런데 그 신비로운 자연이 있는 한에서만 (사람다운) 사람도 있는 것이 아닐까?

내가 나한테서 멀어지다

요컨대, 현대인은 '사람다움'을 잃어버렸다. 마르크스는 이 얘기를 '인간의 유적類的 본질로부터의 소외'라고 어려운 말로 나타냈다. '유적 본질'이란 사람만이 갖고 있는 남다른 특징인데, 그것은 두말할 것 없이 '남들과 더불어 살 줄 아는 것(=사회적 관계 맺기)'다. 그러니 쉽게 말해서 소외된 사람들은 남들과 더불어 사는 법을 잊어버린다는 얘기다.

어떤 사람이 찢어지게 가난한 집안에서 태어난 죄(?)로 제대로 배우지를 못해 허드렛일만 하면서 산다고 치자. 그는 보람 있고 자부심을 누릴 일을 찾을 여유가 없다. 오로지 입에 풀칠할 생각으로 살아간다. 하루의 일이 끝나면 "오늘도 굶지 않고 살아남았구나!" 하고 안도

94. 정지용은 고향을 "옛이야기 지즐대는 실개천이 돌아나가고, 얼룩백이 황소가 해설피 금빛 게으른 울음 우는 곳"이라고 노래했다. "그곳이 차마 잊힐리야!"

의 한숨을 쉴 뿐이다. 남들과 더불어 어떻게 인간 사회를 만들어가느
냐에 대한 적극적인 궁리 따위는 그에게 사치스러운 꿈(=공상)이다.[95]
강제노동(=목구멍이 포도청)에 시달리느라 '세상의 주인이 되겠다는(=
세상을 바꾸는 정치에 나서겠다는) 생각'은 해본 적도 없다. 그는 저에게
돈을 주겠다는 사람은 다 고맙다. 매국노한테든, 사기꾼한테든 넙죽
절할 것이다.

요즘은 자본주의가 줄곧 침체의 길로 치닫고 있어서 대부분의 민
중이 자기들 앞날의 살림살이에 대해 늘 불안에 휩싸여 있다. 먹고 살
아갈 걱정에 밑바닥 사람들 일부만 허덕이는 것이 아니다. 안정된 일
자리가 다들 간절한 탓에 늙어서까지 일하는 것(=정년)이 보장돼 있
는 공무원이 최고 인기 직업이 돼버렸다. 자기의 진로를 생각할 때 그
일이 제게 보람을 줄지 어떨지를 따질 겨를이 없다. 대부분의 사람이
'이상적理想的인 나'로부터 많든 적든 멀어진(소외된) 삶을 살고 있다.

'소외'의 뜻을 다시 살핀다. 영어로 소외alienation의 동사꼴 alienate
는 (남을) 멀리하다, 따돌리다, (무엇에서) 떼어놓는다는 뜻 말고도 (법
률 용어로서) 재산이나 권리를 남에게 '넘긴다(=양도한다)'는 뜻도 있다.
믿음과 충성심이 어떤 사람/제도/정치사상으로부터 다른 사람/제
도/정치사상으로 넘어갈 때(=옮겨지거나 강제로 빼앗겨 넘어가는 경우)
에도 이 낱말alienate을 쓴다.[96] 사람에게 '소외'는 내가 나를 다스리지
(=통제하지) 못하고, 남들(곧 하늘같이 높으신 분들)에게 그 통제권을 넘
기는(=양도하는) 것이다. 남들이 자기들 멋대로 나에게 명령을 내리고

---

95. 옛날 어느 아프리카 부족은 (춥지 않고, 산과 들에 먹을거리가 풍성하다는 부러운 자연조
건 덕분에) 하루 2시간밖에 일하지 않았단다. 하루의 대부분을 같은 공동체 성원들끼리
친교를 나누는 데 썼다. 유적 본질(곧 사회성)을 온전히 실현한 그들이야말로 최고의 부
자富者가 아니었을까?
96. 사람이나 제도에 대한 믿음의 소외(잃어버림)는 세상을 크게 할퀴어놓는다.

나를 좌우하므로 내 꿈과 내가 해보려던 뜻은 한낱 물거품이 된다. 내 삶을 내 뜻대로 꾸릴 수 없으므로 내가 내 삶의 주인이 아니다. 나는 그저 남들 또는 사회적 운명에 휘둘리는 꼭두각시일 뿐이다.

어려서 나는 어떤 내가 되고 싶었다. "남부럽지 않게 사는 나! 무엇인가 사회로부터 인정받는 나! 무엇인가 멋진 일을 해내는 나!" 그런데 내가 만들어낸 것을 내가 변변히 누리지 못하고, 그저 입에 풀칠하려고 (힘센 사람들이 시키는 대로) 보람 없는 일만 하면서, 길거리에 굴러다니는 은행 알같이 외톨이 삶을 살아왔다.[97] 나를 알아주는 사람들이 없으니 '자랑스러운 나'를 어디에서도 만날 수 없다. 나는 결국 (바람직한) 나로부터 멀어진다. 내가 내가 아니다. 내 정신(영혼)은 어디론가 외출해버렸다. 그러다 보면 사고가 터진다.

버림받은 사람은 실성해버린다

신문을 들춰 보자. 2015년 4월 12일자 연합뉴스가 다음과 같은 소식을 전한다.

최근 강원도 춘천에 사는 고교생 임 아무개(15) 군은 술에 취해 밤 늦게 귀가한 형(17)이 잔소리를 하며 때리자 부엌의 식칼로 형을 찔러 숨지게 했다. 부산에서는 지난달 27일 최 아무개(63) 씨가 결혼정보업체 사무실에 불을 질러 업체 대표인 이씨가 숨졌다. 이씨의 소개

---

97. 중국에는 시골에 버려진 아이들이 6,000만 명이 넘는다. 부모는 돈 벌러 도시로 갔고 버려진 아이들 스스로 살아남아야 한다. 2015년 6월 초 어느 14살짜리가 동생 셋과 더불어 농약을 마셨다. "당신들(=이웃)의 호의에 감사합니다. 그러나 죽음은 내 오랜 꿈이었습니다"라는 유서를 남겼다.

로 베트남에서 만나 결혼식까지 올린 젊은 베트남 여성이 한국어 시험을 통과하지 못해 입국하지 못하자 최씨가 격분한 나머지 일을 저질렀다. 지난달 17일 경남 진주에서는 어느 인력人力공사 사무실에서 일용(=날품팔이) 노동자 전 아무개(55) 씨가 일감을 찾으러 온 윤 아무개(57)·양 아무개(63)·김 아무개(55) 씨 등 3명에게 칼을 휘둘러 윤씨와 양씨가 그 자리에서 숨졌다. 그런데 전씨는 피해자들과 아무런 원한 관계가 없었다. 지난 2월 27일 전남에서는 김 아무개(33·여) 씨가 태어난 지 열 달 된 딸이 잠을 자지 않고 보채자 홧김에 여러 차례 때려서 숨지게 했다.

형에게 두들겨 맞은 고교생이 도망을 가거나 욕설로 맞서거나 (사람을 다치게는 해도 죽이지는 않는) 나무 막대기로 반격할 수는 없었을까? 식칼은 철천지원수한테나 휘두르는 것이다. 형제는 과연 철천지원수 사이였을까? 최 아무개 씨가 결혼에 실패한 것은 이씨의 잘못 때문이 아니다. 설령 이씨의 잘못 때문이라 해도 돈 몇 푼 되돌려주면 끝날 잘못이다. 왜 두 사람은 자기의 분노를 적절한 수준(곧 욕설 퍼붓기쯤)으로 억누를 수 없었을까? 자기가 자기를 다스릴 수 없어서였다. 그동안 줄곧 자기 바깥의 세상으로부터 휘둘리며 무기력하게(!) 살아왔기 때문이리라. 자기가 이미 자기가 아닌 존재를 좀비라 부르는가?

날품팔이 전 아무개 씨와 아기 엄마 김 아무개 씨는 사정이 더 기막히다. 내 화를 돋운 사람에게 휘두른 폭력은 구실(명분)이라도 댈수 있다. "저놈은 맞아도 싼 놈이야!" 하지만 아무 죄 없는 사람을 죽인 전 아무개 씨는 제정신이 돌아 왔을 때 (제 행동에 대해) 무슨 구실을 댈 수 있겠는가? "사실은 내가 죽어 마땅한 놈!"이라고 자기를 부정(단죄)해야 한다. 제정신을 차린 아기 엄마는 "가정에 소홀한 남편과 살면서 딸을 키우는 현실이 너무 원망스러워서 순간적으로 매질을 했다"고 눈물을 흘렸다고 한다. 핏덩어리를 매질하는 순간의 그녀는 정신줄을 놓은 상태였다. 미운 놈과 예쁜 애를 구분하지 못하는 좀비! 그녀는 실성해서 저지른 제 행동에 대한 대가를 앞으로 톡톡히 치를 것이다. 이미 '살아도 사는 것 같지 않은' 신세로 굴러떨어지지 않았을까?

신문 기사는 소외된(세상에서 버림받은) 사람이 어느 지경으로까지 추락하는지 말해준다. 그런 극단적인 경우는 몇 안 된다는 사실로 위안 삼지 마라. 드러난 빙산의 끄트머리가 물속에 잠긴 거대한 빙산의 존재를 말해주듯이, '묻지 마' 범죄가 늘

미국 버지니아공대 총기 난사사건의 희생자를 기리는 추모 비석. 2007년 4월 이곳에서 '묻지 마살인'이 벌어졌다. 인간 소외가 절정에 이를 때, 벌어지는 사건이다.

어난다는 것은 실성한 채 살아가는 사람이 우리 사회에 수두룩하다는 암울한 현실을 말해준다. 사람이 세상에서 버림받으면 결국 실성해서(=사람됨을 잃어버려서) 괴물이 되거나 좀비가 된다.[98]

소외는 사회가 만들어낸다

이 대목에서 소외 개념을 잠깐 되살펴야 한다. 세상에 남들로부터 멀어지고 자기自己다운 삶을 살아내지 못하는 사람이 워낙 많다 보니,

---

98. 2007년엔 미국 버지니아공대에서, 2008년엔 서울 논현동 고시원에서, 2011년엔 노르웨이의 청소년 캠프장에서 끔찍한 '묻지 마' 범죄가 일어나 죄 없는 사람들이 숱하게 죽었다.

"사람은 누구나 세상으로부터 소외돼 있다"며 '소외' 개념의 외연(外延, 가리키는 범위)을 마음껏 넓히는 학자들도 있어서 꺼내는 말이다. 하이데거(20세기 실존철학자)는 '소외'를 순전히 철학적인 개념으로 여겼다. 사람은 세상 속으로 굴러떨어져서 서로 시시껄렁한 잡담(궁금증)이나 주고받으며 얍삽하게(얄팍하게) 살아가기 마련이라는 것이다. 사람이 원래 그렇단다(과연 그런가?). 속된 주변 세계에 휘둘려서 참된 자기를 잃어버린단다. 정신분석학자들은 사람이 자연과 문화 가운데 하나를 선택해야 하고, 문명의 안전을 보장받으려면 자신의 충동을 버려야 한다고 했다. 자연으로부터 멀어져야(소외돼야) 한다는 얘기다. 이들도 '소외'를 주관적인(=개개인의 생각에 속하는) 것으로 봤다. "사람이 자기를 이방인(아웃사이더)으로 느끼고 겪는 경험"이라는 게다.[99]

'소외'를 그렇게 주관적인 경험으로만 좁혀서 살피면, 실제로 피눈물 나는 고립감을 느끼며 살아가는 밑바닥 민중의 절절한 사연들을 놓치게 된다. 왜 그렇게 소외된 인간들이 세상에 와글대는지 사회적 원인(!)을 캐묻지 않기 때문이다. "이놈의 사회가 어떤 사회기에 실성한 외톨이들이 그렇게 많아진 거냐?"

유럽에서 68혁명이 일어났던 1960년대부터 '소외론'이 전 세계에 유행했다. 사람들이 왜 참다운 자기로부터 소외됐는지 상품화, 관료주의, 소비주의 문화, 심지어 생태계의 위기까지 학자들은 온갖 데에서 원인을 끄집어냈다. '소외'는 자본주의 사회에 대한 비판이라는 (그때의) 시대정신을 가장 잘 나타내는 개념으로 보였다. 하지만 이 낱말이 마구 헤프게 쓰이다 보니 '인간에게 불행을 불러내는 영역'을 죄다 포괄하

---

99. 마르크스주의자들 중에도 마르크스가 청년 시절에만 '소외'에 관심을 품었을 뿐이라고 비좁게 파악한 학자들이 있었다. 하지만 그의 책 『자본론』은 소외론으로부터 끌어낸 논리적 귀결(결론)이다.

는 공허한(알쏭달쏭한) 개념으로 추락하기 일쑤였다.[100]

이와 달리, 마르크스는 '소외'를 현대 사회가 강제한 것으로, 자본주의 체제의 본질에서 비롯된 것으로 직시直視했다.

상품형태는 인간 노동의 사회적 성격을 노동생산물 자체의 물질적인 성격(곧 사물들의 사회적인 자연적 속성)으로 보이게 하고, 따라서 총 노동(=노동 전체)에 대한 생산자들의 사회적 관계를 그들의 바깥에 있는 관계(곧, 사물들의 사회적 관계)로 보이게 한다. 그래서 우리는 상품형태를 신비롭게 느낀다. 상품은 감각적인 것이자, 감각을 넘어서는 것 곧 사회적 사물이 된다. (……) 사람들 눈에는 물건들 사이의 관계라는 환상적인 형태로 나타나지만 실제로 그것은 사람들 사이의 어떤(특정한) 사회적 관계에 지나지 않는다. 그 비슷한 것을 몽롱한 종교세계에서 찾을 수 있다. 거기서는 사람의 두뇌가 만들어낸 것들이 생명을 가진 자립적인 인물로 나타나서 그들(신들) 자신의 사이, 그리고 사람과의 사이에 어떤 관계를 맺고 있다. 상품 세계에서는 사람 손이 만들어낸 것들이 그와 같이 등장한다. 그것에 대한 경건한 믿음을 물신숭배fetishism라 일컫자. 물신숭배는 노동생산물이 상품으로 나타나자마자 거기 달라붙으므로, 상품이 팔리는 곳에는 어디든 나타난다.[101]

마르크스는 물신숭배(또는 소외)를 개인의 주관적 문제가 아닌 사회적 현상으로, 마음의 문제가 아닌 현실 권력의 문제로, 자본 체제가

---

100. 미국 학계에서 '소외'는 사회관계의 문제가 아니라 (사회규범에 적응하지 못하는) 개인의 병리적 현상(=개인 탓)으로 간주됐다. 그런 뜻의 소외는 세상을 겉핥기로 살피는 맹탕의 낱말일 뿐이다.
101. 마르크스의 『자본론』 1권 1편 1장 4절 참고.

만들어낸 어떤(특정한) 지배의 문제로 봤다. 사람이 '품팔이꾼'(=노동력 상품)으로 팔리는 데서는 어디서나 사람이 '꿔다 놓은 보릿자루'처럼 소외된 존재가 돼버린다.

희망에 부푼 시대엔 소외가 사라진다

그런데 소외가 사회적 현상이라는 말은 (세상을 바꿔내려는) 사람들의 노력에 의해 얼마든지 (소외가) 극복될 수 있다는 뜻이다. 우리는 그 생생한 실례를 19세기 중반의 유럽에서 발견한다. 1848년에 유럽에는 인류 역사 최초로 노동자혁명이 터져 나왔다. 노동자들이 사회정치적으로 아직 미성숙한 시절이라서 세상을 바꾸는 첫발을 내디딘 것으로 만족해야 할 싸움이었지만 아무튼 이 혁명은 밑바닥 민중들에게 큰 희망을 안겨주었다.

"이제 세상이 우리의 서러운 이야기를 들어줄 거야! 아니, 우리가 세상의 주인으로 일어설 수도 있어! 아무튼 우리는 더 이상 왕따가 아니야!"

실제로 어떤 사회 변화가 있었는가? 자살률이 뚝 떨어졌다! 본디 세상에 대해 절망한 사람이 제 목숨을 끊는 법 아닌가. 지금은 비록 힘들더라도 노력하면 제 삶이 달라질 수 있고, 남들의 인정을 받을 수 있다고 굳세게 믿는 사람은 절대로 농약을 마시거나 마포대교 위에서 한강물로 종이비행기를 날리지 않는다. 혁명은 밑바닥 대중의 절망을 한 순간에 뚝(!) 끊어준다.[102] 그래서 예부터 뜻있는 사람들은 대동大同 세상을 만드는 가슴 벅찬 혁명(또는 후천개벽)을 줄곧 꿈꾸어왔다. 김수영이 노래했듯이.

풀이 눕는다/비를 몰아오는 동풍에 나부껴/풀은 눕고/드디어 울었다/날이 흐려서 더 울다가/다시 누웠다/풀이 눕는다/바람보다도 더 빨리 눕는다/바람보다도 더 빨리 울고/바람보다 먼저 일어난다……

간추리자. 자본주의 사회는 어김없이 사람들을 소외시킨다(왕따로 만든다). 내 일과 일의 결과물로부터, 남들로부터, 결국 자기 자신으로부터! 돈이 판치는 사회에서는 사람들이 사물(자연)과 교감하는 sympathize 능력이 쪼그라든다. 다들 돈 버는 것 말고는 딴 관심을 품지 않고, 자기가 하는 일의 값어치와 뜻을 헤아릴 겨를도 없다. "개같이 벌어서 정승처럼 즐겨라!" 자본과 국가가 '돈벌이'만 따지므로 민주주의가 갈 곳을 잃어버린다. 저마다 자본이 시키는 쪼가리 일만 맡아서 하므로 사람들이 세상 전체를 내다보는 눈길을 틔우지 못한다.

현대에 와서 소외가 더 깊어졌다

21세기 들어 사람들의 소외 심리가 더 깊어지고 있다는 사실이 여러 가지 조사연구로 알려졌다. 미국의 갤럽 조사 보고에 따르면, 임금 노동자의 70%가 출근을 싫어하거나 정신과 의사한테 진찰을 받은 적 있다고 한다. (미국) 노동자의 30%가 일의 자율성과 전문성을 갖춘 엔

---

102. 우리는 혁명이 사람됨을 바꿔놓고 대중의 절망을 끊어주는 것을 수많은 사례에서 확인한다. 1789년 프랑스혁명에 대한 대중의 열광이 유럽의 근대사상을 꽃피우게 했다. 1945년 해방 정국과 1987년 민중 항쟁의 시절에는 우울증에 빠져 넋 없이 헤매는 사람들이 자취를 감추었다. 1871년 파리코뮌과 1980년 광주항쟁 시절에는 시민들이 한 식구(공동체)처럼 정답게 살았다, 등등.

지니어(기술자)들이요, 나머지 70%는 보람 없는 싸구려 품팔이꾼이라는 얘기다. "소외는 자본 체제가 만들어낸다"는 사실을 정확히 반영하고(나타내고) 있다. 사회학자 퍼트넘은 『나 홀로 볼링』이라는 책에서 미국 사회의 유대ties 관계가 해체돼가고 있음을 밝혔다. 볼링 치는 사람 수는 늘어났지만 모르는 사람과 볼링 게임을 벌이는 경우는 줄었단다.

한국은 어떤가? 인터넷 온라인에 올라온 글들을 죄다 분석한 자료에 따르면, 사람들의 감성 표현 가운데 '슬픔'의 표현이 (23%로) 가장 많고 근래 들어 자꾸 늘어나는 중이란다. 사람들은 노무현 전 대통령이 죽었을 때, 세월호 참사가 터졌을 때, 그리고 서울 용산의 갈 곳 없는 세입자(철거민)들이 망루에서 떨어져 죽었을 때(2009년), 큰 슬픔을 느꼈다.[103] 나날의 삶과 관련된 말도 자주 올라왔다. '힘든 하루를 살았다'는 글이 참 많단다. TV에 힐링(치유) 프로그램이 자주 선보이는 까닭도 이런 세상 흐름을 읽었기 때문이다.[104]

정호승 시인을 불러와야 한다.

나는 이제 너에게도 슬픔을 주겠다/사랑보다 소중한 슬픔을 주겠다 (······) 내가 어둠 속에서 너를 부를 때/단 한 번도 평등하게 웃어주질 않은/가마니에 덮인 동사자凍死者가 다시 얼어 죽을 때/가마니 한 장조차 덮어주지 않은/무관심한 너의 사랑을 위해/흘릴 줄 모르는 너의 눈물을 위해/나는 이제 너에게도 기다림을 주겠다/이 세상에 내리던 함박눈을 멈추겠다······

103. 2015년 초 담뱃값이 크게 올랐을 때도 그랬단다. 가난한 서민 남자들에겐 무척 서러운 일이었다.
104. 배우 고아성의 일화 한 토막. 영화 「오피스」에서 신입 인턴 사원 배역을 맡고는 그들을 알려고 광화문 카페에 앉아 야근을 마치고 나오는 회사원들을 관찰했단다. 그리고 소름이 돋았단다. "어쩌면 그렇게 다들 무표정하게 회사를 걸어 나오는 걸까요? 대부분 영혼이 나간 모습이었어요!"

예전에 노동자들 중에는 자본주의가 문제가 많아서 스스로(저절로) 무너질 것이라고 기대한 사람들이 꽤 많았다. 공황panic을 처음 겪은 19세기에 특히 그랬다. 마르크스가 자본 체제의 모순과 한계를 드러내는 공황을 오랫동안 들이파서 연구한 까닭은 공황이 곧 세상을 바꿔 낼 것이라는 가능성을 크게 믿었기 때문이다. 하지만 자본가들이 나름으로 (체제 개혁의) 몸부림을 쳐서 공황의 충격을 줄였다. 자본 체제에 국가가 간섭(개입)할 것을 부르짖은 케인스를 떠올리라. 그 덕분에 자본 체제가 앞으로도 그럭저럭 계속 굴러갈까? 그럴지도 모른다. 그런데 중요한 것은 자본가들이 살아남으려고 발버둥을 치는 과정에서 인류의 대부분이 생지옥a living hell을 겪는다는 사실이다.[105]

그들은 자기네가 망하지 않으려고 저희가 저지른 업보(일의 결과)를 민중에게 고스란히 떠넘길 것이다. 착한(?) 민중은 그 덤터기를 뒤집 어쓰고 살아야 한다. 불과 몇 년 전 일이다. 2008년 세계대공황이 터졌을 때 세계 독점자본들은 대마불사大馬不死라고 공갈을 때려서 6조 달러에 이르는 거액의 구제 금융을 받아 챙겼다(미국과 유럽, 일본의 합

105. 이미 전 세계 슬럼가(빈민굴)는 그 지옥(감옥 같은 세상)을 일찍부터 겪어왔다.

계).[106] 중소기업도 수없이 무너지고, 집이 은행에 넘어가서 길거리로 쫓겨난 사람이 셀 수 없이 많았는데도 오로지 그들만이! 그 대마들께서 '구제 금융'을 받아 또 잽싸게 돈놀이(파생금융상품 따위)를 시작했다! 구제 금융을 위한 돈 찍어내기(통화 증발)는 인플레를 통해 그 빚을 민중에게 고스란히 떠넘기는 짓임을 잊지 말자. 자본이 어떤 요구를 하건 민중이 다소곳이 거기 순종한다면 앞으로도 자본 체제가 그럭저럭 큰 탈 없이 굴러간다.

> **덧대기**
> 2015년 여름, 그리스 국민이 국민투표에서 "채권단(유럽 독점자본)이 강요하는 그리스 국가재정의 긴축(긴급 축소)에 반대한다"는 쪽으로 입장 position을 정한 것은 이제 세계 (독점)자본의 이윤벌이를 위해 더 이상 희생양이 되지 않겠다는 대중적 의지의 표현이다. 그런데 그리스 민중의 열망을 받아안은 새 집권 정당, '시리자'가 유럽 독점자본에게 당차게 맞서지를 못해서 아직 그리스 민중의 앞날은 험난하기만 하다.

민중이 깨달아야 어둠이 걷힌다

그래서 문제는 자본이 아니다. 자본이 얼마나 대다수 민중의 부富를 갈취하건, 생태계를 망가뜨리건 자본 체제는 (저절로) 무너지지 않는다.[107] 자본 체제는 민중이 "더 이상 이런 세상에 살고 싶지 않다!"고 분명히 반대하고, 대안alternative의 사회를 힘차게 들이밀 때라야 비

---

106. '큰 말馬은 쉽게 죽지 않는다'는 뜻의 바둑 용어. "대기업이 무너지면 그 그늘에서 밥을 먹던 사람들은 어떻게 사느냐! 국민경제에 미치는 충격이 크므로 대기업을 살려내라!"는 주장이다.
107. 대중영화 중에는 인류의 암울한 미래에 대한 불안과 분노를 그린 것들이 많다. 디스토피아(파국)에 해당하는 것들 몇몇은 현실에 이미 있으므로 '그렇게 될 리 없다'고 손쉽게 묵살해버릴 일이 아니다.

로소 허물어진다.

그런데 그동안에는 소외된 민중들이 '묻지 마 범죄'를 저지르거나 '묻지 마 폭동'을 일으키는 게 고작이었다. 2011년 여름, 영국 곳곳에서는 미래가 없는 밑바닥 청년들이 건물을 때려 부수고 가게의 상품을 집어가는(약탈하는) 폭동이 벌어졌다. 무슨 정치적 방향을 내걸며 '세상을 바꾸자'고 부르짖는 사회운동이 아니라 세상(잘사는 동네)에 대해 그저 화풀이만 하는 눈먼 폭동에 불과했다. 우리는 그들이 왜 무엇에 대해 화풀이하고 싶었는지, 그들의 처지를 이해하지만 무턱대고 반발하는 것으로 세상을 바꿀 힘은 생겨나지 못한다.

문제는 우리 대다수가 왜 무엇으로부터 소외돼 있으며 어찌해야 '온전한 나'를 회복할 수 있는지 통 크게 깨닫는 일이다. 슬럼가(빈민굴)의 일부 민중만 세상에서 소외돼 있는 것이 아니다. 대학이 참다운 학문의 산실이기를 멈춘 21세기에는 양식良識 있는 학자들도 세상(대학)에서 소외돼버렸다. (정규직과 비정규직으로) 위계와 서열을 나누어 노동자들을 길러내겠다는, 그래서 입시 경쟁의 눈먼 장치를 (아무런 고뇌 없이) 굴려가는 초중고교에서 참교육 교사도 일찍이 소외돼버렸다. 제국주의 열강이 자기들의 패권 경영을 위해 무인기無人機로 마음껏 폭탄을 퍼붓는 나라(아프가니스탄, 이라크 등등)에서는 "민족이 제 운명을 주인답게 결정한다"는 으뜸 원칙이 참혹하게 짓밟힌다. 민족 전체가 버려진 피난민 신세로 살아간다. 그뿐이랴. 미국의 비행기 공항을 통과하려면 누구든 '테러 용의자'로 의심받는 치욕스러운 과정을 겪어야 한다. 공항 검색대 앞에 알몸뚱이로 나선 사람은 누구나 소외된 2등 시민일 뿐이다. 인터넷 정보를 죄다 검열하는 Big Brother 앞에서 세계 민중 모두는 제 프라이버시 정보를 다 털린, 벌거벗은 존재가 된다.[108] 세계의 독점자본도 한껏 권세를 휘두른다. 온갖 자연자원을. 심지어 생명정보(유전자 염기서열 따위)마저 자기들 사유물로 움켜쥐려고 한다. 우리의 생명정보마저 하늘같으신 분들이 갖고 놀겠다니, 우리는 모든 것을 다 빼앗긴 꼭두각시 처지가 아닐 수 없다. 이토록 세계 민중에게 소외의 경험은 참으로 드넓고, 그 뿌리는 아찔하게 깊다.

여태껏 세상을 개혁하고 변혁하려는 사회운동이 여러 부문(여성, 장애인, 소수민족 등등)에서 벌어졌다. 그런데 저마다 자기를 고통스럽게 하는 문제만 뿔뿔이 들이파다 보니 다들 쪼가리 진실만 움켜쥐고는 시들해져버렸다. 이렇게 흩어진 목소리를 한데 모으지 않고서 자본 체제와 맞서봤자 한갓 '달걀로 바위 치기'에 그친다. 여러 사회운동을 하나로 모아낼 과녁은 '소외'다.

"길가의 돌멩이처럼 하찮게 버려진 사람들을 모두(!) 살려내라! 그들은 다 집 모퉁이의 머릿돌로 쓰일, 하늘같은 사람들이다!"

소외된 사람들을 불러일으키는 씻김굿의 정치가 일떠서야 한다. 핍박과 설움 속에 살아온 사람은 사람답게 살아갈 세상을 정말로 간구(=간절히 추구)한다. 세상 쓴 맛을 겪어본 사람은 자본 체제의 사탕발림에 더 이상 속지 않는다. 그런 사람들이 한데 모여 인생을 걸고 먼저 나서야 한다. 대다수 사람들이 억압과 수탈(착취)과 소외에서 풀려나는 인간 해방 세상을 위해! 우리 후손을 위해!

---

108. 빅 브라더는 조지 오웰의 소설 『1984년』에 나오는 독재자. 세계 패권국가가 그와 비슷하다.

3 자본의 자기모순: 성장 귀신

박정희는 5·16 쿠데타와 유신독재의 잘못은 있지만 경제 성장의 공이 크다고 적당히 얼버무리는 평가들이 많았다. 그러나 일부 세대는 성장의 열매를 누렸는지 몰라도, 젊은 세대는 그 성장의 대가를 혹독하게 치르고 있다. '성장 만세!'가 과연 옳은지 따져 묻자.

1970년대 이래, 한국 사회에서 가장 폭넓은 화두가 된 낱말이 무엇일까? 바로 '경제 성장成長'이다! "경제의 덩치(곧 파이)를 키워야 국민들이 무엇이라도 먹고 누릴 게 생기지 않으냐! 가난한 사람들한테 복지 혜택을 주려고 해도, 먼저 경제가 커나가야 그것이 가능하다!" 대부분의 일간신문의 앞부분에 톱(으뜸) 기사로 뜨는 내용도 경제에 관한 것이 가장 많다. 2015년 여름에 발간된 중앙일보 신문 기사들을 '성장'을 열쇠말로 하여 검색해봤다.

잠재성장률 하락, 구조개혁으로 돌파해야; 중국경제 여전히 양호한 성장, 주식 장기 투자할 만한 시장; 22조 쏟아부어도…… 올 성장 2% 대로; 메르스와 가뭄 탓에 -0.4%p 중국 악재까지 겹쳐 저성장 함정; 글로벌 자산 배분, 저금리 저성장 시대 돌파구; 투자자는 성장률에 민감하다; 추경과 기금과 금융 지원 최대한 짜내…… 3% 대 성장률 가능; 예스24, 해마다 평균 104% 성장, 올해 매출 천억 목표; 추경(= 추가경정예산) 없이는 성장률 3%마저 어렵다니; 국가 발전의 새 성장 공식은 '지역'; 저성장 늪에 빠져 좌절 슬픔 일상화…… 경제부터 살려야; 1분기 성장률 예상 밖 1%, 일본은 뛰는데; 녹색성장 창조경제 하나로 묶는 게 설득력 있어; 대학과 정부출연 연구소의 연구 성과, 기업의 성장, 일자리 창출 동력 돼야; 지금의 저성장 양극화 저고용 문제 풀려면 분권, 다극발전, 공생의 시장경제로 변화해야; 한국 수출 성장속도 세계평균에도 못 미쳐; 지방자치 저성장 시대, 도시 패러다임도 바꿔; 노인 빈곤 심각, 재정 동원해 복지와 성장 선순환 모색할 때…….

누구의 경제 성장인가?

이는 여러 신문의 관심이 '경제 성장', 더 줄여서 '경제'에 꽂혀 있고, 정치나 교육이나 다른 무엇들은 그 경제가 잘 굴러가게 돕는 것쯤으로 (낮춰서) 바라본다는 사실을 말해준다.[109] 신문이 한국 사회를 지배하는 사람들의 생각을 주로 퍼뜨리고 있고, 기업을 꾸려서 이윤벌이를 하는 자본가들이 한국 사회를 쥐락펴락한다는 사실에 비추어 보자면 이것은 당연하다.

그런데 입은 비뚤어져도 말(생각)은 똑바로 하자. 자본가들이 누구의 경제 성장을 그렇게 간절하게 바랄까? 사람은 남을 생각하기 앞서, 제 앞가림을 먼저 신경 쓰기 마련이고, 자본주의 사회에서는 더더욱 그렇다. 1975년 한국은 국민총소득GNI 가운데 가계소득이 80%요, 기업소득은 9.3%에 불과했다. 40년 가까이 지난 2013년에는 가계소득의

---

109. 예전에 어떤 어린이는 "울 엄마 이름은 걱정이래요, 여름에는 물 걱정, 겨울이면 연탄 걱정, 일 년 내내 쌀 걱정……." 하고 읊었는데 한국의 언론은 자나 깨나 성장 걱정이다. 성장 귀신에 단단히 씌었다.

비중이 줄곧 하락하여 61%로 떨어졌고 기업소득이 25.7%로 줄기차게 커졌다(한국은행 통계). 같은 해에 (회)사내 유보금이 500조 원을 웃돈다고 하니 기업의 덩치가 얼마나 커졌는지 알겠다.[110] 참고로, 국회에서 가결된 2015년 정부 총예산은 375조 원이다.

그렇게 자본가들이 돈을 잔뜩 벌고 잔뜩 쌓아놨으면서도 '최저임금액을 얼마로 정할까' 토론하는 자리에서 자본가단체(전국경제인연합회, 한국경영자총협회)는 그 인상을 줄곧 반대해왔다. 그들이 국민(민중)의 경제 성장을 정말 바랐다면 "성장 먼저, 분배는 나중"이라는 태도를 그렇게 늠름하게 버팅기지는 않았을 것이다. 신문 기사를 열심히 써대는 대다수 언론이 속으로 품은 생각도 간추리자면 "기업이 비틀거리면 누가 수많은 민중을 먹여 살릴 거냐! 그러니까 기업의 이윤벌이를 먼저 보장해주자![111] 그게 실현된 뒤에 일반 민중의 소득을 (쪼끔) 신경 쓰자!"는 것이다.

이명박 전 대통령은 2007년 대통령선거 때 747공약을 내놓았다. "나는 샐러리맨에서 성공해 기업가로 뛰어올랐소. 연 7%의 경제 성장, 1인당 국민소득 4만 달러, 세계 7위의 경제대국을 달성하겠소!" 경제를 살리겠다는 그의 호언장담이 솔깃했던 일반 대중은 그가 자녀들 취학을 위해 다섯 차례나 거짓으로 꾸며서 주소를 옮긴 일이나 BBK 사건에 얽히지 않았냐는 의혹설[112] 따위는 괘념하지(눈살 찌푸리지) 않았다. "내 살림을 더 윤택하게 해줄 대통령이라면 그가 아무리 오사리

---

110. '사내 유보금'은 기업의 이익금 중에 세금, (주주) 배당금 등을 빼고 회사에 쌓인 돈. 원칙으로는 주주들에게 다 나눠줘야 하나 '기업을 키우겠다'는 목적으로 얼마쯤 남길 이유는 있다. 하지만 500조 원은 너무 큰 액수이고, 이는 기업이 어디서도 수익을 기대하기 어려워 투자를 망설인다는 뜻이다.
111. 사천만 민중은 61%를 쪼개 갖고, 한 줌도 안 되는 기업가와 일부 주주株主들이 25%를 챙겨 간다.
112. 투자자문회사 BBK가 옵셔널 벤처스사의 주식 값을 조작한 사건.

잡놈이라도 괜찮아!" 실제의 결과는 어떠한가. 5년의 임기 동안 경제 성장률은 평균 3.1%요, 1인당 국민소득은 2만 달러를 조금 웃도는 데서 머물렀다. 경제 규모는 2011년에 1조 1,638억 달러로 멕시코에 이어 15위에 그쳤다. 반면에 물가는 평균 3.6%나 올랐고 특히 전셋값이 뛰어 가계家計 실질소득은 평균 1.1% 올랐을 뿐이다. 살림이 밤톨만큼도 나아지지 않았다. 3.1%의 경제 성장은 부富의 양극화는 아랑곳하지 않은 채, 아니 더 부풀리는 식으로 4대강 사업 따위 온갖 무리수를 둬서 경기business를 부추긴 결과로 간신히 얻어낸 것이다.[113]

그 결과를 말해주는 최근의 경제 지표를 덧보태자. 2014년 말 국민의 가계 빚이 1,100조 원에 육박하여 GDP 액수와 맞먹게 됐다(아시아 최고 수준). 그래서 미국이 금리를 올릴까, 말까 궁리할 때면 한국의 기획재정부 장관이 신경을 곤두세운다. 그러면 한국도 금리를 올려야 하는데 빚을 못 갚아 거리로 나앉는 사람들이 쏟아져 나올까 봐! 그런데 같은 해, 10대 재벌이 (돈 굴릴 데가 없어) 쌓아둔 사내 유보금이 504조 원이다. 2014년 한 해에 가계 빚이 68조 원 늘어날 때, 10대 재벌은 유보금이 37조 원 더 늘었다. 빈부 양극화의 흐름이 놀랄 만큼 거세다.

성장이냐 분배냐

한국 사회에서 '(경제) 성장을 이뤄내자!' 하고 처음 나팔을 불어

---

113. 다음 대통령 박근혜는 성장을 약속할 자신이 없어 민주당보다 선수를 쳐서 '복지' 공약을 들고 나왔고 그 덕분에 당선됐다. 하지만 집권 뒤엔 공약公約이 공약空約이 됐다. '배신의 정치'를 했다.

댄 것은 1961년 5·16 군사 쿠데타로 들어선 박정희 정권이다. "……초가집도 없애고 마을길도 넓히고, 소득 증대 힘써서 부자 마을 만드세……." 하는 (새마을운동) 노래가 1960년대에 우렁차게 울려 퍼졌다. 그 뒤로 1987년에 민중항쟁이 터져 나올 때까지 '성장'에 시비를 거는 말은 어디에서도 나오지 않았다. 그 까닭은 '성장 먼저, 분배 나중'의 논리가 옳아 보인다는 것이 대중들의 토론을 통해 '다수의 의견'으로 받아들여졌기 때문이 아니라 노동자들에게 일찍부터 재갈을 물린(=노동권을 허용하지 않은) 억압 정치 덕분이다.

1980년대 후반부터 노동운동이 치열한 도전 세력으로 일어선 뒤로 비로소 우리 사회에 '분배도 중요하다!'는 여론이 나오기 시작했다. 실제로는 여론이 큰 힘이 됐다기보다 노동자들이 고단한 싸움(파업투쟁)을 통해 분배를 개선했지만 말이다. 여론은 노동자들의 싸움을 뒤따라갔다. '분배론'에 더 힘이 실리게 된 것은 1997년의 외환위기와 2008년의 세계대공황 때문이다. 1997년 말 한국 정부는 "자본가가 노동자를 마음대로 내쫓을(정리 해고할) 권한을 법으로 못 박고, 외국 자본이 활동하는 것을 훼방 놓지 마라"는 국제통화기금IMF의 명령에 복종하는 대가로 외환위기를 가라앉힐 구제 금융을 얻었다. 두 차례의 경제적 재앙을 겪으면서 빈부 양극화 흐름이 가팔라졌다. 조금이라도 양심이 있는 부르주아라면 이 현실을 야멸차게 외면할 수 없다. 박승 전 한국은행 총재의 말을 들어보자. "대기업 유보금은 쌓여가는데 가계 소득과 저축은 줄고 있다. 성장 위기와 분배 위기가 결합됐다. 우리 경제가 일본형 장기 침체로 가지 않을까, 염려스럽다."[114]

"성장이 먼저냐, 아니면 분배와 함께 가야 하느냐" 하는 입씨름은

114. 그는 부동산 경기가 재산 형성을 이끌던 시대가 끝났고, 우리가 저출산과 노령화를 감당 못한댔다.

추상적인 논리를 읊조려서 판정할 일이 아니다. 민중의 삶이 놓인 처지를 구체적으로 떠올려서 생각해보자. 산업화가 처음 벌어지던 국면, 곧 1960~1970년대 초에 우리 사회에 왜 '분배'를 요구하는 목소리가 크게 터져 나오지 않았을까? 노동조합을 만들겠다고 외치는 사람은 서슴없이 "빨갱이 잡아라!" 하고 때려잡던 사회정치적인 형편도 한몫했다. 해방과 전쟁(1950~1953)의 시기를 거치면서 (노동자와 농민이 사회의 주인으로 나서자고 외치던) 좌익(좌파) 세력이 남한에서 죄다 쫓겨나거나 죽임을 당했던 난리 통의 역사를 떠올리자. 하지만 그것은 사태(현실)를 설명해주는 한 가지 요인일 뿐이다.

그 시절의 한국 농민들은 (미국에서 들여온 엄청난 양의 잉여농산물 등등의 이유로) 쌀값이 폭락해 살 길이 어려워져서 수많은 사람들이 도시로, 도시로 몰려갔다.[115] 부모에게 살림의 짐이 되기 싫어서 코흘리개 10대들이 스스로 상경하여 식모살이를 하거나 자장면집 배달부가 됐다. 그 시절의 초등학생들이 쓴 시를 읽어보자.

누나는 형님 따라/서울로 식모살이 갔다/내 마음은 언제나/울고 싶은 마음/교실에서 산을 바라보면/내 눈에는 서울이 보인다/그러면 눈물이 나올라 한다

심지어 8살짜리 코흘리개(강칠이)도 고용살이를 했다.

남의 집에서 밥을 해먹고 있는데/손도 터지고 발도 터지고/얼마나

---

115. 미국은 한국을 돕는답시고 밀가루를 보냈지만 저희들 남아도는 것을 처분하는 길이기도 했고, 사람들을 도시로 몰리게 해야 공장 일꾼으로 헐값에 부려 먹을 사람들이 생겨난다.

춥겠나?/서리가 오고 얼음이 얼고/눈도 오고 얼마나 춥겠나?/강질 아, 잘 있거라/다리도 아프고 손도 꽁꽁꽁/얼고 뒤기 춥겠다.

초등 2학년짜리가 쓴 시다. 그러므로 그때 공장에 갓 들어간 젊은이들은 노동자의 권리를 따지고, '일한 만큼 보수(품값)를 달라'고 사장한테 대차게 들이댈 처지가 아니었다. 입에 풀칠할 기회를 얻은 것만으로도 고마워할 형편이었다. 농촌에서 쫓겨난 사람들이 우글대던 산업화(공업화) 초기에는 '성장, 너 혼자 판치지 말라'는 목소리가 나오기 힘들었다.

박정희에게 과연 공功이 있었는가?

여기서 한국의 경제 성장을 이끈 박정희 정권에 대한 평가가 필요하다. 그동안 한국의 의회는 두 정당이 줄곧 주축을 이뤄왔다. 박정희에서 전두환과 노태우, 김영삼과 이회창, 이명박과 박근혜로 이어진 정당이 지배세력 주류를 대변해왔고 박정희 시절의 야당(민주당)은 87시민항쟁 이후로 김대중과 노무현, 두 대통령을 배출했다. 김영삼은 민주당 출신으로, 1990년 3당 합당(노태우와 김영삼과 김종필의 합작)을 거쳐 지배세력 주류 쪽으로 옮겨 갔다.[116] 언론에서는 박정희 이래로 자본가들을 대놓고 편든 정치인들을 '산업화 세력', 민주주의를 요구하며 87시민항쟁을 편든 정치인들을 '민주화 세력'이라 일컬었다. 두 세력이 화해하고 공존하자고 말하는 것은 지배세력 주류(박정희~박근혜)와 지

---

116. '3당 합당'은 폭발적으로 일어나던 노동운동에 위기를 느껴 이뤄졌다. "지배층아, 모두 단결하자!"

배세력 비주류(김대중~노무현~문재인)가 공존하자는 얘기다.

그런데 아시다시피 박정희는 통치 후반기에 야당(민주당)이 설 자리를 밀어냈다. 경제 성장에 채찍질을 가할 수 있었고, '반공!'이라는 든든한 협박 무기가 있었으므로 (자유)민주주의를 얼마든지 묵살해도 됐다. 이때의 정치를 '개발 독재' 또는 '군사 파쇼(파시즘)'라 일컫는데, 이것은 한국만의 남다른 현상이 아니라, 그 무렵 여러 개발도상국에서 너나없이 벌어진 일이다. 이것을 어떻게 자리매김(평가)할 것이냐, 하는 문제다.

요즘 민주주의를 부르짖는 사람들 가운데에도 "박정희가 허물(잘못)이 있지만 공도 있다"고 두루뭉수리로 말하는 사람들이 많다. 얼핏 생각하면 제법 너그러운 말 같고, 그래서 옳은 생각 같아 보인다. 그런데 과연 그럴까?

전두환과 노태우의 정당이 대통령선거를 통해 뒷전으로 물러나고, 김대중과 노무현이 대통령으로 나섰을 때에는 '박정희에게 공도 있다'는 얘기를 지배세력 주류가 소극적(방어적)으로 구시렁댔다. "그가 독재를 한 것은 맞아. 그래서 고생한 민중이 많지. 하지만 경제 성장을 이뤄낸 공까지 부정(묵살)하지는 말라고(그러니까 박정희의 후예인 우리한테도 선거에서 표를 좀 주세요!)."

요즘은 그들의 기세가 다시 높아졌다. "김대중과 노무현이 이뤄낸 게 하나도 없어요! 그러니까 경제 전문가인 이명박을 믿어보세요!" 세계대공황 속에서 한국 자본주의가 위기를 맞게 된 배경이 이 변화를 설명해준다. 대다수 언론은 "한국의 재벌(또는 자본가 계급)이 국제경쟁 속에서 살아남아야 한국 경제도 살 수 있어요!" 하는 얘기를 매일같이 신문 1~3면에 도배질했다.[117] 세상을 구원할 쪽은 자기들 산업화 세력이고, 민주화 세력이 그 일을 쪼끔 거들 뿐이란다. 지금의 독점자본들이 한국을 이끌어야 한다고 믿는 사람들이 "박정희를 다시 존경합시다!" 하고 요란스레 캠페인을 벌여댔다. "박정희 체제의 경제적 공로가 컸다"는 말은 '재벌 체제가 옳다'는 말을 에둘러서 하는 것이고, 부르주아민족주의(!)를 신앙으로 삼자는 얘기다.

우리 사회에는 1970~1980년대 산업화의 떡고물을 먹고 살아온 사람들이 꽤 있다. 주로 부동산 투기바람으로 이득을 본 중산층 노인들(과 그들에게 영향을 받은 가족들)이다. 이명박과 박근혜의 정당에 굳세게 충성을 보내는 25~30%의 고정표가 그들이다. 그들은 제법 비싼 집한 채와 근사한 승용차를 장만했던 행복한 경험을 두고두고 잊지 못한다. 저희가 애써 장만한 재산과 물질적 여유가 행여나 흔들리지 않도록 애면글면한다. 이들이 '박정희 향수'에 젖어 있다.[118]

그런데 박정희가 악을 써서 이뤄낸 경제 성장의 열매는 한 줌도 안되는 독점자본과 일부 중산층에만 배분됐을 뿐, 그 나머지 사람들에게는 돌아간 것이 별로 없다. 오히려 억지스러운 경제 성장이 남긴 후유증(부작용)으로 고생하는 사람이 대부분이다. 공장을 짓고 길을 닦느라 산과 들이 파괴되고 '4대강 사업'으로 하천이 늘 녹조로 뒤덮이게 된 결과는 대다수 민중이 감당해야 한다. 기업이 돈을 죄다 긁어가서 대중의 지갑은 쪼그라들었다. 기업이 만든 상품들은 그렇다면 누가 사는가? 한동안은 '해외 수출'로 기업이 판로(팔릴 길)를 찾았지만 전 세계에 불황의 그림자가 드리운 지금은 그것도 벽에 부닥쳤다. 이

---

117. 2015년 여름, 언론은 미국계 헤지펀드(투기세력) 엘리엇이 삼성물산의 경영권을 위협한다고 떠들었다. 국내 대기업들이 헤지펀드의 '먹잇감'이 된다고! 평소에는 노동자들을 억압하는 삼성에 대해 곱지 않은 눈길을 보내던 사람도 이 소식을 들으면 국내 자본을 두둔하게 된다. 그들은 우리 편인가?

118. 이들은 자본주의 소비문화에서 쾌락을 누린 첫 세대다. 부富를 쌓으려는 집념으로 살아온 세대.

윤벌이 할 데를 찾지 못한 기업가들은 돈을 제 금고에 쌓아두거나 (생산자본의 임무를 내버리고) 금융투기를 일삼는다. 일부 노인 세대는 성장의 단물을 맛봤지만 앞으로 대다수 젊은이들은 그 성장이 낳은 문제투성이의 결과를 고스란히 떠안게 생겼다. 과연 박정희 정권이 민중의 살림을 돌보는 옳은 경제 발전의 길로 나아왔는지, 근본적인 질문이 필요하다.

박정희를 치켜세우는 사람들은 '생산력이 얼마나 발달했는지'만 관심을 갖는다. 자동차와 배를 얼마나 많이 만들어 수출했는지, 국민총생산이 얼마나 늘었는지만 머릿속에 담아둔다. 그 악착스러운 산업화가 (국가가) 자본가들의 뒷배를 단단히 봐줘서 가능했고, 그러려면 총칼을 휘둘러 민중을 겁먹게 해야 했다는 사실은 까맣게 외면한다. 노동조합을 만든 노동자는 경찰과 정보기관원이 잡아다가 매질을 했다. 폭력국가가 든든히 엄호해준 덕분에 삼성 총수 이건희가 135억 달러의 재산을 모을 수 있었다(2015년 초 통계). 지금도 부르주아들 가운데 "성장 먼저!"를 부르짖는 목소리가 더 큰데, 그 말은 "성장의 열매를 자본가들이 (변함없이) 독차지하겠다"는 뜻이다. 기업세를 많이 내서 민중에게 되돌려주고(재분배하고) 싶지 않다는 얘기다.

우리는 박정희 정권과 박정희 체제가 민중의 심판(저항)에 의해 무너졌다는 역사적 사실을 잊어서는 안 된다.[119] 박정희는 1979년 부마(부산과 마산) 항쟁으로 나타난 민심民心이 걱정스러웠던 당시 중앙정보부장 김재규에 의해 제거(총살)됐고, (그의 판박이였던 전두환이 이어받은) 박정희 체제는 87민중항쟁으로 무너졌다. 그렇게 심판받은 정치인과 정치 체제를 가리켜서 "허물도 있지만 공도 있다"고 둘러대는 것

---

119. 일본 집권층이 일제日帝의 침략의 역사를 지우려고 수십 년 동안 미쳐 날뛰었던 것을 떠올리라.

은 실제로는 그런 정치(체제)와 분명하게 선을 긋기를 망설이는 태도의 표현이다.

무엇이 가장 중요한가? 그런 독재정치가 다시 이 땅에 찾아와서는 안 된다고 여긴다면 '공功이 어쩌고……' 하는 허튼 소리를 늘어놓지 마라. 상상을 해보자. 1960년대의 시점에서 한국 민중은 '깡패국가가 기업인들을 싸고도는 개발 독재'의 길 말고 달리 경제 발전을 추구할 또 다른 길이 없었을까? 역사를 새롭게 개척할 상상력을 품고 있지 못한 사람만이 '박정희 체제는 운명이었어!' 하고 그 국가의 권세 앞에 납작 엎드린다. 수많은 민중이 저항을 일으켜서 그 정권을 심판했는데도![120]

간추리자. "성장이 먼저냐? 아니면 성장과 분배가 함께 가야 하느냐?"라는 입씨름은 '경제 성장 자체'는 옳은 것이라고 암묵적으로(속으로) 전제한 토론이다. 거기다가 민주주의를 보완해서 '사람의 얼굴을 한 자본주의'로 개혁하자는 얘기를 덧보태느냐, 마느냐의 차이일 뿐이다.[121] 그런데 김대중과 노무현이 집권했던 시절을 겪은 우리는 위의 두 패거리가 과연 무엇이 다를까, 의심의 눈길을 거둘 수 없다. 한국 민중이 박정희식 경제 성장의 어두운 결과(빈부 양극화 따위)를 고스란히 뒤집어쓰고 있는 요즘, 게다가 국가가 대大자본의 이익을 주로 대변한 점에서 김대중/노무현이 박정희/이명박과 별로 다를 바가 없다는

120. 세상을 겉핥기로 살피는 사람은 '김재규가 박정희를 죽였다'는 단순한 사실만 알고 끝낸다. 아니, 그 사실조차 잊는다. 실제로는 민중 저항을 걱정한 김재규와 미국 정보기관이 '예방' 차원에서 결행한 짓이고, 사실상 민중 저항에 의해 박정희 정권이 무너진 것으로 봐야 사태의 진실을 읽어낸다.
121. 부르주아 경제학도 처음에는 '성장 먼저'를 외치지 않았다. 애덤 스미스는 경제를 '도덕'이 보완해야 한댔고 리카르도는 지주地主에게 무겁게 세금을 매겨서 재분배해야 민중혁명을 예방할 수 있다댔다.

사실이 환하게 드러난 지금, 우리는 '경제 성장'이라는 것 자체가 잘못이 아니냐, 하는 당찬 질문을 던져야 한다. "성장이라는 것, 원래 해서는 안 되는 짓이 아니었을까?" 재주는 곰(민중)이 넘고 돈은 왕서방(독점자본과 독재권력)이 버는 짓거리를 한국 민중이 부마항쟁(1979년)과 87민중항쟁을 통해 이미 분명하게 단죄하지 않았던가? 이 기본 사실을 온전히 받아들이는 길은 '성장 자체'를 따져 묻고, '자본주의 너머' 길 찾기를 하는 것이다.[122]

앞으로 성장이 가능하기나 할까?

자본주의 체제 속에서 경제 성장이란 주로 자본가들이 (이윤벌이로) 덩치를 키우고, 대부분의 민중은 곁다리 존재로서 거기서 한 움큼의 떡고물(임금 인상)을 받아먹는 것을 가리킨다. 성장이 되면 그 다음에 분배도 쪼끔 개선되는 '선善 순환'을 가리켜 낙수落水 효과라고도 한다.[123] 자본주의가 잘나가는 시절에는 그런 결과가 쪼끔 생기기도 하지만, 그것도 잘나가는 나라(자본 선진국)에서나 기대해볼 일이다. 그런데 1980년대 이후로는 자본주의가 공황의 위기에 빠져들고 부패한 금융(투기)자본이 판을 치게 돼서 '선순환'이니 '낙수효과'니 하는 말들이

---

122. GDP는 그저 '경제가 바쁘게 돌아간다'는 것만 알려준다. 환경 파괴로 사회가 어떤 피해를 입는지도, 산업재해나 가정 파괴로 사회가 치르는 비용이 얼마인지도, 자산의 기반이 어찌 바뀌는지도 알려주지 않는다. 시장 밖에서 벌어지는 활동들도, 복지가 줄어드는 현실도 계산에서 다 빠뜨린다.

123. 선도 부문(대기업)이 잘되면, 그 효과가 후발·낙후 부문에 유입되는 것. 컵들을 층층으로 쌓아놓고 꼭대기 컵에 물을 부으면, 거기 물이 다 찬 뒤에야 넘쳐서 아래로 내려간다. 그런데 '비유'는 본래 불완전하다. 그 비유는 '꼭대기 컵이 다 찰 때까지' 무슨 일이 벌어지는지를 앎(탐구)에서 빠뜨린다.

죄다 허튼소리가 돼버렸다. 여기서 근본적인 질문을 던져야 한다.

"성장과 분배를 놓고 입씨름하는 것도 부질없다. 세계 자본 체제가 앞으로 과연 성장이 가능하기나 할까?"

부르주아들이 '건전한' 자본주의라 여기는 것은 해마다 경제 성장이 3%씩 이뤄지는 체제다. 이것은 자본가들이 (작년보다) 3%나 더 생산 활동에 투자를 한다는 뜻이고, 그래야만 대다수 자본가가 괜찮은 이윤벌이를 할 수 있다. 일부는 (이윤을) 벌지만 상당수는 손해(적자)를 보는 경우, 한쪽에서 문 닫는 기업이 생겨나고, 그렇게 되면 형편이 넉넉한 기업들도 살림에 주름살이 끼게 된다. 대다수가 쏠쏠하게(넉넉하게) 수익profit을 거둬야 자본 체제가 순풍에 돛을 단다. 그러니까 박정희와 이명박만 경제 성장에 목을 매단 것이 아니라 어느 나라든 부르주아들은 자나 깨나 경제 성장에 몰두한다. "적어도 3% 성장은 이뤄내다오!"

애덤 스미스의 시절(18세기 후반)에는 3% 성장이 별로 어려운 일이 아니었다. 경제 규모가 작고, 자본주의가 포괄하는 범위가 (유럽 일부로) 제한돼 있었기 때문이다. 아메리카의 금은金銀이든, 아프리카의 흑인 노예들이든, 인도의 방대한 소비(판매) 시장이든, 마음껏 벌어먹을 '자본주의의 바깥'이 드넓게 펼쳐져 있었다. 하지만 경제위기가 다시 닥친 1970년대부터는 점점 커지는 '노는 돈(유휴 자본)'을 어찌 굴리느냐는 것이 아주 벅찬 과제가 돼버렸다. 한쪽에는 자본이 산더미처럼 쌓이는데 막상 그 자본을 굴려야 할 대상(상품을 팔아먹을 시장)이 좁아들었기 때문이다. 돈을 쥔 놈들이 '수익 낼 곳'을 찾아 세계 곳곳을 싸돌아다니는 현실을 떠올리라. 심지어 제주도의 상당수 땅을 중국의 떼부자들이 부동산 투기를 노려 사들이고 있지 않은가.

세계독점자본의 바람잡이들인 IMF(국제통화기금)와 세계은행이

1980년대에 여러 개발도상국에 강제로(높은 금리로) 돈을 빌려줘서[124] 1980~1990년대에 곳곳에 외환위기를 빚어냈다는 사실도 새겨두자. 세계 곳곳의 자본가들이 국가(정부)의 멱살을 쥐고서 "덩치 큰 공기업을 자본가들에게 팔아넘겨라(민영화하라)!" 하고 들이댄 것도 과잉자본이 투자할 곳을 찾으려는 몸부림이었다.[125] 한국에서는 철도KTX를 자본가들에게 넘기려는 공작이 오래전부터 벌어진 것이 그 예다.

여러 학자들의 예측에 따르면 2030년쯤에는 세계경제 규모가 100조 달러를 넘어선다고 한다. 이 예측이 꼭 들어맞으리라고 단정할 수는 없지만 아무튼 그럴 때 자본 체제가 안정되게 굴러가려면 3조 달러를 (새로 더) 투자할 수 있어야 한다. 그런데 수익이 날 거라고 기대할 수 없는 곳에 억지로 투자할 수는 없는 법이다. 과연 그런 투자 기회를 만들어낼 수 있을지, 몹시 미심쩍다.

(경제) 성장 없이 번영하는 길을 찾자

'3%'가 무슨 뜻인지, 설명을 덧붙이자. '해마다 3% 성장'이라는 말은 $1.03 \times 1.03 \times 1.03 \times \cdots$의 과정이 무한히 계속된다는 말이다. 사람들은 자본이 복률(複率, compound rate)로 커간다는 사실을 깊이 주목하지도 않았고, 그것이 얼마나 위험을 떠안은 것인지는 더더욱 알지 못했다. 경제학자 매디슨이 뽑은 자료에 따르면 1990년 불변 달러를 기준으로 삼을 때, 1820년에는 7,000억 달러에 불과했던 '자본주의 세계경

---

124. 개발도상국 집권층은 IMF나 세계은행이 뭐라고 한마디 하면 그 앞에 넙죽 엎드린다.
125. 몇몇 공기업은 관료주의에 절어 비효율적으로 운영됐지만 모두가 그런 것은 아니다. 미국의 의료보험은 민영화가 된 뒤로 더 효율성을 잃었다. 철도가 민영화된 뒤, 사고가 잦아진 나라도 많다.

제의 규모'가 1913년에는 2.7조 달러로, 2009년에는 56조 달러로 커졌다고 한다. 경제 규모가 처음에는 서서히 커지다가 시간이 흐를수록 가파르게 (기하급수로) 커져야 한다. 그래야 자본주의가 굴러간다. 하지만 일찍이 1973~1982년의 세계 경제위기 이후, 남아도는 자본의 규모가 산더미로 불어났는데 이것이 이윤벌이를 하지 못하면 수많은 자본이 무너지고 자본 체제가 삐걱거리기 시작한다.

복률 성장이 앞으로도 오래도록 계속될 수 있는가? 매디슨의 연구에 따르면 자본은 1820년대 이래로 복률 2.25%로 성장해왔는데 지난 250년간의 꾸준한 성장은 더 이상 되풀이되지 못할 추억이 될 공산이 짙다. 부르주아 경제학자들은 "앞으로 기술혁신이 일어나면 성장의 기회가 또 생기겠지." 하고 막연히 기대를 걸지만, 1960년대에 시작된 컴퓨터 발달과 정보통신 혁명은 과거의 혁신 물결보다 효과가 미약하다. 적어도 당분간(장기간) 세계경제가 침체의 길을 걸으리라는 예측을 부인하는 학자는 아무도 없다. 자본 체제가 위기 상태로 빠져들어 가는 것이 불 보듯 분명해졌다.

그래서 어찌 될까? 경제위기는 정치위기를 낳는다. 2015년 여름, 그리스의 국가 부도 사태를 놓고 유럽에서는 나라들 사이에 정치적 대립이 깊어졌다. 그리스에 긴축재정을 강요한 독일의 메르켈 총리에 대해 그리스 민중은 나치 딱지를 붙였다. 채권국가로서 힘을 행사한 독일은 히틀러 이후 독일 국가가 쌓아온 정치적 자산(파시즘에 대한 반성과 유럽 통합 노력)을 하루아침에 탕진해버렸다. 프랑스의 극우정당 국민전선FN이 그리스의 새 집권당 급진좌파연합(시리자)의 긴축안 반대를 지지하는 일마저 벌어졌다. '세계화'는 그리스와 프랑스, 중국과 일본에 이르기까지 각국의 민족주의와 파시즘을 불러일으키는 불쏘시개가 됐다.[126] 이렇게 나라들마다 민족주의가 들끓다 보면 (중일 간의 분쟁을 비롯해) 전쟁 위기도 차츰 깊어지기 마련이다.

간추리자. 고도성장을 계속해야만 힘을 받는 세계 자본 체제는 19세기까지만 해도 큰 위기를 겪지 않았다. 해외 식민지를 경영하고 자본을 수출해서 자본이 원래 안고 있는 모순을 덜어내고 딴 지역(국내 → 해외)으로 자리를 옮겨서 성장을 계속했다. 하지만 알다시피 20세기 들어 제국주의 열강이 서로 제 힘을 키우려고 다투다가 두 차례의 세계대전을 일으켜 세계 민중을 고난의 구렁텅이에 빠뜨렸다. 자본 체제가 한 차례 큰 홍역을 치른 셈이다. 어쩌면 그 결과로 (2차 세계대전 이후에) 세계 대부분이 자본 체제에서 벗어나 대안의 사회를 찾아볼 수도 있었다. 하지만 사회주의 변혁의 실험들이 미숙해서 스스로 무너진 덕분에 자본이 도로 패권(지배력)을 회복하여 잠깐 목숨을 연명했다. 하지만 20세기 말부터 자본의 위기는 다시 깊어지고 있다. 높은 성장을 이어가야만 힘을 받는 자본 체제가 자기를 지탱할 발판을 잃어가는 것이다. "자본주의의 한계는 자본 그 자체"라는 명제가 지금처럼 들어맞는 시대도 달리 없다.

> 덧대기 1
> 경제의 성장(GDP 높이기)과 경제 발전은 다른 개념이다. 경제 성장은 모든 것을 '양적 확대'로만 살피고, 경제 발전은 '질적인 변화'를 추구한다. '발전'과 비슷한 낱말로 '번영'이 있다. 한 사회가 번영한다prosperity는 것은 단순히 '경제'에만 한정된 일이 아니다. 그것은 굶주리는 사람들이 없어야 하고, 웬만한 사람은 다 제 집을 지녀야 할 뿐 아니라, 사회정의가 뿌리 내려서 그 사회가 탈 없이, 평화롭게 이어져갈 것이라는 믿음을 사람들한테 준다는 뜻이다. 다들 자기를 실현할 수 있고, 사회생활에 자유로이

---

126. 유럽 30여 개 나라 대부분에서 극우 파시즘 세력이 커가고 있다. 그 성장 속도가 무척 빠르다. 영국과 프랑스는 2014년 봄, 유럽의회선거에서 극우 정당이 대약진을 이뤄냈다.

참여할 능력이 있어야 자기 사회의 번영을 이뤄낸다. 부모세대보다는 자식세대가 더 잘 살 것이라는 희망을 느낄 때 '번영한다'고, '(우리 사회가) 잘나간다'고 말할 수 있다. 정치와 사회와 문화가 제대로 꽃필 때 '번영'이 가능하지, 그저 GDP가 올라간다고 한 사회가 번영하는 것이 아니다.

사람들은 어찌해야 '경제 성장을 이룰지'는 안다. 잔뜩 돈을 퍼부어서 무슨 물건이든 자꾸 만들어내면 된다. 또 생산품을 열심히 사줘야 자본이 굴러가므로 교과서는 '소비가 중요하다!'는 선전을 무슨 대단한 진리처럼 적어놓았다. "기업들이 굴러가게 받들어 모셔라!" 2001년 9·11 테러가 터져서 미국인들이 다들 넋이 나가 있는데 부시 대통령이 TV에 나와 "빨리 쇼핑하러 가라! 그게 애국"이라고 떠든 것은 자본 체제의 취약한 급소를 알려주는 참 악명 높은 일화다.

하지만 사람들은 '어찌해야 사회가 번영할 수 있을지'는 잘 모른다. 경제 성장이 낳는 문제들을 슬기롭게 극복해내야 번영이 가능한데 다들 경제 성장의 흐름에 그저 순응한 채로 살아왔다. 이제 문제를 분명히 하자. '경제 성장을 통해 번영의 길로 가자!'는 낡은 노래는 일찍이 파탄이 났다. '성장 없이 번영하는 길'을 찾는 것이 지금 인류에게 주어져 있는 가장 긴급한 으뜸 과제다.

세상을 성찰할 것을 호소하는 책들로 레이첼 카슨의 『침묵의 봄』, 슈마허의 『작은 것이 아름답다』, 헬레나 노르베리 호지의 『오래된 미래』를 기억하자. 카슨은 1962년에 농약(살충제 등)이 생명체에 얼마나 큰 피해를 끼치는지 샅샅이 고발해서 환경운동이 싹트는 계기를 마련했다. 슈마허는 1973년에 '성장 만세!'가 과연 옳은 길인지, 정면으로 문제 삼았다. 돈과 효율성만 따지는 부르주아 경제학을 넘어서서 더 큰 눈길로 '경제'를 살피자고 부르짖었다. 헬레나는 1992년 히말라야 고원高原에 있는 티베트의 라다크 마을을 16년간 관찰한 기록을 책으로 펴냈다. 그녀는 라다크 사람들이 물질적인 삶은 검소했지만 얼마나 자연 친화적이고 공동체적인 삶을 살았는지, 개발바람으로 말미암아 그들의 평화로운 삶이 어떻게 파괴돼갔는지를 속속들이 증언했다. 잠깐 낱말 공부. '검소하다frugal'는 말은 그 뿌리가 라틴어 frux(=fruit)이지, 희생/궁핍과 관계가 없다. frux(과일) → 라틴어 형용사 frugi → 영어 형용사 frugal. '좋은 열매를 위해for the good fruit'라는 말은 정직하고 온화한 것이라는 뜻이고, 그런 것만이 사람들을 오래오래 번영케 해준다.

덧대기 2

한국인들은 경제 성장에 들떠 수십 년을 살아오는 가운데 '공리주의功利主義' 사고방식에 절어버렸다. "구성원들의 행복의 총량이 많기만 하면 그것이 최고"라는 믿음이 그것이다. "경제 성장이 최대다수의 최대 행복을 가져다준다. 그런데 노동 3권이 시장질서 또는 경제 성장을 훼방 놓으므로 그것, 허용하면 안 돼!" 이것은 노동 3권을 경제 효용과 견주어서 인정하거나 말거나 하는 '계산의 문제'로 여기는 태도다. 그들 머릿속엔 오직 '경제 효용(쓸모)'만 있지 사람이 본디 누려야 할 인권과 여러 가지 인간적 가치에 대한 고려는 들어 있지 않다. 물신화되고 획일화된 시장 전체주의! 그것은 사회 양극화로 나아가는 지름길이다.

'공정성fairness'에 대한 얘기들 상당수도 공리주의에 바탕을 둔 것이라 합당한 정의론正義論이 되지 못한다. 능력주의자(실력주의자)들은 "내가 노력한 만큼 보상을 받아야겠다"며 '기회의 공정성'을, 반칙 없는 사회와 공정경쟁을 부르짖는다. 하지만 현실에선 '결과의 평등'이 꿈같은 희망일뿐더러 더욱이 '기회의 평등'도 보장할 길이 없다. 개천에서 용이 나는 시대는 일찌감치 저물었다. 그뿐 아니다. 존 롤스의 평등주의 공정론도 공리주의 모델에 의거하고 있다. "자기 이익을 높이는 데 관심을 품은 자유롭고 합리적인 사람들이 최초의 평등한 입장에서 공동체의 원칙들을 합의한다"는 모델이 그것인데, 이런 전제 자체가 공리주의적인 것이다. 그는 '차등의 원칙'을 들여와 '결과의 불평등 개선'에 조금이나마 기여하긴 했지만, "공리功利를 힘껏 키운다"라는 목적 자체는 능력주의와 다르지 않다. 신자유주의가 불러낸 불평등을 '공정론'으로 극복하겠다는 것은 물에 빠진 사람이 자기 상투를 잡아당겨서 살아나려는 꼴이다.

"공정이냐, 복지냐"를 놓고 몇몇 학자들 사이에 입씨름이 있었다. "대학 등록금 규제가 재벌 규제보다 급하다"는 말은 '복지가 공정보다 급하다'는 얘기다. "시장경제가 '공정 경쟁'을 하는 것이 급하다"고 말하는 것은 '공정이 복지보다 급하다'는 생각이다. 후자는 사회 양극화를 '시장이 허술한 탓'으로 돌린다. 그런데 이 논리는 자본주의 선진국이라는 데서도 사회 양극화가 깊어지고 있는 현실을 설명하지 못한다. 복지 우선론의 경우도 사회 양극화가 노동자들을 마구 짓짜고, 노동권을 빼앗은 데서 초래된 결과임을 망각하는 데에서는 마찬가지다.[127]

1차 세계대전이 끝나고 베르사유 강화조약(1920년 1월)에 의해 설립된 국제노동기구(ILO)의 헌장에는 "사회정의가 실현되지 않으면 전쟁이 터진다"는 경고가 담겨 있다. 그 ILO가 1944년 채택한 「필라델피아 선언」의 첫 구절은 "노동은 상품이 아니라"는 정언定言 명령이다. "노동자도 사람이고, 인격을 누려야 한다"는 기본 진실을 팽개치고서 꾸며대는 학설은 죄다 거짓이다. 시장 체제 그 자체를 어떻게 개혁하고 변혁할 거냐, 라는 문제의식 없이 아무리 '공정fairness'을 찾아봤자, 연목구어(緣木求魚, 엉뚱한 데에서 길 찾기)를 벗어나지 못한다.

덧대기 3
데이비드 하비(미국의 지리학자)는 자본이 낳는 모순을 기본모순 7개, 움직이는 모순 7개, 위험한 모순 3개로 간추렸다. 기본모순은 돈(교환가치) ↔ 쓸모(사용가치), 노동의 사회적 가치 ↔ 돈이 재현再現하는 것, 사유재산 ↔ 자본주의 국가, 사적私的 전유專有 ↔ 공동의 부富, 자본 ↔ 노동, 과정process으로서의 자본 ↔ 사물thing로서의 자본, 생산과 실현의 모순적 통합이다. 움직이는 모순은 기술/노동/일회용─回用 인간, 분업分業, 독점/경쟁, 빈부 격차, 사회적 재생산, 자유 ↔ 지배, 지리적 발전과 공간 생산의 불균등성이다. 이 글은 '위험한 모순'으로서 자본 ↔ 자연, 자본 ↔ 사람(소외와 인간 본성의 반란), 끝없는 복률 성장을 풀어서 설명했다.

덧대기 4
경제위기의 신호탄은 '세계의 공장'인 중국이 쏘아 올린다. 2017년쯤 중국에서 시작돼 미국을 강타하는 글로벌 금융위기가 다시 터질 것 같다고 예측하는 시장 분석가가 한둘이 아니다. 중국이 1978년~2010년까지 30여 년간 해마다 10%가 넘는 초고속 경제 성장을 이뤄낸 원인은 '무리할 만큼 이어진 경기 부양책(=투자 확대)' 덕분인데, 2008 공황이 터진 뒤로 '시장(무역) 수요 침체'로 공급 과잉에 빠졌다는 것이다. 가령 철강산업 가동률이 70%밖에 안 된다. 중국은 투자 확대를 위해 줄곧 저금리 정책을 폈고, 돈 굴릴 데 없는 사람들이 (은행 시스템의 보호를 받지 못하는) '그림자 금융'에 GDP의 절반이 넘는 30조 위안을 맡겼다. 산업과 금융에 위기가 동시에 들이닥칠 것이다.

127. 교과서는 인류가 조금만 노력하면 '공정'과 '복지'를 이룰 것처럼 걸핥기로(피상적으로) 써놓았다. 진짜로 공정한 세상은 까마득히 먼 얘기이고, 복지는 유럽에서조차 뚜렷이 뒷걸음질 치고 있다.

3부
현대의 고전이 된 사상가들

1 『종의 기원』을 쓴 다윈

다윈은 20대 초반에 비글호(영국 해군 측량선)를 타고 남미와 남태평양 일대를 다니며 자연을 관찰했다. 그 덕분에 진화론이 탄생했다. 『비글호 항해기』는 학생들이 읽어봄직한 책이다.

『종의 기원On the Origins of Species』은 영국의 찰스 다윈이 19세기 중반(1859년)에 펴낸 책이다. 지금으로부터 150여 년 전이다. 인류 사회에는 사람들에게 놀라움을 주고 큰 영향을 끼친 학자들이 몇 있다. 지동설地動說을 밝혀낸 코페르니쿠스와 인류 역사를 계급투쟁으로 설명한 마르크스, 인간의 뿌리 깊은 무의식을 들춰낸 프로이트와 상대성이론을 세운 아인슈타인 등등. 하지만 책이 나오자마자 격렬한 입씨름이 벌어져서 여태껏 그 실랑이가 그치지 않는 경우는 『종의 기원』뿐이다.[128]

이 책은 서점에 나온 첫날 하루 만에 초판 1,200부가 동이 났다. 성서에는 우주가 천지창조의 첫 6일 동안 만들어졌다고 적혀 있고, 성서에 따르면 지구의 나이가 6,000~1만 년쯤 된다. 이 이야기를 곧이곧대로 믿는 기독교 신자들이 대부분이었던 시절에 '(솔직히 말하자면) 그 얘기가 틀렸다'고 넌지시 들이댄 책이 나왔으니 격렬한 반발에 부딪

128. 연세대 공대가 2015년 2학기 강좌의 하나로 창조론(창조과학) 수업을 개설해서 학생들이 반발했다. 이 대학은 14년 전에도 이 강좌를 잠깐 개설한 적 있다. 대학의 학문 수준이 후퇴하는 한 사례다.

칠 것은 너무나 당연했다. 영국의 몇몇 잡지는 다윈을 원숭이 모습으로 묘사해서 혐오감을 나타낼 정도였다. 이듬해(1860년) 옥스퍼드 대학 강당에서 열린 토론회 자리에서 성공회(영국을 중심으로 생겨난 기독교 교파) 주교 윌버포스가 "다윈 씨와 헉슬리 씨는 할아버지가 원숭이 계통입니까, 할머니가 원숭이 계통입니까?" 하고 비웃듯이 묻자, 심약한 다윈 대신 논객으로 나선 헉슬리(다윈을 널리 알린 학자)가 "당신 같이 부도덕한 사람을 조상으로 두느니, 정직한 원숭이를 조상으로 두겠습니다." 하고 쏘아붙였다.[129]

아직 논쟁은 끝나지 않았다

다윈은 사실 『종의 기원』을 펴내기 20년 전부터 진화론의 아이디어를 품고 있었다. 하지만 그 생각(앎)을 20년이나 묵혀뒀던 까닭은 격렬한 사회적 반발이 일어날 것을 잘 알았기 때문이다. "살인을 고백하는 것만큼 두려운 일"이라고 그가 털어놓은 적도 있다. 라마르크도 1809년에 '용·불용·설用不用說'로 진화론을 처음 선보였을 때, 기독교 보수 세력들로부터 지독하게 홍역을 치렀다. 다윈이 두려움 때문에 자기 학설의 발표를 미룬 것은 아니라 해도, 거센 반격을 견디려면 생각을 더 다듬고 증거를 충분히 모아야 했고, 그래서 오래 뜸을 들인 것으로 보인다.[130]

129. 창조론을 철석같이 믿는 어느 여성 청중은 진화론 논객들이 당당하게 주장하는 모습에 충격을 받아 기절했단다. 윌버포스의 아내는 "진화론이 진리라면 차라리 알려지지 않게 하소서." 하고 중얼거렸다.

130. 다윈은 후배 학자 월리스가 자기와 똑같은 생각의 논문을 쓴 것을 접하고서 부랴부랴 『종의 기원』을 펴냈다. 월리스는 선배가 학문적 영예를 차지하는 것을 수긍했다. 두 사람은 우애를 이어갔다.

그렇기는 해도 영국과 유럽에는 다윈을 편드는 세력도 만만찮게 형성돼 있었다. 낡은 봉건사회를 무너뜨리고 산업혁명을 일으킨 부르주아들 중에는 이성과 과학을 믿는 진취적인 사람이 많았다. 이들은 이미 종교개혁을 통해 케케묵은 교회와 얼마쯤 선을 그었다. 창조론자들이 이들을 침묵시키는 것은 시계바늘을 거꾸로 돌리는 짓이었다.

하지만 다윈이 진화의 원인을 깊이 있게 다 밝혀낸 것은 아니라서 19세기 말 20세기 초까지는 진화론이 학문의 주류로 확실히 자리 잡지 못하고 주춤거렸다. 그러다가 (1860년대에 발표된) 멘델의 유전법칙이 옳았다는 사실이 20세기 초에 재발견됐다. 1930년대에 이르러, 다윈의 자연선택이론은 멘델 유전학의 뒷받침을 받아서 적어도 생물학에서만큼은 강력한 패러다임(학설)으로 자리 잡았다(이 종합을 '신다윈주의'라 부른다).

요즘도 창조론자들이 꾸준히 진화론에 대한 비판을 이어가고 있다.[131] 20세기 중반에 미국에서 가짜 과학인 '창조과학' 운동이 일어났다. 그들이 정치투쟁을 벌인 탓에 여러 주州에서 반진화론법이 제정돼 교과서에서 진화론이 지워지고 과학의 발달에 붉은 등이 켜졌다. 1957년 소련이 인공위성 스푸트니크호를 쏘아 올려서 미국 지배층이 긴장하게(=정신 차리게) 된 덕분에, 눈먼 종교운동에 얼마쯤 브레이크가 걸렸다. 한국에서도 창조론자들이 법원에 쳐들어가서 '진화론, 틀렸다!' 하고 악악대는 바람에 진화론을 서술한 일부 항목이 삭제됐다.

그렇더라도 일부 기독교인들의 희망대로 학교 교과서에서 '진화론 소개'가 사라지는 일은 없을 것이다. 그러려면 대학을 아예 폐쇄하고, 생물학자들이 설 자리를 죄다 빼앗고, 진시황처럼 자기들 맘에 들지

---

131. 종교인의 상당수는 진화론을 수용한다. 논쟁은 성서를 곧이곧대로 믿는 근본주의자들이 벌이는데, 접점이 없이 겉도는 논쟁이라서 과학자들은 이들 얘기를 묵살하고 있다.

않는 책은 몽땅 불 질러버려야 할 터이니까 말이다. 국가권력과 학교를 몇몇 깡패들이 완벽하게 움켜쥘 때라야 그런 일이 현실에 나타날 것이다. 기독교를 믿는 학자들 중에도 그에 대한 반발이 많으므로 창조론자들이 학문적 쿠데타까지 꿈꾸는 것은 아니고, 그들의 솔직한 속내는 세상 한 귀퉁이에서라도 창조론이 목숨을 잇기를 바라는 것이다. 그래야 신도들을 그러모아 교회가 밥줄을 잇지 않겠는가. 아무튼 다윈이 인류 사회에서 줄곧 주목받은 까닭은 무엇이 옳은지, 입씨름이 아직 끝나지 않았고 인류의 일부는 여전히 성경 말씀을 곧이곧대로 믿고 있어서다.[132]

창조론의 논리는 19세기 초 윌리엄 페일리가 처음 부르짖었다. "시계가 정밀하고 복잡한 구조를 자랑하는데 이것이 저절로 생겨났을 리 없다. 이는 설계된 것이고, 이를 설계한 누구, 곧 시계공 같은 지적知的 존재가 있어야 한다. 그런데 우리가 사는 세상은 시계보다 훨씬 더 정밀하고 복잡하다. 그러므로 틀림없이 신神이 있다!"[133] '틈새 논증'도 곁들였다. 발생 과정을 알 수 없는 것도 거기 신이 관여했기 때문이라는 게다. 이는 인과관계를 따지는 논증이 아니라 사람의 무지無知에 호소하는 거짓 논증이다. 그들은 그 지적 존재가 어떤 특징이 있으며, 설계 방법은 어떤 것인지 등등에 대해서는 관심도 없고 추론도 불가능하다. 다만 '누군가가 있다'고 단정 지을 수만 있으면 된다. 창조론자들은 허수아비 때리기 오류도 많이 저질렀다. 실제로 알려진 과학적 사실을 짜깁기해서 (비슷하지만 오류가 있는) 다른 이론으로 바꿔치기하고는 이를 과학계의 정설定說인 것처럼 내세우고서 거기다가 줄곧

---

132. 21세기 들어, 영국인을 대상으로 한 어느 여론조사에 따르면 인구의 절반쯤이 '진화론이 옳다'고 여기고 4분의 1쯤이 '창조론이 옳다'고 응답했다.
133. '지적 설계론'은 (특정 종교 강요를 금지하는 헌법 조항을 피하려고) 하느님이라는 낱말을 빼고 변형시킨 창조론이다. 이 주장은 반증反證이 불가능한, 형이상학적인 단정일 뿐이다.

화살을 날린다.

다윈이 진화론을 세우기까지

찰스 다윈은 19세기 초 영국에서 의사의 아들로 태어났다. 할아버지도 의사이자 이름난 박물학자로서 (손자에 앞서) 진화론을 발표했다. 그 집안은 유니테리언 교회에 다녔는데, 삼위일체론(=성부, 성자, 성령이 한 몸)을 믿지 않는 교파다. 다시 말해, 예수를 훌륭한 예언자로는 존경해도 신神으로 받들지는 않는다. 이성理性에 비추어, 종교 신앙에 한계를 그은 자유주의 교파였으니 진화론자를 배출할 토대가 되어준 셈이다. 다윈 집안은 대대로 휘그당을 지지했는데, 이들은 한때 지주인 봉건 귀족들과 대결을 벌인 부르주아 정당이다. 휘그당은 1846년 (곡식의 자유무역을 금지한) 곡물법을 폐지했는데, 이는 영국 자본주의가 널리 퍼지는 결정적 계기가 됐다. 외할아버지는 영국의 이름난 도자기 회사를 창업했다. 두 집안이 다 노예제도를 반대했는데 이를 통해 다음과 같은 추리가 가능하다. "그때 사업에 성공을 거둔 부르주아 중에는 정치적으로 진취적인 사람이 많았다. 자본주의가 상승하던 때의 부르주아는 (귀족들과 달리) 진취적인 태도를 취했다."

다윈은 어려서부터 갖가지 물건을 수집하는 데 흥미를 느꼈다. (할아버지를 따라서) 정원을 가꾸는 데 취미를 붙였고, 형의 화학 실험을 도왔다. 그런데 주입식 교육밖에 할 줄 몰랐던 당시의 초등학교에서는 좋은 평가를 받지 못했다. 다윈을 맡아 가르친 선생이 "멍하니 딴 생각만 하는 녀석"이라고 다윈을 흉봤다는 얘기가 전해 온다. 아버지도 (하라는 공부는 안 하고 들로, 산으로 쏘다니는) 그를 한심하게 여겼다. 아들이 자신의 직업을 물려받아 훌륭한 의사가 되기를 바랐는데 아들은 마취약 없이 수술을 해서 환자에게 고통을 안겨주는 잔인한 병원과 외울 것만 내놓는 지루한 의학 강의가 싫어서 의과대학을 중간에 그만뒀다. 이번에는 아들을 목사로 만들려고 신학대학에 보냈는데 거기서도 윌리엄 페일리의 책『자연신학』(=자연세계의 오묘함이 신의 섭리임을 밝히는 신학)을 읽고 자연과학자로서의 꿈을 키웠다.

다윈은 스승의 소개로, 1832년 초 바닷길 탐사를 떠나는 비글호(영국 해군 측량선)에 동승하여 5년 가까이 남아메리카 대륙과 남태평양 일대를 두루 다녔다. 20대 초반에 겪은 이 탐사 여행 덕분에 그는 진화론 이론을 그려낼 수 있었다. 영국으로 돌아와서 몇 년 뒤 펴낸『비글호 항해기』는 읽기 쉬운 견문기見聞記여서 어린 학생들에게 독서를 권할 만하다. 거기 담긴 얘기를 맛보기로 소개한다.

세인트 줄리안 항구(지중해 한가운데 몰타 섬)의 첫 정박에서 다윈은 높은 화산바위 절벽의 흰 띠가 조개껍질을 포함하고 있음을 발견했다. 대륙이 오랜 기간에 걸쳐 천천히 솟아오르거나 가라앉는다는 사실을 확인했다. 파타고니아(남미 대륙의 가장 남쪽. 바람이 거세고 빙하가 많다)에 있는 푼타아틀라에서는 절벽의 오래되지 않은 조개껍데기 옆에 묻힌, 최근에 멸종한 거대 포유류의 화석化石을 발견했다. 날씨나 재난에 따른 변화 징조도 없었다. 그는 양치기들과 함께 말을 타고 남미 대륙 깊숙이 들어가서 화석을 수집했다. 레아(남미 타조)의 두 종류가 서로 같고 다르다는 사실을 관찰했다. 다윈은 칠레에서 지진을 겪었고, 대륙이 막 솟아오른 징후를 봤다. 높은 안데스 산맥에서 조개껍데기와 모래 해변에서 자라는 나무 화석을 발견했다.

그는 갈라파고스 섬(=적도 근처의 태평양에 있는 섬. 에콰도르에서 서쪽으로 천 킬로미터 떨어져 있다)에서 코끼리거북(=갈라파고스)의 등껍질이

섬마다 차이가 있고, 방울새(=핀치)들의 부리 형태가 먹이에 따라 다르다는 사실을 발견했다. 섬마다 다른 환경에 생물들이 저마다 적응하고, 생존경쟁을 벌인 결과로 적자생존에 의해 몸의 형태가 달라졌다고 생각했다. 다윈은 태평양과 인도양을 항해하면서 산호초의 종류와 차이를 알아냈다. 산호초가 산호 자체의 생태와 해양 지각의 침강/융기 움직임이 복합적으로 얽혀서 생성된다는 것이다. 그는 화산火山 분포로부터 지구 내부에서 일어나는 작용을 설명하기도 했다.

『비글호 항해기』는 생태 보고서로서도 가치가 높다. 반딧불이, 모기, 빈대와 같은 곤충류, 퓨마, 아르마딜로, 카피바라, 스컹크 같은 포유동물, 신천옹과 벌새, 날개에 발톱이 있는 새, 군소와 헤엄치는 게, 야광충처럼 작은 바다에 사는 미생물과 수천 킬로미터를 떠다니는 씨 등등 낯설고 신기한 생물의 습성과 생태가 빠짐없이 기록돼 있다. 이 책에는 인류학적 관찰도 담겨 있다. 파타고니아의 인디언들이 총이 무서운 줄 모르고 유럽인들에게 맞서다 깡그리 멸종해버린 이야기, 뉴질랜드 원주민의 혐오스러운 장례식 장면이 자세히 소개돼 있고, 백인들이 노예들을 얼마나 잔악하게 다뤘는지도 고발했다.[134] 이 문제를 놓고 함장과 말다툼을 벌이는 바람에 비글호에서 하선할 뻔한 때도 있었다.

진화론의 산실로 이름난 갈라파고스 섬도 소개하자. 동태평양의 열댓 개의 섬인데, 200~500년 전 화산 활동으로 만들어졌다. 바다 한가운데 고립되어 바깥으로부터 동식물의 유입이 어렵다. 그래서 그 섬에서만 따로 진화가 벌어졌다. 또 최근까지 사람이 살지 않아서 인간의 영향을 받지 않았다. 그 덕분에 진화론의 모델이 됐다. 20세기 후반

---

134. 비슷한 때에 소설 『톰 아저씨의 오두막』이 나왔다. 노예의 피땀을 빨아먹고 자본주의가 커나갔다.

에는 섬 근처의 바닷속 깊이, 온천이 있고 그 근처에 (산소 대신 질소를 먹는) 미생물이 많이 산다는 게 발견됐다. 지구 생명탄생의 비밀도 밝혀줄 곳이다.[135]

종의 진화는 다윈이 처음 알아낸 게 아니다

요즘의 인류는 자연과 인간 사회가 어떤 곳인지 웬만큼 안다. 인류의 학문이 많이 쌓이고 널리 퍼진 덕분이다. 하지만 200년 전만 해도 대다수 사람들은 자연과 사회에 대해 잘 몰랐다. 세상을 놀라게 한, 두 가지 과학적 발견을 꼽자면 코페르니쿠스의 지동설과 다윈의 진화론이겠는데 가톨릭교회는 19세기 말에 와서야 '지동설이 맞다'고 (마지못해) 수긍을 했고, 진화론에 대해서는 아직도 기독교 신자들 일부가 '그럴 리 없다'고 퇴짜를 놓고 있다. 지동설은 코페르니쿠스가 일찍이 16세기 중반에 밝혀냈는데도 오랫동안 학자들끼리만 알고 지내다가(다시 말해, 그의 책이 금서禁書로 묶여 있다가) 19세기에 와서야 널리 퍼졌고, 진화론은 다윈이 말문을 연 뒤에야 비로소 옳으니 그르니, 입씨름이 대차게 붙었다.

왜 『종의 기원』이 입방아에 올랐는가? 자연에 대한 앎을 크게 바꿔놨기 때문이다. 옛사람들은 자연이 바뀌지 않는 줄 알았다. 세상은 하느님이 창조해놓은 그대로 이어져왔다고 여겼다. "자연은 역사history를 갖고 있지 않다!" 생각해보면 사람 개개인은 다들 불과 몇십 년밖

---

135. 해수 온도가 낮아 펭귄이 살고, 바다 생태계가 풍요롭다. 지금은 사람이 만여 명 살고, 관광객이 들끓어서 생물체들이 멸종되어갔다. 2차 대전 때 미국 공군기지가 들어섰고, '다윈연구소'가 있다.

에 살지 못한다. 그러므로 자기 삶(=짧은 생애, 좁은 세상 경험)에 비춰 보면 '자연은 바뀌지 않는다'고 느끼는 것이 자연스럽다. 다윈이 수많은 사람들을 충격에 빠뜨린 까닭은 사람들의 이러한 고정관념을 허물어버렸기 때문이다.

하지만 따지고 보면 '종의 변화'를 다윈이 처음 말한 것은 아니다. '종이 진화한다'는 사실을 그 무렵의 학자들 여럿이 웬만큼 알고 있었다. 아니, '생물이 진화하지 않을까' 하는 궁금증은 일찍이 2,500년 전부터 싹텄다. 이오니아(그리스)의 엠페도클레스는 '자연이 변화한다'는 선진적인 관념을 품었다. 땅과 물과 바람과 불이라는 네 가지 원소가 결합하고 분리되어 자연세계가 바뀌어간다는 것이다. 아낙사고라스는 사람이 물고기 모양의 조상에서 비롯되지 않았을까, 짐작했다. 초보적인 진화론은 이미 그때 나왔다. 18세기에 이르러, 디드로(백과전서파 계몽철학자)와 루소가 생물의 '진화evolution'를 짐작했고, 생물이 환경에 적응하려고 애써서 얻어낸 형질이 유전된다는 용불용설用不用說을 라마르크가 내놓았다. 20세기 들어와 멘델의 유전법칙이 재발견된 뒤 라마르크의 이론이 오류임이 판명됐지만 아무튼 첫 진화론은 그에게서 나왔다.

진화론의 앎은 어떻게 해서 완성됐는가. 일찍이 2,300여 년 전에 아리스토텔레스가 다양한 동식물의 분류체계를 만들어 생물학 발달의 기초를 놓았다. 18세기에는 린네가 종(種, species)마다 이름을 붙이는 분류체계(분류학)를 세웠다. 신대륙의 발견으로 다양한 동식물에 대한 지식이 쌓인 데다, 지질학이 발달해 지질地質 시간 측정법을 알아냈다. '지구 자체가 역사를 갖고 있다'는 사실을 알게 됐다. 산업혁명도 한 몫했다. 운하canal를 파내는 것을 비롯해 대규모 토목土木 공사가 자주 있었는데 땅을 깊이 파헤친 덕분에 다량의 화석을 얻을 수 있었다. 예전 사람들은 그 화석을 '신의 조화造化'로 여겼지만 자연에 대한 앎이 쌓이고부터 거기서 동식물의 변화를 읽어냈다.

다윈이 남다르게 해냈던 일은 그 원인을 체계적으로, 알기 쉽게 밝힌 것이다. 그의 말을 간추려보자. "어느 종이나 생존 가능한 개체 수보다 훨씬 많은 개체가 태어나므로 (같은 종의 개체끼리) 생존투쟁이 벌어진다. 그 가운데 환경에 잘 적응하는 개체가 살아남는다. 같은 종에 속한 개체들도 저마다 조금씩 다르고 그런 다름(변이)을 후손에게 물려준다. 그 변이 가운데 일부를 물려받은 개체는 그 덕분에 어떤 환경에서 딴 개체보다 번식하기가 유리하다."

덧붙일 말은, 생명체의 생존 가능성을 높이려는 목적으로 낱낱의 변이(달라짐)가 생겨나는 게 아니라는 사실이다. 변이는 어쩌다가(우연히) 생겨난다. 진화는 창조론자들이 믿고 싶어 하는 것과 달리, 이미 설계된 그림에 따르는 게 아니라 맹목적으로(계획 없이) 일어난다.

다윈은 네 가지 방법으로 앎을 얻었다. 첫째는 유비추리(유추, analogy)다. 요즘 생물들의 모양과 생태를 통해서 옛 생물들을 미루어 짐작한다. 요즘 집비둘기가 환경에 따라 종이 달라진다면 예전에도 그랬을 것이다. 둘째는 배열(配列, disposal)이다. 물고기의 아가미가 퇴화된 것부터 진화된 것까지, 기린의 목이 짧은 것부터 긴 것까지 늘어놓으면 변화의 방향과 순서를 짐작할 수 있다. 셋째는 저마다 취약점을 지닌 여러 종種을 한 곳에 모아 잠깐 잡탕을 만든 뒤에 거기 들어 있는 요소들을 보완해 쓸모 있는 실마리를 찾는다. 넷째는 지금 종들의 몸뚱이에서 비효율적인 부분을 찾아본다(가령 사람에게 꼬리 같은 것). 그것은 환경이 바뀜에 따라 퇴화한 것이다.

개체들을 먼저 떠올려서 변화 메커니즘을 알아냈다

그 무렵의 신학자들은 뉴턴(17세기)을 등에 업고 지냈다. 그가 발견해낸 복잡한 역학力學 원리(=만유인력의 법칙)가 말해주는 심오한 자연 세계의 원리는 조물주 없이는 생겨날 수 없다고 여겼었다. 그런데 동식물에 대한 앎이 쌓이고부터 창조론으로 설명하기 어려운 사실들이 드러났다. 성경에는 하나님이 세상을 잘못 창조했다고 스스로 뉘우치고는 40일간 홍수를 일으켰다고 적혀 있는데 그때 노아의 방주(네모반듯한 배)에 실은 것들이 지금의 동식물이라는 얘기다. 하나님이 창조한 것은 수많은 개체들이 아니라 그 몇 안 되는 종種이다. 그런데 신대륙에서 새로 발견된 것들까지 합치고 보니 종의 숫자가 무려 만 개나 됐다. 린네의 분류학이 엉망이 돼버렸다. 이 종인지, 저 종인지 불명확한 변종(잡종, 하이브리드)도 무더기로 나왔다. 변종의 존재는 '종이 바뀌어간다'는 사실을 암시한다.

헉슬리는 다윈의 책을 읽고 "아니, 이렇게 간단한 원리를 내가 생각하지 못했다니!" 하고 제 머리를 쥐어박았다.[136] 그동안에는 학자들이 이미 알려진 종들(분류체계)을 먼저 떠올리고서 그 다음에 개체들의 특징을 살폈다. 본질essance을 먼저 헤아리고서 현상appearance을 살핀 셈이다. 이와 달리 다윈은 종種이 어떤지는 미뤄둔 채, 개체들의 됨됨이부터 살폈다. 그러고 나서 종의 집합을 생각했다. 다윈은 '개체'를 진화 단위로 삼은 덕분에 '왜, 어떻게 진화가 일어났는지' 수월하게 밝힐 수 있었다.

---

136. 아인슈타인의 상대성이론은 너무 어려워서 학자들도 처음엔 못 알아들었다. 이와 달리, 다윈 얘기는 금세 알아들었다. 다윈의 독창성은 '(종이 아니라) 개체들부터 살핀다'는 앎의 방법론에 있다.

다윈의 진화론은 대단히 많은 오해를 낳았다. 자기를 '다윈의 나팔수'로 내세운 헉슬리부터 다윈 얘기를 잘못 알아들었는데, 다윈은 어떤 종의 개체들 사이의 경쟁을 말했지 이 종과 저 종의 경쟁을 말하지 않았다. 이를테면 기린들 가운데 목이 긴 개체가 살아남고 점점 늘어났다고 말했지, 기린과 사슴 가운데 기린이 살아남았다고 말하지 않았다. 헉슬리는 "불완전하고 뒤떨어진 종은 자연선택에 적응하지 못하고 소멸한다"고 했는데 이것은 다윈의 말과 동떨어진 얘기다.[137]

다윈의 이론은 어떤 파급효과를 낳았는가? 19세기 후반에 니체는 '신은 죽었다'고 못 박고, 기독교 비판에 열중했는데, '자연(생명체들)이 어떤 목적에 의해 진화해오지 않았다'는 다윈의 가르침이 그 든든한 밑바탕이 된 셈이다. 진화론이 자리 잡고부터 뿌리 깊은 종교 신앙에 대해 이성의 눈으로 비판하는 태도가 학문의 세계에서는 대세가 됐다.

하지만 사회를 보는 눈과 관련해서는 그의 얘기가 대단히 왜곡되게 쓰였다.[138] 다윈을 빙자해서(등에 업고) '사회진화론'이 꽃을 피웠다. 19세기 후반에 영국 사회학을 일으킨 허버트 스펜서는 강한 자만이 살아남는다는 적자생존설과 사회유기체설을 부르짖었는데, 이 사회진화론 이데올로기는 제국주의가 아시아와 아프리카의 식민지 침략에 본격적으로 나선 시대 흐름과 맞아떨어져서 큰 반향을 불러일으켰다.

제국주의자들은 사회진화론 덕분에 기세등등했다. 반면 그들의 침략을 겪은 아시아, 아메리카인들에게는 사회진화론이 독이 됐다. 19세기 말~20세기 초 서양 문물을 받아들인 한국의 개화파들은 너나없이

---

137. 원래 목적론(창조론) 비판을 위해 진화론이 나왔는데 그의 말은 자연도태의 또 다른 필연적인 목적론으로 변질돼버렸다.
138. 다윈은 사회진화론과 전혀 무관하다. 다윈 친구 헉슬리는 스펜서에 대한 비판에 앞장섰다.

사회진화론에 공명하여 '(밀려오는 외세에 맞서) 우리도 힘을 키우자'고 외쳤는데, 그 얘기가 얼마나 허튼(허술한) 얘기였는지, 후손들의 눈에는 무척 뚜렷이 보인다. 민족이 식민지 노예 신세로 굴러떨어진 뒤로 '실력양성론'은 제국주의에 순응할 수밖에 없다는 투항론으로 변질되었다.[139]

20세기 초에는 우월한 인종이 열등한 인종을 지배할 수밖에 없다는 우생학eugenics 같은 가짜 과학들이 사회진화론의 허울을 덮어쓰고 인류 사회를 휩쓸었다. 독일 나치당이 그 약육강식 논리를 내세워 침략전쟁을 벌이고, 600만 명이 넘는 유대인을 죄 없이 죽인 학살극을 저지른 뒤에야 그 따위 뻥구라를 교만하게 일삼는 주둥이들이 뒷전으로 숨었다. 곡식이 잡초와 실랑이를 겪으며 자라듯이, 과학도 가짜 과학들과 옥신각신하는 가운데 깊어진다.

덧대기
이광수가 1917년에 쓴 소설 『무정』의 주인공 형식은 "조선 사람에게 과학(지식)을 주고 문명으로 인도하겠어요!" 하고 부르짖으며 미국 가서 생물학을 배우겠다고 다짐했다. 생물학이 뭔지도 모르면서! 그 생물학이란 그 무렵 동아시아에 소개(번역)되어 뜨거운 관심을 받은 다윈의 진화론이다. 아니, 다윈의 원래 얘기가 아니라 (스펜서 같은) 사회진화론자들에 의해 각색(왜곡)된 진화론이다. 그런데 사회진화론을 받아들일 경우, 결국 '제국주의에 순종하자'는 결론으로 끝난다. 힘 있는 놈이 승리한다고 하니까! 1921년에 「표본실의 청개구리」를 쓴 염상섭은 이광수의 이러한 허튼 계몽주의(과학주의)에서 깨어났다. 그는 식민지 조선 민중의 처지가 실험대 위, 해부용 칼날과 바늘에 찔려 꿈틀대는 개구리 신세와 다를 바 없다고 말했다. 유럽 문명을 받아들일수록 식민지 민중은 자기의 전통을 부정

139. 독립운동에 열성이었던 박은식과 한용운까지도 사회진화론을 수긍한 탓에 일본이 강하다는 것이 분명해지자 그들의 저항이 무기력해졌다. 이 이데올로기를 물리칠 힘은 사회주의 운동에서만 나왔다.

당하고 자기 삶을 스스로 개척할 기회를 잃어버린다. 염상섭이 이렇게 시대의 진실을 깨달을 수 있었던 비결(?)은 1919년 3·1운동의 거대한 흐름에 그가 함께했기 때문이다.

다윈 이후 생물학의 흐름은? 두 학자를 소개한다. 리처드 도킨스는 진취적인 학자다. 낡아빠진 종교 신앙을 이성의 눈으로 비판한 책『만들어진 신』을 썼고[140] 진화론의 옹호에 앞장섰다. "형사가 범인을 잡는 것을 떠올려보라. 그는 당연히 살인이 벌어진 순간을 목격하지 못했다. 하지만 수많은 실마리와 상황 증거를 종합해서 사건을 파악해낸다. 마찬가지로 우리는 진화 현상을 수없이 관측했다. 단지 그것이 일어나는 순간을 관측하지 못했을 뿐이다."

그는 진화의 단위로서 생물 개체가 아니라 '유전자'에 주목했다. 인간을 비롯해 모든 생명체는 DNA 혹은 유전자에 의해 창조된 생존기계이고, 자기 유전자를 후세에 남기려는 이기적인 행동을 벌이는 존재란다. 그의 이론을 놓고 "유전자가 모든 것을 결정한다는 말이냐?" 하는 비판이 들끓었지만, 아무튼 분자생물학이 발달한 뒤로 유전자의 구실에 주목하는 것이 생물학의 주류로 자리 잡았다.[141]

스티븐 굴드는 단속평형설을 주장했다. 생물이 한동안 안정되게 종

---

140. 그는 미국이 '테러와의 전쟁'을 핑계로 세계 패권을 휘두르고, 눈먼 기독교 근본주의자들이 그 앞잡이로 나서는 현실을 비판하려고 이 책을 썼다(2006년). 그 점은 옳지만, 종교 신앙에는 삶을 지탱케 해주는 어떤 미묘한 구석도 있다는 사실까지 죄다 부정해버린 흠이 있다. 그래서 일반 시민들에게 진보적인 교양을 베풀어주긴 해도, 근본주의자들의 각성(깨달음)까지 끌어내기는 어렵다.

141. 1976년에 그의 책『이기적 유전자』가 나온 뒤로, (진화의 단위로서) 생물 개체 아닌 유전자에 주목하는 학문 흐름이 크게 일어났다. 진화는 우연히 생기는 유전자의 돌연변이가 자연선택(=적응 과정)을 거쳐 집단 속에 침투해가는 것이란다. 황우석 사태는 '유전자 만능'의 사회 풍조 속에서 빚어졌다. '유전자'를 밝혀낸 것이 학문의 진전이긴 해도, 거기에만 눈을 팔면 생물학이 빗나갈 수 있다.

種을 유지하다가 어떤 때에 종 분화가 집중된다는 얘기다. 예전의 계통 점진 이론을 수정해냈다.

그는 자연선택설을 일방적으로 주장하지는 않았다. 모든 진화가 죄다 자연선택의 결과는 아니라는 것이다. 생물의 사회적 행동을 덮어놓고 진화이론으로 설명하는 것을 경계했다. 사회생물학과 진화심리학이 생물의 이타적利他的 행동을 ('적응도'와 '혈연선택' 개념으로) 훌륭하게 설명한 것은 옳지만 인간 사회를 생물결정론적으로 파악해서는 안 된다는 것이다. 사람의 정서(마음씨)와 주체성이 생겨나는 것을 '진화evolution'로 다 설명할 수는 없다는 것이다.

또 진화進化는 진보가 아니라 분화分化라고 했다. 진화의 결과로 종들은 다양하게 분화되어 생물 다양성을 이룬다. 생물은 자연발생을 시작한 뒤로 무작위(=멋대로의) 행보에 의한 유전자 변화를 거치며 진화했고 그 과정에서 복잡한 다세포 생물이 출현했단다. 그러나 오히려 단순한 형태로 적응해 진화한 경우도 있다고 한다.

2 프로이트와 정신분석학

2001년 9월 쪼끄만 비행기가 날아가 뉴욕의 거대 빌딩을 무너뜨렸다. 철옹성 같던 세계 자본 체제의 심장부가 맥없이 무너져 인류가 충격을 받았다. 기괴한 실재계의 침입! 이것은 정신분석학으로 설명해야 한다.

인류 사회에 대한 굵직한 앎(학문)은 대부분 18세기 말~19세기에 나왔다. 산업혁명이 벌어지고, 프랑스 대혁명(1789년)이 무르익던 때에 장자크 루소가 『사회계약론』(1762년)을, 애덤 스미스가 『국부론』(1776년)을 펴냈다. 칸트가 (유럽 전체에 퍼진) 감격 속에서 『순수이성비판』(1787년)과 『영구평화론』(1795년)을 썼으며, 헤겔이 『정신현상학』(1807년)과 『논리학』(1816년)을 발간했다. 근대 시민혁명의 이념을 뒷받침하는 책들이다. 칼 마르크스가 프랑스 2월 혁명이 벌어지던 1948년에 『공산당 선언』을, 1867년에 『자본론』 1권을 펴냈고, 찰스 다윈이 1859년에 『종의 기원』을 선보였다. 니체는 『차라투스트라는 이렇게 말했다』라는 책(1883년)에서 신神은 죽었다고 못 박고, 기독교 문명을 날카롭게 단죄했다. 문학에서는 괴테가 근대 시민문화를 예찬한 희곡 『파우스트』(18세기 말~19세기 초)를 무대에 올렸고, 발자크가 장편소설 『고리오 영감』(1835년)에서 자본주의 사회의 인간상을 뛰어난 리얼리즘으로 묘사해냈다. 보들레르가 자본주의의 수도首都 파리 시市의 어두운 그늘을 예리하게 파헤친 시집 『악의 꽃』(1857년)을 펴냈고, 톨스토이는 러시아의 부패한 귀족사회를 속속들이 들춰낸 소설 『안나 카레니나』(1877년)

를 썼다…….

지그문트 프로이트는 이러한 근대 학문의 흐름을 이어받아 현대(20세기)의 인문학이 꽃피게 하는 데에 결정적인 징검다리가 된 학자다. 그는 세기世紀가 바뀔 무렵(2000년)에 사람들이 스스로 깨닫지 못하는 무의식의 세계를 처음 해부해서 『꿈의 해석』이란 책을 써냈다. 왜 이 책이 널리 반향을 불러일으켰는가?

근대 철학의 첫 출발은 데카르트였다(17세기). 앎의 출발점이 '의심(비판)하는 주체(나)'에 있음을 그가 처음 밝혔지만[142] '의심의 해석학'을 본때 있게 밀고 간 학자는 19세기의 다윈과 마르크스와 프로이트다. 다윈은 사람과 자연의 관계를 바꿔놓았다. 사람은 더 이상 하느님의 '남다른' 창조물이 아니게 됐다. 진화론이 받아들여진 뒤로 사람은 여태껏 (다른 무지렁이 동식물과 달리) 신의 특별한 은총을 받았던 자리에서 추락한 반면, 진화의 가장 높은 자리인 영장류(靈長類, primate)에 배치됐다. 마르크스는 사람과 사람 사이에 계급이 끼어든다는 사실을 파헤쳤다. 사람의 사회적 존재는 태어날 때부터 너무 다르다는 것이다. 인류의 역사를 밀고 온 힘은 서로 적대하는 두 계급이 벌여온 계급투쟁이라는 것이다.

더 나아가서, 프로이트는 사람과 사람 자신의 관계를 바꿔냈다. 사람들은 더 이상 "나는 나를 잘 알아!" 하고 자랑할 수 없게 됐다. 데카르트 이래로 사람들은 모든 대상을 탐구하는 원점으로서 자아(나, self)가 확고하다고 믿었고, 미신에 맞서 이성(과학)이 승리했다고 자부했지만, 프로이트는 이 자아 자체를 의심했다. "사람은 과연 자기를 통제할 수 있는 것일까?"

142. "모든 것을 의심해도 의심하는 나는 있다Cogito ergo Sum."

꿈과 히스테리에서 무의식을 발견하다

프로이트는 19세기 중반에 오스트리아에서 유대인 상인의 아들로 태어났다.[143] 어려서 괴테가 쓴, 자연을 관찰하고 관조觀照한 에세이(가령『색채론』)와 다윈의『종의 기원』을 읽고서 감명을 받아 의사가 되기로 결심했다. 대학에서 '정신 역학psyco-dynamics' 개념을 배웠다. 모든 살아 있는 유기체(organism, 좁게 보면 생물체)는 하나의 역학계(곧 에너지-체계)이며, 화학과 물리학 법칙에 지배받는다는 급진적인 학설이다. 정신과 무의식의 관계에도 이것이 들어맞는다고 그는 생각했다. 학자로서 처음 그는 히스테리 환자의 치료에 매달렸는데 한동안은 '최면 요법'을 써보았지만 별로 효과가 없다는 사실을 곧 깨달았다. 그는 환자들을 치료하는 가운데 자유연상(생각나는 대로 떠올리기)과 꿈의 분석이 쓸모가 있다는 사실도 배웠다.

그는 심리학psychology과 쪼끔 갈래가 다른 정신분석학psychoanalysis을 처음 일으켰다. 심리학과 달리 정신분석은 두 가지를 가정假定한다. 하나는 심리적 결정론이다. 지금 어떤 사람이 벌이는 행동과 품은 감정은 지금 상태에서 우연히 일어나는 것이라기보다 옛적에 그가 겪은 여러 사건에 영향을 받는다. 또 하나는 무의식의 세계다. 심리학이 의식 영역의 구조와 행동 방식을 연구하는 반면, 정신분석학은 사람이 의식으로부터 억압된 감정과 생각이 모이고 쌓여서 '무의식'으로서 작동한다고 본다.

19세기까지 사람들은 인간 정신이 이성理性의 산물이라고 소박하게

---

143. 괴테는 문학가일 뿐 아니라 자연과학자였다. 뉴턴의 물리학적 역학적 근대과학이 너무 판을 친 탓에 사람들이 환경 파괴에 둔감해지지 않았냐는 반성으로 (그와 맞선) 괴테에 주목하는 학자들도 있다. 괴테는 분석(쪼개기) 대신에 관찰과 전체 자연에 대한 관조(교감)에 힘써서 생태주의에 영감을 주었다.

생각했다. 사람에게는 성찰하는 능력과 합리적인 태도가 있고, 지식과 판단의 주체는 명징한(또렷한) 의식이라고 자부했다. 꿈의 세계 따위는 어쩌다가 미래에 일어날 일을 예시해주는 신통한 효험을 발휘하긴 해도, 그것 말고 특별히 참조할 가치는 없다고 하찮게 여겼었다.[144]

이와 달리, 프로이트는 신경증 환자들이 털어놓는 갖가지 이야기를 듣고는 어떤 아픈 기억들이 머릿속에 철저히 억눌려 있다가 이따금 정신의 영역으로 뚫고 올라온다는 사실을 발견했다. 그는 그와 같은 무의식無意識이야말로 의식이라는 작은 세계를 포함하고 있는 더 큰 세계라 여겼다. 우리는 꿈과 히스테리, (어쩌다가 튀어 나오는) 말실수를 통해 사람의 무의식을 엿볼 수 있다. 이 셋은 무의식이라는 검은 대륙에 대한 탐구를 허락하는 '창문'과도 같다![145]

꿈은 우리가 나날의 생활에서 충족시키지 못한 욕구를 달래주려고 일어난다. 프로이트는 다윈의 진화론에 의거해서 그 욕구의 대부분이 종種의 번식을 떠맡는 동력(=마음의 힘)인 성적 충동이라고 생각했다.

성적 충동은 어려서부터 나타난다. 다윈 이전에는 사람들이 어린애는 티 없이 맑고 참 순결한 존재라고 여겼다. 성모 마리아의 품에 안긴 아기 예수를 떠올려보라! 하지만 다윈의 가르침을 무겁게 받아들인 사람에게는 세상이 달리 보인다. 짐승들은 몸이 웬만큼 자라난 뒤로는 번식행위에 금세 들어가지 않는가. 생명체에게 종의 번식이 가장 중요한 임무라면 갓난애라고 그것과 무관할 리 없다. 더욱이 사람

---

144. 해몽解夢의 사례. 김유신의 여동생 보희가 제 오줌으로 서라벌이 잠기는 꿈을 꿨다. 길몽임을 눈치챈 동생 문희가 언니한테 비단치마를 주고 그 꿈을 샀다. 문희는 무열왕 김춘추의 부인이 됐다.
145. 사장이 베푸는 파티에서 어느 사원이 건배를 하는데 "우리 모두 사장님을 위해 트림을 합시다!" 하고 말이 헛나온다면 저도 몰래 튀어 나온 그 말은 단순한 실수가 아니라 건배한 사람의 마음속에 사장을 못마땅하게 여기는 뒤틀림이 있었기 때문이라고 프로이트는 설명(예시)했다.

은 기묘하게도 번식의 시기(발정기)가 따로 없고, 리비도(성적 에너지)가 철철 넘친다. 그러므로 갓난애도 당연히 성욕을 품고 있으리라고 그는 추론했다. 신체 부위에서 리비도가 옮아감에 따라 쾌감을 추구하는 부위가 달라진다고 봤다. 갓난애 시절의 구강기oral stage에서 항문기를 거쳐 남근기(네 살 무렵) → 잠복기 → 성욕기(12세 이후)로 옮아간다는 것이다.[146]

그런데 사람이 왜 한참 나이가 들어서야 성관계를 갖기 시작하는가? 인류는 딴 동물들과 달리 성장기를 오래 갖는다. 오랜 기간 학습하고 성장하려면 (결혼할 때까지) 왕성한 성적 충동을 억눌러야 한다. 인류 사회는 옛적부터 청소년이나 어린이가 품고 있는 성적 충동을 억누른 덕분에 높은 문명을 건설할 수 있었다. 어른들도 사정이 크게 다르지 않다. 자연과 대결해서 의식주衣食住의 살림살이를 장만하려면 고된 노동의 과업을 짊어져야 한다. 이성異性과 한가로이 짝짜꿍할 여유가 많지 않다. 곧, 자기와 후손을 보존하기 위해 쾌락원칙(쾌락을 늘리고 불쾌함을 줄이기)을 되도록 멀리하고 현실원칙(고생을 견디자!)에 따라야 한다.

그는 모든 사람의 마음에 작은 오이디푸스가 산다고 했다. 갓난애는 엄마 품이 하늘 나라다. 나와 너(엄마)가 하나로 있는 그 세계를 벗어나고 싶지 않다. 갓난애가 무심코(의식 없이) 품기 마련인 근친상간의 욕망을 금지하는 것이 '상징적 거세'다. 그런데 억압과 금지는 정신에 그늘을 드리우게 한다. 문명의 탄생과 더불어 인류의 정신질환도 깊어졌다고 그는 진단한다.

그는 사람의 정신세계를 일종의 지리地理 모델로 파악했다. 곁에 의

---

146. 어린애는 입으로 빠는 쾌감 → 자기 똥에 애착 느끼기 → 남근에 애착 느끼기로 옮아간다.

식이 있고, 거기서 한 꺼풀을 벗기면 전前-의식이 드러나고, 감춰진 세계(땅속)를 더 파헤치면 무의식이 드러난다고 했다. 사람의 주관을 결정하는 가장 중요한 기제는 무의식 안의 무엇이 어떻게 의식으로 빠져나오느냐는 것이다. 사람의 의식은 누구나 비슷하고 몰개성적이다. 남들과의 차이를 드러내는 것은 오히려 무의식이다. 『안나 카레니나』(톨스토이의 소설)의 첫 구절이 함축적이라서 잠깐 끌어온다. "행복한 집안은 모두 닮았다. 그러나 불행한 집안은 저마다 다른 불행을 겪었다." 의식과 무의식도 그렇게 대비되지 않는가? 그 어두운 무의식을 볼 수 있을 때는 의식(意識, consciousness)이라는 문지기가 허술해질 때다. 꿈은 문지기가 가장 허술해질 때 나타나지만 여전히 그가 눈초리를 두리번거리기(→ 의식의 검열) 때문에 무의식은 고스란히 자기를 드러내지 않고, 부스러기나 파편의 형태로 드러낸다. 중요한 정보를 떠올리게 해주는 일종의 암시hint인 것이다.

『꿈의 해석』에 실려 있는 꿈 얘기 몇 가지를 소개한다. 우선 친구한테 들은 꿈 얘기. 갓난아기를 죽였다는 혐의로 누가 자기를 잡으러 오는 꿈을 꿨단다. 그러자 그날 밤 무슨 일을 벌였냐고 프로이트가 친구를 끈덕지게 추궁했다. 어떤 유부녀와 바람을 피웠는데, 그녀를 임신시킬까 봐 걱정스러웠노라고 친구가 털어놨다. 갓난애를 죽이는 꿈은 '임신이 안 됐으면 좋겠다'는 희망을 반영한 것이라고 프로이트는 풀이했다.

다음은 이르마 이야기. 프로이트 자신의 꿈 얘기다. 그가 최면 치료법을 버리고 대화 치료법으로 옮아갈 무렵, 그는 새 방법이 실패할까 봐 불안했다. 그러다가 이르마(=병이 다시 도진 환자)에 대한 꿈을 꿨다. 파티가 열리고 어딘가 아파 보이는 이르마가 나타났다. 프로이트가 억지로 그녀의 입을 벌리고 보니까 목 안에 하얀 염증 같은 게 보였다.

프로이트는 동료 의사인 오토가 주사를 잘못 놔서 그렇게 됐다고 생각했다. 꿈속에서 프로이트는 자기를 변호한 것이다.[147]

어느 여자의 꿈. (꿈속에서) 저녁식사에 누구를 초대할 생각이었다. 그런데 훈제 연어 한 덩어리 빼고는 집에 아무 먹을거리도 없었다. 일요일 오후라 상점 문도 닫혀 있다. 결국 손님 초대 계획을 포기했다. 프로이트의 풀이는 다음과 같다. 그녀에게 친한 (여자) 친구가 있었는데 남편이 제 친구를 자주 칭찬해서 친구를 질투한다. 남편은 통통한 여자를 좋아하는데 다행히 친구는 말랐다. 친구도 통통해지고 싶어 해서 여자는 더 위기의식을 느낀다. 여자는 친구의 소망이 물거품이 됐으면 싶다. 그러나 꿈에서는 자기 소망(=손님 초대)이 물거품이 된 것으로 나타났다. 자기를 피해자로 비치게 해서 제 범행을 감추는 범인처럼 바꿔치기를 했다.

어느 처녀의 꿈. 그녀의 언니에게 '오토(형)'와 '칼(동생)'이라는 두 어린 아들이 있다. 처녀가 언니와 같은 집에 살 무렵에 오토가 죽었다. 처녀는 죽은 오토와 지금의 칼을 다 귀여워했다. 그런데 어느 날, (멀쩡히 살아 있는) 조카 칼이 자기 옆에 죽어 있는 꿈을 꾼다. 해몽은 이렇다. 이 처녀는 언니와 함께 살 때, 언니 집에 놀러 온 한 남자에게 사랑을 느꼈지만 언니의 반대로 헤어졌다. 오토의 장례식 때 마주친 것이 마지막이고, 얼마 뒤 언니 집에서 나왔다. "칼이 죽는다면 장례식장에서 그 남자와 만날 수 있을까?" 하는 소망이 꿈속에서 칼의 죽

147. 그는 제 못난 모습의 공개를 꺼리지 않고 제 꿈을 털어놨다. 친구의 감추고 싶은 꿈 얘기까지 올릴 만큼 과감했다. 19세기 유럽 문화를 빅토리아(19세기 중후반의 영국 여왕) 문화라고 빗댄다. 겉으로는 점잔빼고(=성적인 것을 감추고) 속으로는 성性을 밝히는 위선적인 성문화가 지배했다. 그래서 여성들의 히스테리(!)가 심했다. 그의 책이 널리 읽힌 까닭의 하나도 (꿈 해석을 통해) 보수적 성문화의 실상을 생생히 드러낸 데 있다. "아, 이렇게 사람들이 겉 다르고 속 달랐단 말이야?"

음으로 표현됐다. 조카의 죽음은 정말로 소망하는 것을 감추고 암시하는 미끼다.

후기의 프로이트는 의식/무의식의 개념 짝 대신에 자아(에고)와 초자아(슈퍼에고), 이드(그것)의 삼분법으로 인간의 정신을 설명했다. 이드id는 도덕이나 논리적 생각과 전혀 동떨어진 본능의 움직임이다.[148] 갓난아기는 이 에너지뿐이다. 딱히 무엇이라 이름 붙이기가 어려워서 '그것(=이드)'이라 일컬었다. 성충동(리비도)과 남에 대한 공격성(죽음충동)이 생겨나는 곳이다.[149] 사람의 생각과 행동의 뿌리는 (억눌려 있는) 이드의 힘에 있다.

초자아(超自我, super-ego)는 옳고 그름을 파악하는 도덕적인 지침(길잡이)이다. 나를 넘어서 있는 무엇! 초자아는 (금지된 일을 벌였을 때 죄스러운 기분이 들게 하는) 양심conscience과 (부모에게 칭찬받는 존재가 되고자 애쓰는) 자아-이상ego ideal으로 이뤄져 있다. 초자아는 어린아이가 오이디푸스 콤플렉스에서 벗어날 때 생겨난다. 여태껏 부모가 아이를 통제했다면 이제는 어린아이의 마음속에 자리 잡은 초자아가 자기 자신을 통제한다. 초자아의 내용은 대부분 자기가 몸담은 사회의 전통과 지배적인 가치관으로 이뤄져 있다.

자아ego는 생각과 감정을 통해 바깥 세계와 접촉하는 행동 주체로서 '나 자신'을 가리킨다. '나'는 안팎곱사등이처럼 한편으로 이드(본능)에 이끌리고, 다른 한편으로 초자아에 의해 통제된다.

---

148. 본능instinct은 자극에 대한 심리 표상이다. 자극은 유기체 안에서 처음 일어나고, 자극에 대한 심리 표상이 마음에 도달한다. 본능은 신체 흥분의 과정이 되기도 하는데, 이때 본능은 마음 안에서 본능 표상(=관념표상+정서량)으로 재현된다.
149. 고통스럽더라도(=쾌락원칙을 묵살하고) 반복 강박에 따르는 자기 파괴적 충동. 그는 1차 세계대전에서 심리적 외상을 겪은 병사들을 보고 이것을 주목했지만, 환자 치료를 돕는 유익한 개념이 되지는 못했다. 지젝은 이 충동을 생물학적 사실이라기보다 문화적 현상으로 봐야 한다고 수정했다.

정신분석학은 환자와 말(대화)을 나누는 가운데 환자의 정신질환을 치유하는 학문이다. 의사는 환자에게 어릴 적 기억을 털어놓게 한다. 그 기억은 3살 난 어린애 관점에서 기록된 것이다. 자기 몸을 건사할 능력이 없는 아이는 작은 일에도 커다란 공포에 휩싸인다. 그 공포와 트라우마가 전이되고(=옮겨 가고) 변형돼서 어른의 무의식 속에 저장되어 있다가 이따금 불거져 나와서 그의 삶을 휘저어놓는다. 이 트라우마를 (어른인) 환자가 스스로 직시할 수 있을 때라야 유년기 기억이 낳은 공포가 비로소 사그라든다.

지금까지의 의학은 의사가 환자에게 병에 대해 알려주고 가르치는 일이었지만 정신분석에서는 의사(분석가)와 환자(분석자)의 사이가 동등하다. 의사는 제가 아는 것을 말하기 이전에 환자의 말을 열심히 귀담아들어야 한다. 제 마음속에 무엇이 억눌려 있었는지, 환자 스스로 찾아내야 하고, 의사는 환자가 스스로를 돕는 일을 거들 뿐이다. 정신분석은 인간의 잠재적 가능성(=자기 치유력)을 믿는다.

무의식 탐구에서 이데올로기 탐구로

프로이트가 '무의식'의 검은 대륙을 발견하자, 여러 마르크스주의자들(아도르노, 라이히, 에리히 프롬)이 그 앞에서 영감靈感을 얻었다. 그들의 문제의식은 자본주의 사회에서 사람들이 소외되는(따돌림당하는) 현상과 자본주의를 태곳적부터 있었던 것처럼 자연스럽게 받아들이는 이데올로기(허위의식)를 어떻게 읽어야 하느냐는 물음이었다. 경제공황이 깊어지자 모든 사회적 모순을 유대인 탓으로 돌리는 인종주의 이데올로기가 창궐(번성)했던 시대의 고민이다. "세상의 모든 불행은 전부 유대인 탓이야!" 사람이 명료한 의식(생각)을 지탱하는 이성적 주체라면 그렇게 비합리적인 이데올로기에 빠질 리 없다. 이것은 틀림없이 충동에 휘둘리는 무의식이 사람을 지배하는 것과 연관되어 있으려니 싶었다. 그들 대부분은 프로이트가 '성적 억압이 모든 유기체의 삶에 필연적'이라고 여긴 데 대해서는 수긍하지 않았고, 무의식을 이데올로기와 연관 짓는 일에 몰두했다. 그런데 이데올로기는 사람의 말이 갖고 있는 어떤 특성과 잇닿아 있다.

프로이트가 죽은 뒤, 정신분석의 한 분파를 라캉이 이끌었다. 그는 현실을 세 층위로 구분했는데 상상계the Imaginary와 상징계the Symbolic와 실재계the Real가 그것이다. 상상계는 사람이 저마다 품는 주관(착각)의 세계다. 라캉은 생후 6~18개월 지난 어린아이가 거울을 봤을 때부터 어떤 이미지(상상)를 품게 된다고 했다. 아직 자기 몸뚱이가 하나의 유기적인 총체를 이루고 있다는 사실을 모르는 상태에서 (하나의 전체를 이루는) 거울 속 자기 모습에 매혹돼서 그 이미지를 '이상적인 자기自己'로 오인한다는 것이다. 나르시시즘(자기 사랑)의 출발이다. 여기서 나와 남(=거울 속 자기 모습)은 구분되지 않는 하나다. 엄마 품에 안겨 있는 아이는 엄마와 자기가 둘이 아니라 하나라고 느낀다. 현실원칙은 모르고 쾌락원칙만 안다. 이것이 상상적 자아다.

상징계는 현실 영역이다. 아이는 오이디푸스 단계를 거치면서 '아버지의 법'을 마음속에 새긴다. 아버지는 아이에게 어머니와 상상적으로 합일合一돼 있는 관계를 그만두라고 명령하고 아이는 아버지의 권위에 눌려서 엄마 품(상상계)를 떠난다. 달리 말하자면, 언어를 통해 이 세계의 상징적 질서 속에 편입된다. 이 사회가 퍼뜨리는 도덕규범에 따르고, 이 사회에 자기가 소속해 있다고 느낀다. 상징계(현실) 안에서 사람들은 타인이나 큰 타자(우리의 존재를 보증해주는 누구)가 내게 무엇을 바라는지 신경을 늘 곤두세운다.[150] 남들(곧 세상)이 자기를 인정해주기를 늘 갈구한다. 그래서 남들이 욕망하는 것을 덩달아 욕망한다. 그 욕망은 언어로 표현된다. 주체는 아버지의 법(또는 상징질서)에 따르는 의식 주체와 상징계에서 배제된 무의식의 주체로 분열되어 있다.

실재계는 상징계가 실패할 때, 또는 빈틈을 보일 때 언뜻 드러나는 무엇이다. 인류의 상징적 질서는 세상 모든 것을 다 완벽하게 설명하지 못한다. 상징적 네트워크의 그물망이 찢기는 순간, 실재계가 모습을 드러낸다. 이를테면 2001년 9·11 테러가 일어났을 때가 그런 순간이다. 세계 자본 체제의 심장부인 뉴욕에 난데없이 쪼끄만 비행기가 날아와 세계무역센터의 고층 빌딩을 순식간에 무너뜨리고, 철옹성 같던 미국 국방부(펜타곤)가 속절없이 공격받은 엄청난 스펙터클spectacle은 자본주의 상징계에 구멍을 뚫어버린 기괴한 실재實在의 침입이다.[151] 사람들은 그 순간, '자본 체제는 무적無敵'이라는 신화가 산산조각 나는 느낌을 받았다. 우리는 기성 질서의 뒤엎어진 판을 다시 추스르고 지금까지의 게임을 계속해야 하는지, 지금의 사회적 좌표계를 그대로 붙들고 있어도 되는지 자문自問하게 된다. 사람들은 실재와의 섬뜩한 만남을 피하려고 이데올로기적 환상(가령 '대테러전쟁이 지구를 구한다'는 믿음)에 매달린다.

라캉은 '큰 타자, 곧 우리의 존재를 보증해주는 누구는 없다'고 했다. 상징계에는 커다란 구멍이 나 있단다. 니체가 "신神이 죽었다"고 못

---

150. 큰 타자Big Other는 상징계 그 자체나 상징계를 구현해주는(=우리의 존재를 보증해주는) 누구다. 가부장제도 속의 어린이에겐 아버지이고, 어른에게는 신神이나 자기가 숭배하는 국가(또는 자기가 몸담은 공동체)가 이에 해당된다. 큰 타자는 사람들이 믿고 따르는 한에서만 살아 있고 효험을 발휘한다.
151. 그와 같이 대담하고 신묘한 짓을 누가 저질렀는지, 진상은 아직 밝혀지지 않았다.

박은 것과 같은 맥락의 말이다. 주체는 상징계의 끝자락으로 치닫는 죽음충동에, 또는 실재계를 접해보려는 욕망에 넌지시 이끌린다고도 했다. 사회가 금지하는 그곳에 인간 존재의 결여를 채워줄 무엇이 있으리라고, 고통을 견뎌내면 더 큰 기쁨을 얻을 것이라고 무의식적으로 소망한단다. 죽음충동은 상징계 안에서의 삶에 대해 미련을 끊는 결단이다. "날더러 누가 뭐라 하든, 나는 내 길을 가겠다!"

슬라보예 지젝은 마르크스와 프로이트의 이론이 무척 닮았음을 읽어냈다. 프로이트가 마음의 증상(갖가지 신경증과 정신병)을 밝히기 이전에 마르크스가 근대 사회의 증상症狀을, 그리고 증상symptoms이라는 개념 자체를 발견했다는 것이다. 근대 사회는 사람들에게 '자유와 평등을 마음껏 누리라'는 말을 줄곧 퍼뜨린다(떠든다). 실제로 자유를 만끽하는 사람도 여럿 있고, 더러는 평등도 실현됐다(큰 부자한테 쪼끔 떡고물을 얻어먹는 작은 부자들). 하지만 애당초 자유와 평등을 누리려야 누릴 수 없는, 그림자 같은 존재도 있는데 그들이 바로 프롤레타리아들이다. 프롤레타리아는 (역사의 마지막 단계에 도달했다는) 근대 사회가 제 몸뚱이 속에 반드시 떠안고 있는 증상(흉터, 꼴불견)이다. "우리에겐 자본가들을 찾아다니며 품을 팔 자유가 있다고? 그럴 생각이 없는 사람에겐 굶을 자유가 있다고? 너희가 우리를 조롱하니?" 스미스는 '시장의 보이지 않는 손'을 찬양했었는데 자본 체제의 모순이 쌓이다 보면 폐병 환자가 이따금 각혈하듯(피를 토하듯) 얼마쯤의 주기週期마다 공황panic이 터져 나온다. 돈이 돌지 않고 공장이 무더기로 문을 닫는다. 시장이 간질 환자처럼 갑자기 발작을 일으키고, 자본가들의 낯빛이 하얗게 질린다. '공황'은 제 깜냥도 모르고 날뛰어온 자본들을 처벌하는, 자본 체제가 남다르게 안고 있는 증상이다. 이 증상이 도질 때, 자유평등 사상과 조화로운 시장경제 사상이 한갓 이데올로기(=가짜 구실)에 지나지 않는다는 사실이 송두리째 까발려진다.

지젝은 상품 분석(마르크스)과 꿈 분석도 닮았다고, 상동相同 관계라고 한다. 상품commodity이든, 꿈이든 그 비밀은 속(내용)에 있지 않고 겉(형식)에 있다. 상품의 비밀은 왜 노동이 꼭 '상품 (교환)가치'라는 형태를 띠고 있느냐는 데 있다는 것이다.[152] 꿈의 경우도, 사람들은 '꿈 내용 그 자체가 무의식이려니' 하고 오해했다. 앞의 꿈 얘기 중에 '이르마' 부분을 다시 읽어보라. "내가 이르마의 병을 도지게 한 것 아니야." 하고 부인하려는 (꿈속의) 욕망은 성적인 것도, 무의식적인 것도 아니다. 무의식은 다름 아니라 꿈 작업(꿈 형식)에서 작동한다. 꿈은 자기의 소망을 쪼끄맣게 압축(응축)하고 전치(轉置, 딴 데로 옮기기)해서 드러낸다. 그래야 의식의 검열을 통과할 수 있어서다. 사람이 제 소망을 굳이 다른 것에 빗대어서(=전치해서) 드러내려는 그 방식 자체가 무의식적인 기제(메커니즘)이다. 꿈의 진정한 주제(=무의식적인 욕망)는 꿈 작업(형식) 속에서 표현된다.

지젝은 꿈 작업이 이데올로기를 탐구하는 데에 지적 열쇠가 되어준다고 봤다. 아무개는 오직 남들이 그의 신하가 되겠다고 수긍해서 서로 관계를 맺을 때에만 왕이 된다. 왕이 된다는 것은 왕 ↔ 신하(민중)들의 계약의 결과다. 그런데 제 눈앞에 엎드린 사람들만 늘 봐온 왕이나, 엎드리는 데 오래 익숙해진 민중에게는 이 관계가 뒤집힌 형식으

---

152. 정치경제학(스미스, 리카르도)은 부富의 근원인 노동(곧 상품 속에 숨겨진 내용)만 주목했다. 그래서 상품가치의 크기가 우연히 결정되는 듯한 겉모습은 꿰뚫어 봤지만, 상품의 형식 자체의 비밀은 간파하지 못했다. 상품은 특정 성질이나 사용가치와는 무관하게, 딴 상품과 같은 값을 갖는 추상적인 실체로 몽땅 바뀌어버린다는 데에 그 (형식의) 비밀이 숨어 있다. 그래서 상품의 왕王인 돈이 '숭고한 물신物神'으로 버젓이 둔갑한다. 사람들은 (상품이 사회관계 속에서 유통됨을 알면서도) 교환행위에는 실천적인 유아론자唯我論者로 참여한다. 주식 투자자(=투기자)는 제 돈이 어떤 사회적 결과를 만들어낼지 돌아보지 않고, 제가 돈 벌 것만 챙긴다. 지젝의 『이데올로기라는 숭고한 대상』 1장 참고.

로 나타난다. 사람들이 그를 왕으로 받들어주건 말건, 원래 그가 왕으로 태어난 것처럼 오인한다. 왕권신수설王權神授說이 그런 이데올로기다. 그런데 지젝은 이데올로기적 오인(착각)이 앎(지식)의 차원이 아니라 행위(현실)의 차원에서 작동한다고 했다. 일상생활에서 사람들은 화폐에 무슨 마술적인 힘이 없다는 것을, 다시 말해 그 뒤에 사람들 사이의 사회관계가 도사리고 있음을 잘 안다. 하지만 그들이 사회적 행위를 할 때는 마치 돈gold이 부富 자체를 직접 구현하는 것처럼 행동한다. 사람들은 앎과 믿음 사이에서 분열되어 있다.

정신분석학은 과학인가?

학자들 중에는 프로이트가 과연 옳은 얘기를 했는지, 불신하는 사람이 많았다. "성sex이 모든 것을 결정한다니 말이 되느냐", "누구나 근친상간의 심리를 품고 있다니 터무니없다", "어릴 때 정신적 외상trauma을 입은 사람은 다 정신질환을 앓는다는 거냐" 등등. 이런 비판에 대해서는 "꼭 결정론으로만 여기지 말라. 일종의 비유다", "정신치료를 하다 보면 사람의 초기 경험이 반복되는 것을 많이 본다. 오이디푸스 콤플렉스의 '흔적'은 찾을 수 있다." 하고 웬만큼 방어할 수 있다. 초기의 프로이트는 어린아이 때의 성적 경험이 히스테리의 기원이라고 못박아 말했지만 나중에는 좀 후퇴했다. 사람이 성적 정체성을 만들어 갈 때, 자기 어렸을 때 기억을 거꾸로 대입한다는 식으로.

방어하기가 까다로운 비판은 "정신분석이 과연 과학이냐? 통계나 실험과 같은 객관적 방법론으로 입증할 수 있느냐?"는 내용이다. 정신분석은 의사가 환자 한 사람을 놓고 몇 년간 은밀하게 일대일로 상담(=치료)하는 것이고, 그 비밀스러운 내용을 널리 알릴 수도 없다. 약을 먹인 경우는 그 효과를 객관적 숫자로 밝히기 쉽지만 '말로 하는 치료'는 그러기도 어렵다. 20세기 후반에 정신질환자에게 먹이는 약물이 많이 나오고부터 의사들은 빠르고 단박에 듣는 약물 치료로 옮겨가기도 했다. 그 물음(험담)에 일일이 대꾸하기가 하릴없다고 느끼는 정신분석가들은 논쟁을 피하고 자기 상담실에 처박혀 환자들만 상대했다.

다음과 같이 반론을 펴보자. 성욕을 강조하는 프로이트의 이론은 다윈의 진화론에 의거하고 있고, 정신역학 개념은 뉴턴의 역학 이론에서 비롯됐다. 굵직한 과학의 줄기와 잇닿아 있다. 또, 그는 통계를 모아내고 시약試藥을 써서 실험하지는 않았지만 환자가 왜 그런 심리적 외상을 겪게 됐는지, 줄곧 인과관계를 캐물었다. 그는 유물론자이지 관념론자가 아니다.

과학 여부에 대해 시비를 별로 겪지 않는 사회생물학과 견줘보자. 사회생물학은 생물체의 진화 원리에 기초해서 인간 사회를 이해할 수 있다는 커다란 전제 위에 세워진 학문이다. 개미나 원숭이를 오랫동안 관찰해서 그들의 생활 버릇을 이해하는 것을 통해 인간 사회가 돌아가는 원리를 유비추리 한다. 그런데 굳이 따지자면 개미와 원숭이의 행동을 경쟁이니, 협동이니 하고 해석하는 것은 사람의 삶을 통해 선험적으로 익힌 생각의 틀을 그것들에게 들이댄 얘기가 아닌가? 우리가 개미의 말을 모르는데 진실을 다 알아낼 수 있는가? 애당초 이것과 저것을 유비추리(=유추) 하는 것은 '100% 맞다'는 앎을 가져다주지 못하거니와, 아무튼 '생명체의 일반성이 있다'는 관점에서 그 개념틀을 (일단) 받아들인다고 치자. '사회학적인 틀'로 집단의 움직임은 얼마쯤 예측할 수도 있겠다. 그러나 그 틀이 어떤 집단(무리)에 속한 개개인들이 느끼는 마음도 이해하게 해주는가? 진화심리학은 그 면에서 설명력이 제한되어 있다.

'물리학, 화학과 무척 가깝다'고 뽐내는 신경학(신경생물학, 분자생물학)은 어떤가? 따지고 보면 사람의 두뇌와 신경계를 이해하는 데 있어, 여태껏 나온 신경학의 가설假說은 복잡한 인간 마음을 그 쪼가리(단편) 몇 개만 알아내는 데 그쳤다. 수식數式으로 치자면 1차 방정식에 불과하다. 다른 과학도 과연 "100% 진리인지, 사실을 100% 깊이 있게 밝혀낼 수 있는지" 자신 있게 장담하지 못한다는 점에서 50보步100보가 아닐까?

한편 프로이트 이론이 상당히 근거가 있다는 사실이 실험실 과학을 통해 얼마쯤 밝혀지기도 했다. 이를테면 프로이트가 말한 충동들이 실재하고, 주로 의식 영역 밖에서 작동하는 원시적인 뇌 부위(=대뇌변연계)에 근거를 두고 있음이 발견됐다. 흔히 감정이라고 불리는 충동은 분노, 공포, 분리공포, 성욕, 추구seeking의 다섯 가지다. 무엇인가 새로운 것을 해내고 싶어 하는 '추구seeking'는 리비도와 비슷한 것이다. 프로이트는 정신이 몸과 연결돼 있어서 정신이 필요로 하는 것에 대한 반응이 몸(유기체) 안에서 일어난다면서 이 같은 발견을 일찍이 예견했다. 또 예전의 신경과학자들은 꿈을 대수롭지 않은 현상으로 치부했지만, 꿈을 통해 리비도가 발현된다는 프로이트의 통찰도 최근 들어 입증됐다. 그는 유전자가 발견되기 이전에 진화 메커니즘을 (다소 오류는 있었지만) 그럴싸하게 통찰해낸 다윈과 마찬가지로 신경과학의 도움 없이도 인간 뇌와 마음의 비밀을 꽤 핍진하게 밝혀냈다.

1990년대 이후로 뇌의 구조적 변화를 자세히 관찰해낼 실험기기들이 선보인 덕분에[153] 뇌과학과 정신분석을 결합한 '신경정신분석학'이라는 새 학문이 걸음마를 시작했다. 두 접근법은 똑같은 기제(메커니즘)를 '마음이냐, 뇌냐'라는 서로 다른 개념과 관점으로 바라볼 뿐이라는 사실을 수긍했기에 학문 간의 협동(통섭)이 가능했다. 예전의 신경생물학자들은 정신분석을 너무 쉽게 부정했다. 예컨대 쇠막대기로 머리를 맞아서 인성人性이 완전히 바뀐 환자를 (정신분석학으로는) 이해할 수도 없고, 치료해줄 수도 없다는 비판이다. 하지만 협동(통섭)을 추구하는 최근의 일부 신경생물학자는 "(정신분석으로) 치료할 수는 없어도 이론으로 설명할 수는 있다"고 정신분석을 긍정하고 신경정신분석학으로 종합할 길을 추구한다. 두 접근법이 서로 보충하고 앎을 확인해주고 또 겹치므로 생산적으로 협력할 수 있다는 생각이다. 이를테면 신경가소성neuro-plasticity 개념이 그 접점이 된다.[154] 뇌는 유전을 통해 생겨나지만 여전히 사건에 대해 열려 있다. 그래서 다 큰 어른이 확 달라질 때도 있다. 또 두뇌의 어떤 영역이 심리기능과 대응되지만, 뇌의 특정 영역만 심리기능에 대응하는 것은 아니다. 뇌신경은 여러 영역을 오가면서 서로 이어준다. 신경 가소성 덕분에 언어는 주체성과 신경을 잇는다(매개한다). 그것 덕분에 인간 뇌는 발달 단계에서 바뀌도록 미리 고안된다.

정신분석학은 인문학이다

정신분석학은 학문으로 존립할 수 있는가? 표상체계나 상징체계가

---

153. 예컨대 FMRI(Functional Magnetic Resonance Imaging, 기능적 자기공명 영상) 촬영술이 있다.
154. 소塑'는 진흙을 짓이기는 것. 진흙처럼 물러서 어떤 힘을 받아 형태가 바뀐 뒤, 그 힘을 없애도 본디 모양으로 돌아가지 않는 성질. 가소성은 '언제든/어떻게든 변형될 수 있다'는 뜻이다.

모두 신경활동으로 환원될 수 있다면 정신분석학이 따로 있을 필요가 없다. 그러나 정신이 죄다 물질로 설명될 수는 없어 보인다. 한 움큼이라도 설명되지 못하는 부분(곧 사람의 주체성 영역)이 남는다. 주체성과 신경작용은 서로 영향을 주고받으면서 자기 한계(경계)를 바꾸어간다.

아무튼 정신분석학은 백여 년 전에 탄생하고부터 끊임없이 딴 과학들과 입씨름을 벌여왔다. 의학(신경질환 치료술)으로서 정신분석은 '임상 치료에 진전이 뚜렷하지 않다'는 호된 비판과 맞닥뜨렸다. 20세기 중반까지만 해도 의학이나 정신분석이나 정신질환을 고치는 데에 몹시 무기력했다. 중증 환자는 입원시켜서 사회와 떼어놓는 것 말고 달리 손대기가 어려웠다. 20세기 후반 들어, (신경생물학의 지식에 토대를 둔) 제약 기술의 발달로 값싸고 효능 있는 신경 진정제가 판매돼서 환자들에게 호응을 얻은 반면, 진료비가 비싸고 지루한 '말 치료'를 찾는 환자들이 차츰 줄어들었다.[155] 두 쪽의 싸움은 유전자(선천적인 것)가 중요하냐, 아니면 무의식(후천적인 것)이 중요하냐, 쓸모(효용)냐 진리냐 하는 대립이다. 이 싸움은 아직 끝나지 않았고, 두 접근법이 상생相生의 길로 갈 여지도 있다.

한편, 정신분석은 단순히 치료술만 가리키지 않는다. '무의식'의 정신과정에 대한 탐구는 사람과 사회에 대한 이해를 더 넓히는 데에 큰 영향을 끼쳤다. 20세기 초의 사회학자 막스 베버는 프로이트를 읽고서 '사람을 이해한다는 것이 뭔지' 배움을 얻고 『이해理解 사회학』을 세웠다.[156] 알튀세르(20세기 후반)는 부조리한 인간 사회를 지탱하는 이데올로기가 '일종의 무의식과도 같다'는 깨달음을 인류에게 선사했다.[157]

---

155. 정신분석학은 오스트리아의 빈에서 태어나, (학자들이 우르르 망명한) 미국에서 꽃피었지만 실용주의적 진리관이 판치는 미국보다 철학 토론의 기풍이 있는 프랑스에 널리 자리 잡았다.

지젝 등의 정신분석학은 혁명의 기초 조건을 탐색하는 이데올로기론의 연장이다.

또 인문학으로서 정신분석은 눈먼 자연과학에도 브레이크를 걸어줄 것이다. 이를테면 요즘도 '동성애 유전자'와 '범죄 유전자'를 발견했다고 떠드는 생물학자들이 있지 않은가. 그저 물질만 들이파는, 눈길 좁은 학자는 쪼끔만 삐끗해도 우생학eugenics에 쏠린다는 것을 알 수 있다. 그리고 아시다시피 우생학은 제2의 히틀러를 불러낸다.

끝으로, 프로이트 개인의 이력을 잠깐 살피자. 그는 유대인이었다는 핸디캡(결격 사유) 때문에 편안한 학자의 길로 가지 못하고(대학교수가 되지 못하고) 돈벌이의 부담을 떠안는 의사가 돼야 했다. 1930년대, 나치당의 히틀러가 국가권력을 쥔 뒤로 불살라버린 책들 중에는 그의 책도 많았다. 정신분석학회가 해산당하고 연구실이 군홧발에 짓밟힌 데다가 재산마저 빼앗겼다. 그는 '자유롭게 죽으려고' 영국으로 망명을 떠났고, 그의 딸은 나중에 유대인 수용소에서 학살됐다. 아웃사이더(경계에 놓인 인간)로서 그의 예민한 자기의식이 깊은 울림을 간직한 인문학을 태어나게 했다.

---

156. 베버는 개신교윤리가 자본가의 기업정신을 고취한 것을 밝혀냈다. 국가관료제와 권위(카리스마) 개념, 또 학문의 가치 중립 문제도 파헤쳤다(=어용학문 비판). 그는 사회학을 "사회적 행위를 해석(이해)하고, 그래서 그 경과와 여러 결과를 인과관계로 설명하는 과학"이라고 규정했다. '행위자들이 주관적으로 품은 생각을 붙잡아내기(=이해하기) 위해 '이념형Ideal typus'이라는 개념도 창안했다.

157. 이데올로기는 '큰 타자가 없음'을 감추는 환상이다. 가령 '시장의 조화를 이뤄줄 보이지 않는 손이 있다'는 뻥구라! 그 환상은 그저 '거짓된 앎'일 뿐만 아니라, 현실 제도와 구조에 아로새겨져 있다.

3 자본의 논리를 탐구한 마르크스

1929년 세계대공황이 터지고,
이것이 전쟁과 혁명을 불러냈다.
마르크스는 공황이 자본경제가 안고 있는
고유한 증상이라고 했다.

마르크스는 어떤 사람인가? 2005년 영국의 공영방송 BBC가 인류에게 가장 큰 영향을 끼친 사상가가 누구냐고 수많은 학자와 전문가들에게 의견을 물었던 적 있다. 으뜸으로 꼽은 사람이 칼 마르크스(1818~1883)다.[158] 왜 그랬을지, 프랑스에서 1848년 2월 혁명이 일어나기 직전에 마르크스가 펴낸 글 『공산당 선언The Communist Manifesto』의 일부를 먼저 읽어보자.

> 하나의 유령이 유럽을 어슬렁거리고 있다. 공산주의라는 유령ghost
> 이! 낡은 유럽의 모든 세력, 곧 교황과 차르, 메테르니히와 기조, 프
> 랑스의 급진파와 독일의 경찰이 이 유령을 사냥하려고 신성神聖 동맹
> 을 맺었다.[159] 반정부당치고 정권을 잡고 있는 라이벌 세력으로부터
> '공산당(빨갱이)'이라는 비난(딱지 붙이기)을 받지 않은 경우가 있던

---

158. 예전엔 '맑스'라고도 표기했다. '칼 막 써', '막국수', '맑음이' 같은 우스갯말도 나돌았다. 맑스 책이 금서였던 시절, 막스 베버의 책을 든 대학생을 (맑스 책으로 오인해) 정보기관원이 잡아가기도 했다.
159. 차르는 러시아 황제를 일컫는 말. 19세기 초, 오스트리아의 정치가 메테르니히는 여러 나라의 반혁명 동맹을 주도했다. 19세기 중반, 프랑스의 외교관 기조도 거기 참여했다.

가? 공산주의는 이미 유럽의 모든 세력으로부터 '하나의 세력'으로 인정받고 있다. 이제 '유령'이라는 소문을 정당party의 선언으로 바꿀 때가 됐다. ……

…… 여태껏 모든 사회의 역사는 계급투쟁의 역사다. 자유민과 노예, 귀족과 평민, 영주와 농노, 동업조합(길드)의 장인(마스터)과 직인職人, 요컨대 서로 영원한 적대 관계에 있는 억압자와 피억압자가 때로는 은밀히, 때로는 드러내놓고 끊임없이 투쟁을 벌여왔다. 이 투쟁은 언제나 사회 전체가 혁명적으로 개조되거나 그렇지 않으면 투쟁하는 계급들이 함께 몰락하는 것으로 끝났다.

…… 공산주의자들은 자기들의 목적이 현존하는 모든 사회질서를 폭력으로 무너뜨림으로써만 달성될 수 있다고 스스럼없이 선언한다. 지배계급들로 하여금 공산주의 혁명 앞에서 벌벌 떨게 하라! 프롤레타리아가 혁명 속에서 잃을 것이라고는 쇠사슬뿐이요, 얻을 것은 세계 전체다. 전 세계의 프롤레타리아여, 단결하라!

마르크스의 유령이 지금도 어슬렁거리고 있다

마르크스가 사람들 뇌리에 가장 강렬하게 각인된 까닭은 대다수의 사상가들이 세계를 (이러저러하게) 해석하는 데 만족한 반면, 그는 세계를 뜯어고치는 데 자기 인생을 걸고 나섰기 때문이다. 사회혁명에 제 몸을 바친 사상가는 많지 않다. 그를 비롯해 몇 안 된다. 자본 체제가 어떤 원리로 굴러가고, 어떤 모순(문제)을 안고 있는지 그가 자세하게 연구한 까닭도 자본 체제를 끝장낼 길을 찾기 위해서였다.[160] 그러므로 19세기 중반부터 20세기 후반까지, 그리고 지금 21세기 초반까지도 노동자계급(프롤레타리아)이 주체가 돼서 자유평등의 사회를 세워보려는 사람들은 마르크스의 사상을 길잡이로 삼고 있다. 그 사상은 사회주의 운동의 지도 이념이 됐을 뿐만 아니라, (그렇게 근본적인 목표를 품고 있지 않았다 해도) 노동자의 사회경제적 처지를 개선하려는 절실한 마음을 품은 사람이라면 그를 세상의 앞길을 비추는 등불로 삼는다. 요컨대 그는 노동운동의 대의大義를 대변하는 사람이요, 대명사代名詞다.

20세기에 한동안은 인류에게 그의 존재가 훨씬 막강하게 다가갔다. 1917년 러시아에서 사회주의 혁명이 일어난 뒤로, 세계 곳곳에 잇따라 사회주의 국가가 들어섰다. 중국과 동유럽, 쿠바와 베트남 등등. 그 나라들의 지배 이념은 마르크스와 레닌(러시아공산당 지도자)의 가르침이었다. 노동운동에 기반을 두고 있던 서유럽의 사회민주주의 정당들도 마르크스에게 사회이론의 많은 부분을 의지했다.

물론 다들 알다시피 1990년대 들어, 소련을 비롯해 대부분의 사회주의 국가들이 결국 무너졌다. 중국은 차츰 무너져서 지금은 명찰만 '사회주의'라고 달고 있을 뿐이다. 사회주의 이념이 순식간에 빛을 잃었다. 러시아 사람들은 사회주의 혁명을 이뤄낸 레닌을 동상에서 끌어내렸다. 마르크스도 대중에게 '죽은 개'처럼 하찮게 비칠 것은 당연했다. 하지만 세계의 독점 부르주아들이 "역사는 끝났다! 자본 체제에 맞설 놈은 더 이상 없다!"고 호기롭게 외쳐대던 그 시절에 실제로는 자본 체제가 캄캄한 모순의 구렁텅이로 더 깊숙이 빠져들고 있었다.

사물의 겉만 보면 세계 자본 체제가 1970년대의 경제위기(공황)를

---

160. 그의 책 『자본론』에는 혁명 얘기가 없다. 하지만 상품과 화폐와 자본이 어떤 놈들인지, 그가 자세히 파헤친 까닭은 그것들을 없앨 수 있고, 없애야 한다고 깨달았기 때문이다.

땜질하고 2000년대 초까지 그럭저럭 번영을 유지해온 것으로 보인다. 사람들은 흔히 그 비결을 레이건과 대처를 앞장세운 세계 독점자본가들의 반격(=신자유주의) 덕분으로만 여긴다. 그런데 자본 체제의 수명을 늘리는 데에 1등 공신은 오히려 덩샤오핑(1904~1997)이 다스린 중국이다. 중국은 1980년대에 개혁개방을 서두르더니 결국에는 세계 자본시장과 한통속이 돼서 움직이기 시작했다. 14억의 거대 인구를 헐값의 임금노동자로 부릴 수 있으니 거기서 얻어지는 이윤은 실로 막대하다. 미국 자본가들은 미국의 슈퍼마켓을 가득 채운 값싼 중국 제품 덕분에 이윤벌이를 계속했다. 하지만 중국과 인도가 자본 체제에 편입된 효과는 20년을 채 가지 못했다. 부동산 거품(1980년대 일본)과 IT 거품(1990년대 미국)도 금세 가라앉았다.

세기의 전환기 무렵에는 뜻있는 지식층 사이에 '자본 체제의 어두운 현실(세계적 양극화)'에 대한 걱정이 깊어졌다. 마르크스의 책『자본론』이 그려낸 모습은 19세기보다 20세기 세계 자본 체제에 더 들어맞는 것 같았다. 지식청년 가운데『자본론』을 구해서 읽는 사람들이 늘어났다. 죽은 줄 알았던 (마르크스의) 유령이 다시 출몰했다.

2008년 세계대공황이 터지고부터는 자본가들 사이에 세계경제를 낙관하는 사람이 깡그리 자취를 감추었다. 자본의 눈먼 화신(化身, incarnation)으로 살아가는 그들이 자본 체제에 대한 한계 또는 걸림돌이 '자본 그 자체'라는 깨달음을 순순히 받아들일 리는 없겠고, 근본 원인에 대해서는 철저히 '모르쇠'로 버티고 지내지만 아무튼 한껏 거들먹거리며 제 세상을 뽐내는 자본가들의 태도는 사라졌다.[161]

161. 극우파인 프랑스 전 대통령 사르코지가 '자본론을 읽었다'고 자랑한 적 있다. 제대로 읽었을 리는 없지만, 아무튼 자본가들이 이념적으로 궁색한 지경에 있음을 내비치는 하나의 사례다.

러시아의 레닌(1870~1924)은 사회주의 혁명의 대명사다. 현실에서 한동안(어림잡아 반세기를) 굴러갔던 여러 사회주의 체제가 갖가지 허술한 모습을 드러내고 주저앉은 지금, 그의 생각이 비판받고 그의 위신이 깎이는 것은 당연하다.[162] 하지만 마르크스는 근대 사회를 다른 길로 돌파하는 정치적 실천에 앞장섰다기보다 근대 사회가 무슨 근본 문제를 안고 있는지, 그 진단(사회 분석)이 선구적이다. 근대 사회에 대한 앎과 사회주의 이론의 대명사다. 근대 사회가 어떤 곳인지, 그가 죄다 살피지도 못했고, 더러는 허술하게 짚은 대목도 있다. 하지만 근대 사회의 근본 원리, 곧 자본 체제가 안고 있는 근본 모순이 무엇이며, 이를 해결하려면 어느 길로 가야 하는지에 대한 통찰(꿰뚫어 앎)만큼은 철석같다. '마르크스주의'에 담긴 합리적 핵심은 이것이다. 이 점에서 마르크스의 사상은 죽지 않았고, 죽을 리 없다. 그것은 자본 체제가 이대로 굴러가도 되는지, 그러다가 인류 사회가 멸망의 길로 치닫는 것은 아닌지, 뿌리부터 캐묻는 질문이기 때문이다. 그러므로 온전한 정신으로 살아가려는 사람에게는 그의 사상을 공부하는 것이 의무다. 삶의 자취를 따라가며 그의 사상을 살펴보자.

마르크스의 삶과 앎의 자취

마르크스는 1818년 독일 라인란트(벨기에, 프랑스와 잇닿은 곳)의 랍비(=유대교 지도자) 집안에서 태어났다. 변호사(=자유주의 부르주아)인

---

162. 하지만 인간 사회가 단번에 바뀔 수 없다. 여러 차례의 실패를 딛고서야 가까스로 바뀐다. 그러니 그의 선진적인 실천을 깡그리 비웃어서는 안 된다. 우리의 구호는 "다시 더 낫게 실패하라!"다.

아버지는 유대인의 공직 진출에 대한 차별을 피하려고 기독교(개신교)로 개종했다. 고등학교 때 그가 쓴 글 두 개가 전해온다. 하나는 "그리스도(메시아)를 따르지 않고서는 인류는 도덕을 품을 수도 없고 진리를 추구할 수도 없다"는 논지論旨였고 또 하나는 '직업 선택'에 관한 글이다. 그는 "사람은 단순히 남에게 예속된 한갓 도구로 살다 말 것이 아니라 자기 분야에서 자립하고 반드시 인류에 봉사해야 한다"고 썼다.[163] 여기서 잠깐 우리는 21세기 한국의 중고생들이 과연 도덕과 진리, 인류에 봉사하려는 마음을 품고 살아가고 있는지 궁금해진다. 마르크스 당시에 그런 도덕성을 품은 젊은이가 마르크스만은 아니었다. 프랑스혁명의 시대 분위기가 살아 있고, (근대혁명과 정치개혁의 이상理想을 펼친) 철학자 헤겔의 가르침이 청년들에게 널리 영향을 끼치던 시절이었다.

마르크스의 아버지는 아들이 자기처럼 변호사가 돼서 사회적 지위를 누리기(=출세하기)를 바랐다. 하지만 대학에 들어간 마르크스는 아버지의 바람을 저버리고 문학과 철학을 들이팠다. 그는 청년헤겔파(헤겔의 진보사상을 더 급진화하려는 그룹)와 어울렸는데 곧 그들의 한계를 깨닫고 스스로 헤겔을 넘어설 길을 찾았다.

그는 원자론을 둘러싸고 고대 그리스(이오니아)의 데모크리토스와 에피쿠로스의 사상이 무엇이 다른지를 밝히는 내용을 박사논문으로 썼다. 그의 생각에 데모크리토스는 모든 원자가 똑같은 속도로 수직으로 떨어지는 기계적인 운동을 한다고 여긴 반면, 에피쿠로스는 원

163. 한 대목만 옮긴다. "우리가 만인萬人에게 헌신할 직업을 선택한다면, 어떤 무거운 짐도 우리를 굴복시킬 수 없으리라. 그 짐이란 만인을 위한 희생에 불과하기 때문이다. 우리는 사소하고 이기적인 기쁨이 아니라 만인에 속하는 행복을 누릴 것이다. 우리의 행동은 조용히, 영원히 영향을 미치며 살아 숨 쉬고, 우리를 태운 재는 고귀한 인간들의 반짝이는 눈물로 적셔질 것이다."

자들이 떨어지다가 미세한 편차declination를 일으키고 빗나가서 다른 원자와 무작위로(멋대로) 충돌한다고 봤다.[164] 그래서 세계는 우연히 생성된다는 것이다. 이 세계에 '예정돼 있는 목적' 따위는 없으므로 인류에게는 자유로이 세상을 만들어갈 여지가 생긴다. 그는 에피쿠로스의 원자론에서 유물론의 힌트를 얻었다. 그는 감각론자이자 기계적 결정론자이고 그래서 회의론자(=의심하는 자)인 데모크리토스와 목적론적 합리론자 아리스토텔레스의 '사이'에 에피쿠로스를 두었다. 원자의 편차야말로 기계적이지 않은 변이(발전)를 불러내서 목적론과 기계적 결정론을 둘 다 극복해낸다.

마르크스는 대학을 마치고 동지들과 『라인신문』을 창간하고 그 편집장을 맡았다(1842~1843). 프러시아 정부가 청년헤겔파를 비롯해 정부를 비판하는 청년들을 대학에서 내쫓고 탄압한 까닭에 대학교수의 길은 일찌감치 단념했었다. 그는 라인 지방 농촌경제를 취재하는 과정에서 '경제 현실'이 얼마나 중요한지를 깨달았다. 라인 지방 의회에서 산림山林 도벌꾼에 대한 처벌법을 강화하는 법안을 놓고 토론한 내용을 들여다봤더니 봉건 지주와 산업자본가들이 일치단결해서 '사유재산권 옹호'를 합창했던 것이다. 또 모젤(독일과 프랑스, 룩셈부르크를 거쳐 흐르는 강) 지역의 포도 재배 농민들이 자기 땅이 없어서 빈곤의 굴레에 갇혀 살아가는 것을 보고 사회혁명이 절박하다는 사실을 깨달았다.

프러시아 정부가 『라인신문』을 폐간시켰다. (언론 대신 공부와 정치의 길로 나선) 그는 '유대인 문제'를 파헤친 글을 썼다. 이 글에서 마르크스는 "유대인의 비밀을 그의 종교에서 찾을 것이 아니라, 유대교의 비

164. 그는 "(두 학설의) 작은 차이로부터 더 큰 차원의 관계를 읽을 수 있다"고 썼다.

밀을 실제 유대인들에게서 찾자"고 논점을 돌려세웠다. 요컨대 그는 "거래와 돈, 자본주의로부터 해방을 추구하는 것만이 우리 사회의 실제 문제"라는 것이다. 그는 프랑스혁명 때에 나온 인권선언에 들어 있는 이중성도 비판했다. 겉으로는 '모든 시민의 자유'를 내세우지만 속으로는 일부 부르주아만의 자유를 추구한다는 것이다.

사람답게 사는 세상을 꿈꾸다

1844년, 그는 프러시아 정부한테 내쫓겨서 프랑스의 파리로 건너간다. 당시의 파리는 유럽 문명의 수도로서 루이 필립의 부르주아 왕정(1830~1848)이 다스리고 있었다. 거기서 그는 반역의 정신으로 꿈틀거리는 혁명적 프롤레타리아(=노동자계급)를 발견했다. 사회운동이 끓어오르는 프랑스와 견줘 보니, 독일은 아직 사회경제적으로도 근대화近代化에 뒤처져 있고 정치혁명이 터져 나올 날도 까마득했다. 독일 부르주아는 아직 미숙했다. 그래서 '철학만이 과잉 발달한' 독일 사회를 되돌아보는 글을 썼다. 헤겔의 법철학을 비판하는 글이다. 헤겔은 근대 사회를 이끌고 가는 세력으로서 개혁국가에 희망을 걸었었다. 하지만 마르크스는 사회혁명이 일어나야 한다고 봤다. 그리고 그 주체는 "사회 전체를 해방시키지 않고서는 해방될 수 없는 계급"인 프롤레타리아라 했다.

이런 깨달음은 사실 마르크스라는 특출한 사람만의 것이 아니다. 노동자의 현실을 조금만 들여다볼 줄 아는 사람은 느껴 알 수 있다. 마르크스는 그 깨달음을 명확하고 원대한 앎의 형태로 나타냈을 뿐이다. 이를테면 21세기의 어느 이름 없는 노동관료도 그런 앎을 표현했다. 김해(경남) 지역의 인터넷 설치 기사들이 '밀린 임금을 받아달라' 고 근로감독관에게 진정서를 냈더니 그 관리가 대꾸하는 과정에서 이런 말을 했다. "요새 노예라는 말이 없어서 그렇지 근로자성性에는 노예적인 게 들어 있어요. 돈 주는 만큼은 너는 내 마음대로 해야 한다, 라고 돼 있지 않아요? 지금의 노동법이 옛날 노예의 어떤 부분을 개선했달 뿐이지 사실 사장이 돈 주고 노동자를 사는 거야. 돈 받고 일하는 동안은 (노동자가) 노예나 다름없어." 인터넷 설치 기사들이 그 근로감독관을 '직무 유기(포기)'로 검찰에 고발했다.[165] 고발당해 마땅하긴 해도, 그의 앎 자체는 자본주의 사회의 (인정하기 싫은) 숨은 비밀을 붙잡아낸 것이다.

마르크스는 파리에서 『경제학철학 수고』를 썼다.[166] 그는 정치경제학이 자명하다고 여긴(=가정한) 것들을 캐묻는다.[167] '사적 소유'를 왜 당연한 것으로 여기는가(전제하는가)? 모든 주장은 다 의심돼야 하고 개념으로서 설명돼야 한다. 정치경제학은 허구적인 원시(가상) 상태를 그려놓고서 거기서 분업과 교환이 필요하다는 것을 알 수 있으므로 '지금도 필요하다'고 정당화한다. 마르크스는 가상의 세계 대신 실제 현실을 들여다보자고 반박한다.

이를테면 자본주의 속에서 화폐는 뚜쟁이 구실을 한다. "귀중하고 반짝거리는 금? 금金은 검은 것은 희게, 추한 것을 아름답게 만든다네!" 내 힘은 내가 가진 돈의 힘이요, 돈은 내 모든 무능력을 정반대의 것으로 뒤집는다. 우리는 돈이 없이는 사람으로서의 욕구를 실현할 수도 없거니와, 욕구할 수조차 없다.

165. 2015년 4월 20일 KBS에서 보도한 내용이다.
166. 수고(手稿, manuscript)는 손으로 쓴 글(필사본)이다. 책으로 펴내지 않은 글.
167. 정치(국민) 경제학은 18~19세기 영국에서 발달했다. 애덤 스미스와 리카도를 꼽는다.

또 마르크스는 기존의existing 국민(정치) 경제학이 노동의 소외(따돌림)를 숨긴다고 했다.[168] 노동자는 정해진 기간 동안 임금을 받고 자기 노동력을 판다(넘긴다). 이 기간 동안 그는 '자본주의가 최고'라는 믿음을 강제로 받아먹는다. 주는 대로 받고, 시키는 대로 일하는 그는 자기의 자주적(창조적) 활동 욕구가 꺾인 데 대한 슬픔과 상실감을 저도 몰래 마음속에 쌓아간다. 그 감정이 극심해지면 별것 아닌 일인데도 자기가 무시당한다(천대받는다) 싶은 순간 '욱' 하는 분노가 치솟아 애꿎은 대상에게 화풀이를 한다. 작업장에 있는 기계에 모래를 뿌리거나 집에서 잔소리하는 아내한테 술잔을 집어던진다. '돈'만 찾다 보니 주변의 무엇이든 온전하게 느낄 감수성이 말라붙는다. 월급 액수만 따지다 보니 일 자체의 값어치와 보람은 느낄 겨를이 없다. 자본의 마천루가 으리으리하게 올라갈수록 제 머리와 몸뚱이에 지녔던 것들(=내적 힘)은 점점 말라붙는다. 그는 자기 자신으로 살아가는 것이 아니라 바깥의 낯선 힘에 봉사하는 한갓 도구로 오그라든다. 카프카의 소설 『변신』에 나오는 주인공처럼 자기가 '벌레가 됐다'는 환각에 사로잡히기까지 한다.

『수고手稿』에서 가장 애절한pathetic 구절을 읽어보자.

사람이 사람일 때, 그리고 세계에 대한 사람의 관계가 사람다운 것일 때, 그럴 때 당신은 사랑을 사랑과만, 신뢰를 오직 신뢰와만 교환할 수 있다……당신이 사랑을 하면서도 (당신의 생활표현을 통해) 되돌아오는 사랑을 불러일으키지 못한다면, 당신의 사랑은 무기력하고

---

168. 소외alienation의 동사형 alienate는 법률용어로는 '재산권을 남에게 넘긴다(양도한다)'는 뜻이다. 애착과 믿음이 딴 사람(제도)에게로 옮겨 가거나 빼앗겨 넘어갈 때도 이 말을 쓴다. 심리용어로는 어떤 값진 연결 상태에서 고립돼 있거나 억눌리고 빼앗긴 상태를 뜻한다.

불행한 것이 된다.

그는 돈이 사람관계를 비틀어놓지 않은 상태를 가정해보라고, 그때의 교환은 어떨지 생각해보라고 한다. 사람에게 소중한 가치들(사랑, 우애, 기쁨) 대부분은 결코 돈을 주고 살 수 없다.[169] 자유주의적 자본주의는 '사회적 존재'라는 인간의 본성과 양립할 수 없다. 마르크스의 사상이 어디서 샘솟았는지, 최영미가 『자본론』이라는 제목의 시로 읊었다.

　맑시즘이 있기 전에 맑스가 있었고
　맑스가 있기 전에 한 사람이 있었다
　맨체스터의 방직공장에서 토요일 저녁 쏟아져 나오는
　피기도 전에 시드는 꽃들을 끈질기게, 연민하던

그는 파리에서 프랑스의 사회운동(정치학)과 영국의 정치경제학을 탐구했다. 3국의 문화가 어우러지는 파리에서 그의 사상이 성숙했다. 평생의 동지이자 후원자가 될 프리드리히 엥겔스(1820~1895)도 거기서 만났다. 하지만 그의 영향력이 커질 것을 꺼린 프랑스 정부가 그를 내쫓았다.[170] 그는 1845년 벨기에로 건너가서 『포이어바흐에 관한 테제』를 썼다. 자기 학문의 기본 명제를 짤막하게 정리해본 것이다. 일부만 옮긴다.

---

169. 자본주의 이전만 해도 이것은 굳이 말할 것도 없는 상식이었는데 지금은 이 상식이 많이 흐려졌다.
170. 파리에서 그는 비밀결사 '의인義人 동맹'에 가입했는데, 그래서 추방령이 나왔다.

세상 변화와 사람의 변화가 함께 가야 한다

1. (포이어바흐를 비롯해) 지금까지의 유물론은 현실을 관조했을 contemplate 뿐이지 '감성적 인간 활동 곧 실천'으로서 주체적으로 파악하지 못했다. 진리를 파악하는 것은 실천적인 문제다. 인간적인 본질은 어떤 추상적인 것이 아니라 현실 속의 사회적 관계들의 총체다.

2. 여태껏 유물론자들은 환경이 사람에 의해 바뀌고, 교육자 자신이 교육받아야 한다는 사실을 잊고 있다. 그래서 사회를 우월한 자들과 그렇지 않은 자들의 두 부분으로 나누게 된다. 환경의 변화와 인간 활동(또는 자기변화)의 일치는 오직 혁명적 실천으로만 파악된다.

사회를 고쳐보겠다고 활동하는 과정에서 그 사람(활동가) 자신이 바뀌어야 한다는 것이다! 이를테면 노동조합은 노동자들이 자기 권익(권리와 이익)을 지키기 위해 여럿이 단결한 단체다. 노동조합이 열심히 싸워서 밑바닥 노동자들의 권익을 얼마쯤은 지켜낼 수 있다. 하지만 노동조합들의 노력만으로 세상이 크게 바뀌기는 어렵다. 권익 옹호 못지않게 중요한, 노동조합의 또 다른 임무는 노동자들을 서로 연합할 줄 알고, 노동 해방 인간 해방의 대의를 위해 싸울 줄 아는 사람들로 길러내는 일이다. 그래서 '노동조합은 민주주의와 혁명의 학교'라 했다. 이 무거운 명제는 학교교육에 대해서도 깊은 깨달음을 건네준다. "학생들은 (친구들과 교류하는 가운데) 스스로 앎을 얻는 것이지, 선생한테 배우는 것이 얼마나 많을까! 스스로 배움을 게을리하지 않는 선생이라야 그나마 학생들한테 선생 노릇을 할 수 있다! 정치 지도자가 대중한테 배워야 하듯이 선생도 학생들한테 배워야 한다!"

그는 곧이어 『독일 이데올로기』를 썼다. 그 일부만 간추려 옮긴다.

1. 역사를 온전히 이해하려면 현실에 실재하는 여러 개인들의 활동, 그들 생활의 물질적 조건을, 생산력과 그것의 교류 형태를 먼저 깊이 탐구해야 한다. 의식과 개념과 이념의 생산은 무엇보다도 사람의 물질적 활동과 물질적 교류(=언어)와 밀접한 관련을 갖고 있다. 그러므로 시민(부르주아) 사회야말로 역사의 참된 무대이다. 왕과 국가의 행위만 주목하는 예전의 역사관은 낡았다.

2. 시대의 지배적 의식은 그 시대의 지배계급의 의식(=이데올로기)이다. 물질적 생산수단을 움켜쥔 사람들이 정신의 생산수단도 대부분 지배하고, 그렇지 못한 사람들은 그에 종속된다.

3. 노동의 분업과 사유재산 제도는 똑같은 것을 '활동'에 관해 일컫거나 그 '활동의 결과(산물)'에 관해 일컫는 것이다. '소외'가 지양되려면 혁명이 일어나야 하는데 수많은 대중이 프롤레타리아 상태에 놓이고, 일부의 부富와 대다수의 빈곤이 모순에 빠질 때 그 조건이 성숙할 것이다. 그 힘이 차츰 커져서 마침내 '세계 시장'으로 나타났다.

4. 사회의 해방은 정신적 해방이 아니라 실제적(역사적) 해방이어야 한다. 그것은 생산력의 발달 수준이라는 역사적 조건(발전 단계)에 조응하면서 이뤄진다. 인류는 그동안 그들에게 낯선 하나의 힘(=자본 축적의 동력) 밑에 노예가 되어왔다. 그 힘이 차츰 커져서 마침내 '세계 시장'으로 나타났다. 대다수 인류가 (집단적 주체로서) 그 소외된 힘을 되찾는 것이 인간 해방이다.

자본주의는 인간의 존엄을 죄다 '돈'으로 녹여버렸다

마르크스는 이 글에서 역사유물론을 처음으로 체계적으로 서술했다. (관념론을 벗어나지 못한) 청년헤겔파의 사상과 분명하게 금을 긋기도 했다. 생산양식과 이데올로기 개념이 선보인 이때부터를 그의 '성숙기'라고 보는 의견도 있다. 이 글에서 그는 사회주의 혁명이 일어날 조건이 자본주의의 발달 속에 이미 잉태되고 있다고 짚었다.

1848년 2월 혁명의 정세가 무르익어갈 때, '공산주의자 동맹'이 마르크스에게 자기 단체의 세계관을 밝힐 글을 써달라고 요청했다.[171] 『공산당 선언』은 그래서 태어났다. 이 '선언'은 인류 역사를 움직여온 힘은 계급투쟁이라 못 박고, 자본주의 사회를 이루는 양대 계급의 성격을 분석했다. 공산주의자들의 목표(=계급 철폐)와 혁명 전략을 밝히고, 가짜 사회주의 흐름들을 일일이 비판했다. 이 '선언'은 노동자계급이 하나의 정치세력으로 처음 등장하는 것을 선포한 기념비 같은 글이다. 이 글은 1848년 2월 혁명의 어엿한 주체의 하나로 나선 노동자계급의 정치적 존재 의의(뜻)를 알렸고, 이 글에 공감한 노동자들이 훗날(1871년) 파리코뮌의 횃불을 들어 올렸다. 1881년에는 사회주의 이념을 내세운 독일 사회민주당이 의회에 진출해서 '선언'의 목표에 한 발짝 다가섰다.

『선언』은 역사유물론과 정치경제학 비판, 변혁 전략으로 이뤄지는 그의 사상체계를 모조리 밝힌 첫 글이다. 혁명적 정세 속에서 이론(비판)과 실천(혁명)을 통일해냈다. 내용 하나하나는 당시의 노동 투사들

---

171. 비밀결사 '의인 동맹'에서 공개조직 '공산주의자 동맹'으로 바뀌었다. 2월 혁명은 루이 필립의 입헌군주정을 몰아내고 공화정을 세웠다. 새 지배세력이 된 부르주아가 왕정 타도를 위해 힘을 합쳤던 노동자들을 배반하자 노동자들이 항쟁에 나섰으나 진압됐다.

이 '상식'으로 알던 이야기라서 큰 주목을 끌지는 못했다. 경제이론으로서 완성도도 낮았다. 가치형태론, 잉여가치론, 이윤율 저하 법칙 등을 아직 밝혀내지 못한 때였다. 20세기 들어와 트로츠키(러시아의 혁명가)가 '선언'을 비판적으로 읽어낸 결론은 19세기 노동자의 혁명적 잠재력을 과대평가하고 중간계층의 소멸 경향을 과장했으며 식민지 민중의 민족해방 투쟁을 주목하지 않은 결함이 있다는 것이다. 자본이 생태계 파괴를 초래하는 데 대한 언급도 없었다. 생산력과 생산관계 사이의 삐걱거림에만 주목했을 뿐, 생산력 자체의 구조를 (친환경 산업 구조로) 뒤바꿀 필요를 아직 깨닫지 못했다. 한참 뒤에는 식민지 문제와 생태계 파괴 문제를 옳게 짚었지만 말이다.[172]

하지만 『선언』의 앞 대목에서 그는 옛 생산양식들과는 달리 자본주의 밑에서는 경쟁에 의해 강제된 영속적인 기술혁명과 옛 기술의 진부화(낡아버리게 하기) 과정, 곧 '창조적 파괴' 과정이 어김없이 벌어지고 이로부터 자본주의에 남다른 역동성과 불안정성이 초래된다는 사실을 선구적으로 꿰뚫어 봤다. "부르주아지는 자기 모습대로 세계를 창조한다!" 슘페터도 '창조적 파괴'를 말했지만 100년이나 지나고 나서였다. 19세기 중반에는 유럽도 아직 산업화와 도시화가 보잘것없었다는 사실을 염두에 두자. 그는 20세기 후반~21세기에 자본이 불러온 세계화globalization의 현실을 일찍이 140년 전에 예견했던 것이다. 그래서 무소불위(無所不爲, 못 해낼 일이 없는)의 힘을 뽐내는 자본주의의 정체를 알아보려는 학자들에게 큰 영감을 주었다.[173]

『선언』은 세상을 바꾸겠다는 열정으로 넘치는 글이다. 그래서 두고

---

172. 마르크스'조차' 1870년쯤 되어서야 제국주의 문제, 곧 자본주의의 대외 팽창(곧 침략) 경향을 깨닫게 됐다. 그러니 1894년 일본제국주의에 맞선 우리 동학농민전쟁에 주목하고 연대한 사회운동가들이 유럽에 전혀 없었다는 게 이해가 된다. 그 소식들이 유럽에 전혀 알려지지 않았던 탓이다.

두고 입에 오르는 경구(警句, aphorism)도 많다.

부르주아지는 벌거벗은 이해관계와 몰인정한 '현금 지불' 말고 사람
들 사이에 아무런 관계도 남겨놓지 않았다. 인간의 존엄을 교환가치
로 녹여버렸고, 인간의 자유를 단 하나의 파렴치한 '상거래商去來의
자유'로 대체해버렸다.

부르주아지가 밀어붙이는 산업 발달은 노동자들을 뿔뿔이 고립시키
지만 그들이 연합하기만 한다면 혁명세력이 된다. 부르주아지는 자기
무덤을 파는 일꾼들을 길러낸 것이다.

공산주의는 누구한테서도 생산물을 취득할 힘을 빼앗지 않는다. 다
만 (그 취득을 통해) 타인의 노동을 자기에게 종속시키는 힘을 빼앗
을 뿐이다.

노동자에게 조국은 없다. 그러나 노동자계급이 국가를 움켜쥐기 전
까지는 그 자신이 민족적이다. 노동자계급은 사회의 생산수단을 국
가가 아니라 노동자계급의 손에 넘겨준다.

1848년의 프랑스 2월 혁명은 노동자들의 패배로 끝났다. 유럽 곳곳
에 반혁명의 미친바람이 불었고, 마르크스는 유럽에서 내쫓겨 영국으
로 건너갔다. 망명객의 삶은 고달팠지만 산업혁명을 제일 먼저 일으
킨 영국은 자본주의 체제를 연구하기에 안성맞춤의 나라였다. 이를테

173. 지그문트 바우만은 자본주의가 모든 것을 녹여버리는 '액체(리퀴드) 근대'를 초래했다
고 봤다.

면 자본 경제에 관한 자료와 통계를 빠짐없이 갖춘 나라는 19세기 영
국과 20세기 미국뿐이다. 그는 매일같이 런던의 국립도서관에 가서
하루 종일 책과 자료를 읽고 (나중에 제 책에 인용해야겠다 싶은 대목을)
베껴 썼다. 컴퓨터와 인터넷, 프린트 기기가 발달한 요즘의 학생들은
옛 시절의 학자들이 얼마나 고된 연구 '노동'을 했는지, 상상이 잘 가
지 않을 것이다. 요즘은 인터넷에서 찾아낸 자료를 '복사'해서 '붙여넣
기'를 하고 프린터를 클릭해 출력하기만 하면 힘 하나 안 들이고 온갖
자료를 술술 뽑아낸다. 하지만 마르크스 시절에는 모든 자료를 일일이
손으로 베껴 써서 옮겨야 했다. 옛날 고릿적에 쓰던 펜을 구해서 거기
에 잉크를 묻혀 책 1쪽이라도 한번 베껴 써보라. 펜글씨는 힘이 들어
가는 일이라서 악필이 나오기 마련이다. 전쟁터의 병사가 총 들고 싸
우다가 죽듯이, 그는 임종을 맞을 때도 책상머리에서 글(연구 논문)을
쓰다가 엎드러졌다고 한다.

그는 런던에 머문 지 몇 해 지나, 『루이 보나파르트의 브뤼메르 18
일』을 썼다(1852년).[174] 1848년 2월 혁명 때부터 1851년 12월에 (대통령
인) 나폴레옹 3세가 황제가 되려고 쿠데타를 벌인 날까지의 파란만장
한 정치사를 들여다본 책인데, 첫머리는 이렇게 시작한다.

인간은 자기 자신의 역사를 만든다. 하지만 자기가 생각한 대로는
아니다. 자기가 선택한 환경 속에서가 아니라 바로 눈앞에 있는, 주
어지고 이월된(떠넘겨진) 환경 아래서 만든다. 모든 죽은 세대의 전통
이 살아 있는 자의 머리를 악몽처럼 짓누르고 있다……

174. '루이 보나파르트'는 나폴레옹 3세의 이름이다. '브뤼메르(혁명력으로 '안개달霧月'이라는
뜻) 18일'은 삼촌인 나폴레옹 1세가 쿠데타를 벌여 총재 정부를 내쫓고 제1집정이 된 날
(1799년 11월 9일)이다. 조카가 삼촌을 흉내 내서 쿠데타를 벌였다는 뜻이 담겼다(함축돼)
있다.

엉터리 의회가 황제를 불러내다

나폴레옹 3세는 자기 삼촌(=나폴레옹 1세)을 흉내 내서 정치政治를 떠벌렸고, 나폴레옹 1세는 그리스와 로마를 들먹이며 자기를 뽐냈다. 근대 프랑스 혁명사는 저마다 그럴싸한 옛 얘기를 빌어다가 제 자랑을 일삼는 '말잔치'의 역사였다고 마르크스는 짚어낸다. 헤겔은 나폴레옹 1세를 '세계사적인 개인'이라며 존경했는데 그 삼촌의 환영(幻影, 판타지) 또는 위광威光 덕분에 3세가 인기를 누리고 절대 권력을 움켜쥐었다. 그래서 이 책의 제목은 헤겔의 이야기를 슬며시 비꼰(풍자한) 셈이다. "역사는 비극에서 소극(笑劇, 코미디)으로 반복된다"고 마르크스는 갈파했다. 나폴레옹 1세의 집권과 더불어 프랑스의 시민혁명은 시들기 시작했는데 그래도 그때는 비극적이고 장엄한 정취(情趣, mood)라도 있었다. 하지만 조카(3세)의 황제 등극은 한 편의 코미디에 불과하다는 비판이다.

1848년 2월 혁명은 민주주의의 발전을 이룩했다. 보통선거제도가 들어온 것이 그 핵심이다. 하지만 혁명의 결과로 태어난 의회(대의제도)가 3년 뒤에 보잘것없고 기괴한 사람이 황제의 자리를 꿰차는 것을 기꺼이 허락했다. 나폴레옹 3세가 탁월하고 영명한 지도자여서 그랬던 것이 아니다. 대의제도(의회)라는 것 자체가 커다란 구멍이 있었기 때문이다.

2월 혁명 때 모든 당파는 저마다 다른, 그럴싸한 얘기를 들먹이며 민중의 지지를 추구했다. 그런데 대표하는 자(정당)와 대표되는 자(민중) 사이에는 필연적인 관계가 없었다. '대표'한답시고 얼버무리며 떠드는 일종의 의제(擬制, 본뜬 것)일 뿐이다. 예컨대 얼마 전까지는 '가난한 서민'을 대표한다고 떠벌리던 정당이 어느 순간, 입술에 침도 바르지 않고서 '말 바꾸기'를 했다. 자기네는 중산층(부르주아)을 대표하겠노라고! 3년 뒤에는 대다수의 민중이 모든 정당에 대해 넌더리를 내고 등을 돌렸다. 프랑스인 모두를 '대표'하겠다는 야심찬 사람, 곧 나폴레옹 3세가 등장했고, 그가 더 그럴싸해 보였기 때문이다.

마르크스는 부르주아 독재가 '보통선거'로 뽑힌 의회를 통해 작동한다고 봤다. 모든 계급이 선거에 참여하므로 겉으로 보면 민주주의 같지만, 그 유권자들은 모든 계급관계(생산관계)로부터 분리돼 있다. 바닷가 모래알처럼 따로따로 있는 개인으로서 정치를 바라본다. 사람들은 각 정당(정파)들이 떠드는 이야기를 통해 세상을 읽어낼 뿐인데, 비밀 무기명투표는 누가 누구에게 투표했는지를 감춘다. 아무개가 어제는 A당을 지지했다가 오늘은 B당을 지지할 수 있다. 떼부자들을 돕는 정당을 가난한 농민들이 돕는(지지하는) 일이 수없이 많다.[175] 정치(상부구조)가 경제(시민사회=토대)와 상관없이 굴러갔다.

나폴레옹 3세는 히틀러의 선구자다. 의회가 아무 구실을 못해서 민심이 의회를 외면했다. 부르주아들은 1846~1847년에 터져 나온 공황에 대한 두려움 때문에 '강력한 국가'를 바라기도 했다. 자본주의 경제와 정치제도가 위기에 빠지자 국민주권을 뒤로 물리고 국가주권, 국가 자체가 앞에 나선 셈이다.

마르크스는 경제만 주로 들이팠지, 정치(국가론)에 대해서는 학설을 내놓지 않았다고들 말한다. 국가가 무엇인지, 따로 자세히(!) 말하지 않은 것은 사실이지만 이 책은 마치 정신분석학자가 환자를 살피듯이 부르주아 정치 체제를 깊이 파헤쳐서 그 특징을 밝혀냈다.

---

175. 마르크스는 프로이트의 꿈 판단을 선취했다. 꿈 형식(꿈 작업)과 비슷하게 계급 무의식이 어떻게 압축되고 만 얘기로 옮아가는지, 파헤쳤다. 프로이트도 보통선거로 뽑힌 의회가 꿈 작업과 비슷하다고 봤다.

마르크스는 영국으로 건너간 뒤로 자본주의 경제에 대한 탐구에 줄곧 매달렸다. 1867년에 그의 주된 저서인 『자본론das Kapital』 1권을 펴냈고, 2권(1885년)과 3권(1894년)은 그가 죽은 뒤 엥겔스가 정리해서 펴냈다. 1권에 담긴 내용은 다음과 같다.

1편 상품과 화폐(상품, 교환과정, 화폐)

2편 화폐가 자본으로 바뀌다(자본의 일반 공식의 모순)

3편 절대적 잉여가치의 생산(가치증식과정, 잉여가치율, 노동일)

4편 상대적 잉여가치의 생산(협업, 분업과 매뉴팩처, 기계와 대공업)

5편 절대적/상대적 잉여가치 생산(노동력 가격과 잉여가치의 양적 변동)

6편 임금(노동력 가치/가격이 임금으로 전환)

7편 자본의 축적과정(잉여가치가 자본으로, 자본주의 축적의 일반 법칙)

8편 이른바 원시축적(토지 수탈, 역사적 경향, 근대적 식민이론)

『자본론』은 (몇몇 학자들이 아니라) 대다수 노동자들더러 읽으라는 책이지만 술술 읽히는 책은 아니다. 하지만 1권 가운데 1~4편과 7~8편은 읽기를 권하고 싶다.[176] 더욱이 노동일, 분업과 매뉴팩처 부분은 무척 쉽다. 2~3권에 들어 있는 내용도 중간 제목만 옮긴다. 2~3권은 일부 미완성인 채로 출판됐고, 굳이 읽지 않아도 좋으나 3권의 3편 '이윤율 저하 경향'은 공황을 이해하기 위해 읽어봄직하다.

2권

1편 자본의 변태(화폐자본 → 생산자본 → 상품자본)와 그 순환(유통

---

176. 7~8편은 쉽고, 1~4편은 어렵거나 지루하다. 1~4편을 다 읽지는 못해도 1편 1장만큼은 꼭 읽자.

시간과 유통 비용)

2편 자본의 회전(고정자본과 유동자본, 가변자본의 회전)

3편 사회적 총자본의 재생산과 유통(단순재생산과 확대재생산)

3권

1편 잉여가치가 이윤으로 바뀌고 잉여가치율이 이윤율로 바뀌다

2편 이윤이 평균이윤으로 바뀌다(경쟁에 따른 평균이윤율 형성)

3편 이윤율 저하 경향의 법칙(법칙 그 자체, 상쇄 요인들, 법칙의 내적
     모순의 전개)

4편 상품자본과 화폐자본이 상품거래자본과 화폐거래자본(상인자
     본)으로 바뀌다

5편 이윤이 이자와 기업가 이득으로 분할되다(은행자본, 신용제도와
     환율)

6편 초과이윤이 지대地代로 바뀌다(차액지대와 절대지대)

7편 수입收入들과 그 원천(삼위일체 공식, 경쟁이 빚어내는 환상)

1권은 생산의 관점에서 자본을 살핀다. 2권은 교환관계의 관점에서
살피고 3권은 자본의 모순이 낳은 위기를 서술한다. 중간제목들을 쭉
살피면 알 수 있듯이, 자본은 그저 돈뭉치이거나 공장 설비에 불과한
것이 아니다. 부르주아 경제학은 그렇게 간주해서 경제를 무척 알쏭달
쏭한 것으로 여기게 만든다. 자본은 돈뭉치가 물건을 만들어내고 그
것이 '상품'이라는 날개를 달아서 날아다니고, 그것이 팔려서 황금알
곧 잉여가치를 낳는 모든 변태(變態, 탈바꿈) 과정을 두루 일컫는 동태
적dynamic인 개념이다. 그 모두를 한데 아울러서 헤아려야 자본 체제
의 요지경 속이 비로소 들여다보인다.

자본은 무슨 사물thing이 아니라 관계relation다. 돈 있는 놈들이 돈 없는 분들을 부려 써서 자기 돈지갑을 불리는, 자본가와 노동자가 늘 적대적으로 대립(대결)하는 사회관계가 자본이다. '대립!'을 말하면 사람들이 흔히 노동자들이 파업을 벌이는 장면을 떠올리는데, 이는 뒤집힌 통념이다. 대부분의 세월에서 싸움을 거는 쪽은 자본가들이라는 사실을 노동가의 한 구절이 내비친다. "너희는 조금씩 갉아먹지만, 우리는 한꺼번에 되찾으리라!" 공장 안을 유심히 들여다보면 잉여가치를 얼마나 뺏고 뺏기느냐, 하는 힘겨루기가 늘 벌어진다는 것을 손금 보듯 알 수 있다.

이를테면 2008년 미국에 금융위기(대공황)가 터지자마자, 미국 재무부 장관이 무너지는 투자은행들을 살리려고 우선 '7,000억 달러'의 구제 금융 계획을 민중에게 들이밀었다. 무너져서 마땅한 기업은 무너져야 경제가 선순환한다(잘 굴러간다). 7,000억 달러의 공공 자금은 돈을 찍어서 마련하고, 그 돈은 인플레라는 형태로 세계 민중이 갚아야 한다. "이윤은 자본가끼리 챙기고 위험은 민중과 나눈다"는 것이 그들의 짐승스러운 원칙이다. 세계 민중은 뿔뿔이 모래알처럼 흩어져 있어 그 '구제 금융' 아니, 금융 쿠데타에 반대할 정치운동을 엮어내지 못하고, 속절없이 계급투쟁에서 패배했다. 현실에서 대부분의 계급투쟁은 '있는 놈들'께서 먼저 벌이고, '없는 분들'은 뺏기고 짓눌리다 못해 이따금 대들 뿐이다.

옆길로 잠깐 샜다. 1권을 수월하게 읽으려면 거꾸로 읽어야 한다. 8편 → 7편 → 3/4편 → 1/2편의 순서로! 첫 대목이 더 어려워서이고, 역사를 먼저 알아야 논리도 쉽게 터득할 수 있어서다.

가장 먼저 읽을 대목은 자본주의로 넘어오는 과정을 다룬 1권의 8편, '이른바 원시적primitive 축적' 부분이다. 이것을 먼저(!) 폼 나게 이뤄낸 민족이 제국주의로 치달았고, 이것을 뒤늦게 부실하게 이뤄낸 민족이 지금도 제국주의에 뜯기고 시달리고 있다. 마르크스는 "원시적 축적이 (애덤 스미스의) 정치경제학에서 맡는 구실은 원죄原罪가 신학에서 맡는 구실과 거의 같다"고 갈파했다. "아담이 사과를 따먹자마자 인류에게 죄가 떨어졌다. 자본가들도 비밀의 역사를 들이댄다. 아득한 옛날에 한쪽에는 부지런하고 영리하고 절약하는 특출한 사람들이 있었고, 다른 쪽에는 게으르고 제 것을 탕진해버리는 베짱이들이 있었다는 것이다. 전자가 부富를 그러모았고, 후자는 자기 가죽밖에 팔 게 없는 신세가 됐다고 한다……."

원시적 축적의 범죄가 자본주의를 낳았다

화폐와 상품은 처음부터 자본이 아니었다. 농민들이 토지로부터 쫓겨나서 맨몸뚱이의 프롤레타리아(무산자) 신세가 되고 난 뒤부터 비로소 자본가들이 활개 치기 시작했다.[177] 1권 8편은 농민들이 토지에서 내쫓긴 과정과 부랑민들에게 공장의 노예 노동을 강제하기 위한 피의 입법立法을 영국의 사례를 중심으로 상세하게 서술한다. 예컨대 1810년 대에 스코틀랜드의 서덜랜드 공작부인은 충청북도만큼 넓은 어느 씨족의 땅을 제 것인 양 가로채고는 불과 6년 동안에 1만 5,000명의 소작小作 농민을 내쫓고 그곳을 목장으로 바꿔버렸다.[178] 농가는 죄다 불

---

177. 품팔이꾼이 되려는 사람이 없으면 자본가가 있을 수 없음을 말해주는 사례: 19세기 초 어느 영국 자본가가 공장을 세우려고 노동자 3,000명을 데리고 호주로 갔는데 거기서 (남의 명령에 안 따르는) 농사꾼이 될 수 있음을 알게 된 3,000명이 다 달아나서 그는 제 계획을 포기했다. '원시적 축적'은 단지 자본가의 밑천(돈) 마련이 아니라 품팔이노동을 할 수밖에 없는 사람을 쏟아내는 것이다.

질러버렸고, 자기 오두막집에서 떠나기를 거부한 어느 할머니는 불길 속에서 타 죽었다.

자본주의는 직접적인 폭력(추방과 강제노동)에 의해서만 건설된 것이 아니다. 국채國債도 강력한 지렛대였다. 이것이 수많은 투기꾼들의 배를 불려줬는데 '국립'의 간판을 내건 큰 은행들이라는 것이 실은 공공公共과 전혀 동떨어진 투기꾼 단체였을 뿐이다. 극형을 때려야 마땅한 최고의 '빨갱이'는 은행권 위조자였고, "국채? 그거 수상쩍은 것"이라는 말을 꺼내기만 해도 국가보안법의 쇠고랑을 찼다. 어디에도 없는 적enemy을 이롭게 했다는 이유로!

자본주의는 온갖 더러운 짓을 다 벌여서 찬란한 문명을 건설했다. 18~19세기의 유럽 자본주의는 (어른이 아니라) 가녀린 아이들을 강제노동으로 내몰아서 돈을 벌었다. '노예무역'만 야만스러운 범죄가 아니다. 유럽의 '임금노동자'라는 은폐된 노예제도는 미국의 노골적인 노예제도를 들이대야만 겨우 자기들의 죄악을 감출 수 있었다. 실은 미국의 노예 농장주들이 19세기 들어와 악마같이 노예를 착취하게 된 것도 유럽 자본들의 압박을 받고부터였다. 영국의 면직공업의 경우는 '은폐된 노예제도'도 아니다. 아이들을 아무 거리낌 없이 노예로 부려 먹었다. 채찍을 휘둘렀고 심지어 쇠사슬을 아이들 발목에 달았다. 세상에, 어느 짐승이 이렇게 탐욕에 눈먼 인간 짐승들만큼 짐승스러울 수 있는가.

마르크스는 이렇게 인간 사회를 파괴하는 자본주의로부터 어김없이 (필연적으로) 사회주의가 요청된다고 서술했다.

---

178. 이미 그 이전에 농민 추방이 거듭돼 인구가 절반으로 줄었다. 그녀는 이 짓을 '청소'라 불렀다.

생산수단의 집중과 노동의 사회화는 마침내 그 자본주의적인 외피 (겉가죽)와 양립할 수 없는 지점에 다다른다. 그 외피가 파열된다. 자본주의적인 사적私的 소유에 조종弔鐘이 울린다. 수탈자가 수탈당한다(소수의 대자본가가 재산을 빼앗긴다). 자본주의적 생산 방식으로부터 생기는 자본주의적 취득 방식은 자본주의적 사적 소유를 낳는다. 이것은 소유자 자신의 노동에 의거한 (존 로크가 정당화한) 개인적 사적 소유의 첫 번째 부정否定이다. 그러나 자본주의적인 생산은 자연 과정의 필연성을 갖고서 자기 자신의 부정을 낳는다. 이 부정의 부정은 (처음의) 사적 소유를 부활시키는 게 아니라 자본주의 시대의 성과, 곧 협업 및 토지와 (노동에 의해 생산된) 생산수단의 공동 점유에 의거한 개인적 소유를 세워낸다.

3/4편을 보자. 자본가는 노동자들이 생산해낸 재화(財貨, goods) 가운데 품값(필요노동)으로 지불하는 돈을 빼고 나머지를 잉여노동에 따른 잉여가치(이윤)로 긁어 간다. 하루(노동일) 중에 더 많은 시간 동안 일을 시킬수록 더 많이 긁어 가는데 이를 '절대적 잉여가치'라 부른다. 품값에 해당하는 노동시간은 고정돼 있는 반면, 그가 일하는 시간은 얼마든지 늘릴 수 있다. 1970년대 한국의 산업화 과정에서는 육체노동자들이 하루 13~14시간 일하는 경우가 무척 흔했다. 심지어 잠오지 않는 약을 먹어가며 밤샘을 하기가 일쑤였다. 3편의 '노동일' 항목에는 영국 자본가들이 노동자들한테서 한 푼이라도 더 뜯어먹으려고 '시간'을 도둑질하는 갖가지 사례들이 잔뜩 고발돼 있다. 노동자들의 저항으로 공장법이 만들어지고 나서야 그나마 영국 사회가 짐승들의 나라로부터 사람의 나라로 옮아오기 시작했다.

노동자를 제멋대로 부려 먹는 짓거리가 제동(브레이크)이 걸리고부터 자본가들은 '상대적 잉여가치'를 추구하기 시작했다. 쉽게 말해, 식료품값이 싸면 입에 풀칠하는 비용(필요노동에 해당하는 부분)이 덜 들어가고, 그래서 품값을 덜 줘도 된다. 요즘 미국 자본가들이 미국 노동자를 헐값에 부릴 수 있는 까닭은 헐값의 중국 제품들이 미국 슈퍼마켓에 넘쳐난 덕분이다. 하지만 자본가는 돈벌이 앞에서 사족을 못 쓴다. 상대적 잉여가치만 점잖게 추구하지 않는다. 노동시간을 늘릴 여지만 있으면 그것도 최대한 늘려서 이윤(잉여가치)을 더 챙긴다. 사람답게 살고 싶은 노동자들과 (노동자를 돈벌이 수단으로만 여기는) 자본가 사이는 언제나 적대적인 관계다.

협업cooperation은 자본주의 기업의 특징이다. 수많은 노동자가 같은 시간에, 같은 장소에서, 같은 자본가의 지휘를 받아 같은 상품을 만든다. 개개인이 따로 일할 때보다 함께 일할 때, 결합된 노동일은 (단지 함께 일한다는 이유만으로도) 개별 노동일의 합계보다 더 큰 생산력을 만들어낸다.[179] 그런데 자본가는 단순히 사회적 노동과정을 굴리기 위해서만이 아니라 이윤을 최대한 늘리기 위해서 노동자들을 지휘한다. 이 사실을 잊어서는 안 된다. 그는 공장의 지휘자이기 때문에 자본가가 되는 게 아니라, 자본가이기 때문에 공장의 지휘자가 된다. 여기에도 잉여가치의 비밀이 있다. 자본가는 이를테면 100명의 독립된 노동력의 가치를 지불하는 것이지 100명의 결합된 노동력의 가치를 지불하는 게 아니라는 사실이다. 협업은 노동과정에 들어와서 비로소 시작되는데 그때에는 이미 노동자들이 자기 자신에 속하지 않는다. 노동과정에 들어가자마자 그들은 자본에 편입돼버리고 자본가의 명령에 따르게 된다. 그러므로 '플러스알파'에 해당하는 부분을 청구할 기회가 없다.

179. 고대 이집트인이 세운 피라미드를 떠올리면 단순협업의 엄청난 효과를 알 수 있다.

상품은 사회관계를 덮어 가리는 물신物神

『자본론』의 첫머리, 1편으로 돌아가자.

자본주의 사회에서 부富는 상품의 방대한 더미로 나타난다. 이것은 사람의 온갖 '필요'를 충족시켜주는 물건이다.[180] 상품(체)에서 사용 가치를 빼고 나면 (똑같은 추상적 인간 노동으로 환원되는) 노동생산물 이라는 속성만 남는다. 노동생산물은 (그들에게 공통된) 사회적 실체의 결정체로서 가치(교환가치)다. 어떤 쓸모 있는 물건이 (상품)가치를 갖는 까닭은 거기 추상적 인간 노동이 들어 있어서다. 어떤 물건이 현물 형태와 가치 형태의 두 모습을 띨 때라야 상품이 된다. 가치는 오직 상품들 사이의 사회적 관계에서만 나타난다.

상품세계의 가치로 나타나는 것은 사회의 전체 노동(력)이다. 가치는 인간 노동이 이뤄지는 우리 세계 전체(곧 세계시장)로부터 측정된다. '가치'가 한 나라의 국민경제 속에서 결정되지 않는다는 말이다. 자본주의는 태어날 때부터 세계적이다.

가치 표현은 상대적 가치형태와 등가형태(=같은 값을 나타내주는 것) 라는 두 극極을 갖고 있다. 상품경제가 복잡하게 발달하면 가치형태는 단순하고 개별적인(우연적인) 형태로부터 일반적 (가치)형태로 나아가고 결국 화폐형태를 태어나게 만든다.[181]

화폐의 발생사發生史에서 심상찮은 변화는 1970년대 초 '지폐를 금金

---

180. '나타난다'는 낱말은 표면 밑에서 무엇이 진행됨을 내비친다. '필요'는 프랑스 말 besoin을 옮긴 것. '자본론'은 프랑스어판이 원전이다. 김수행이 번역한 책은 '욕망'이라 고 잘못 옮겼다.

과 맞바꾸는(=태환) 제도'를 없앤 것이다. '돈'이 사회적 노동이 거기 얼마가 들어 있는지를 나타내는 지표이기를 멈췄다. 그 뒤로 실물實物 경제의 사정이 어떠하든 국가들이 무한정으로 화폐를 찍을 수 있게 됐다. 그래서 사람들에게 국가 경제에 대한 믿음이 있는 한, 그 믿음에 의거해서 돈이 굴러가고, 혹시라도 그 믿음이 허물어지면 그 순간부터 돈이 제 구실을 멈춘다. 화폐공황이 터지는 것이다. 실제로 1970년대 중반 이후로 세계 곳곳에 금융위기와 상업위기가 잇따라 일어났다. 실물 경제와 상관없이 잉여 화폐가 쏟아져 나오자, 1980년대에 제3세계 국가들이 (선진국이 떠안긴 빚으로) 외채 위기에 시달렸는가 하면, 자산assets 가치가 다 올라서 자본가들이 너나없이 배꼽 터지게 돈을 벌었다.

1편 1장에서 가장 뜻깊은(함축적인) 대목은 상품의 물신적物神的 성격을 밝힌 4절이다.

상품은 얼핏 보면 자명하고 평범한 물건으로 보이지만 실은 형이상학적 궤변과 신학적 잔소리로 가득 찬, 기묘한 물건이다. 이를테면 책상은 상품이 되자마자 초감각적인 물건이 되어, 기이한 망상을 자기의 나무 두뇌로부터 빚어낸다.

그 수수께끼 같은 성격은 '상품형태 자체'로부터 나온다. 어떤 물건이 (사고파는) 상품이 되면 그 상품이라는 겉모양(형태)이 사람 노동의

181. 『교과서 밖에서 배우는 철학 공부』에 더 간추려놓았다. 고진은 마르크스가 '가치형태론'을 밝혀내고서야 독보적인(남다른) 사상가가 됐다고 본다. 잉여가치론은 리카도 좌파도 말했다는 것이다. 신약성서는 화폐의 탄생을 이렇게 나타냈다. "그들은 모두 한마음이 되어 자기들 능력과 권세를 그 짐승(돈)에게 주더라. 그 짐승의 이름이나 숫자의 낙인이 찍힌 사람 말고는 물건을 사고팔지 못하더라."

사회적 성격을 노동생산물 자체의 물적 성격(물건들의 사회적인 자연적 속성)으로 보이게 만들고, 따라서 총 노동(일한 사람들 모두)에 대한 생산자들의 사회적 관계를 그들 바깥에 있는 관계, 곧 물건들의 사회적 관계로 보이게 만든다. 이 사회에는 품팔이를 하는 대다수 노동자들이 살고, 놀면서 지대를 받아먹는 기생 계급(땅과 건물 소유자들)이 있으며, 노동자를 쥐어짜서 이윤벌이를 하는 자본가들이 얼쩡거린다. 그런데 경제를 탐구한다는 부르주아 경제학은 이들의 사회적 관계가 까맣게 지워진 숫자들만 갖고서 '경제 어쩌고……' 하고 떠든다. GDP(국내총생산)는 이들 저마다의 사정은 따지지 않고 죄다 그러모아서 통계를 잡는다. 그래서 경제를 허깨비 같은 것(=물신적인 것)으로 왜곡한다.[182] 이를테면 한국의 높은 GDP는 '최저생계비'도 벌지 못하고 살아가는 한국의 빈민들을 덮어 가리는 효과적인 '가리개 막'이 된다.

자본주의 밑에서 대다수 사람은 개별 생산자로서 사적 노동을 하게 되는데 이 사적 노동이 갖는 사회적 성격은 두 겹(=이중)이다. 1) 그 생산물이 사회적으로 쓸모가 있어야 분업의 한 몫을 차지한다. 2) 다른 것과 교환될 수 있어야 자기 필요(밥벌이)를 충족시킨다. 모든 노동은 '인간 노동력의 지출(추상적 인간 노동)'로 환원될 때라야 '같은 것'이 된다.[183] 개별 생산자들은 자기가 내놓은 것들(서비스 또는 물건)이 남들에게 유익하다고 받아들여져야 "나는 이 사회에서 쓸모가 있다"는 것을 실감하게 된다. 사람들은 자기가 내놓은 노동생산물이 똑같

---

182. 경제 침체가 깊어지자 박근혜 대통령이 '경제가 불쌍해!' 하고 슬퍼한 적 있다. 그때의 '경제'는 대다수 민중의 삶과 무관한 물신적 개념이다. 가난한 사람들이 아니라 경제가 불쌍하다니!
183. 똑똑한 아리스토텔레스가 '가치' 개념을 몰랐던 까닭은 아테네가 신분사회라서 '인간 노동이 똑같다'고 간주될 수 없어서였다. 상품사회는 인간이 형식적으로나마 '평등하다'고 간주될 때 만발한다.

은 인간 노동의 단순한 물적 외피(겉옷)인 탓에 서로 가치로서 관계 맺는다고 여기지 않고, 그 반대로 생각한다. 서로 다른 생산물을 교환 과정에서 '가치value로서 같다!'고 여기기 때문에 '서로 다른 노동일지라도 인간 노동으로서 같다!'고 여기는 것이다. 그들은 무의식적으로 그렇게 한다. 노동생산물이 '가치(값)를 갖는다'는 것은 상품경제에서나 타당한 사실인데 사람들은 아담과 이브가 살던 시절부터 지금까지 줄곧 그런 것으로 착각한다. '상품형태'가 갖는 온갖 신비로움은 우리가 딴 경제 체제를 들여오는 순간, 눈 녹듯이 사라진다. "아, 그거? 돈 놓고 돈 먹는 흉악한 짓거리였지!"

2편에서는 자본의 탄생에 대해 설명한다.

가치는 가치라서 가치를 낳는다는 신비로운 성질을 지녔다. 가치는 끊임없이 화폐형태와 상품형태를 번갈아 취하면서 그 크기를 바꿔내고 스스로 제 몸집을 불린다(가치의 자기 증식).

모든 상품은 아무리 초라하거나 흉악스럽게 보일지라도 진실로 화폐이고, 날 때부터 할례割禮를 받은 유대인이며, 황금알(더 많은 돈)을 낳는 기적의 수단이라는 것을 자본가는 알고 있다. 자본의 운동(유통) 속에서 상품가치는 스스로 운동하는 하나의 실체로서 난데없이 나타난다. 가치는 자기 자신과 사적 관계를 맺는다. 성부聖父가 성자聖子로서의 자기 자신과 구별하듯 최초의 가치와 잉여가치를 구분한다. 처음에 투자된 100원은 10원이라는 잉여가치에 의해 비로소 자본이 되고, 아들에 의해 아버지가 생겨나자마자 둘의 구별은 소멸되고 둘은 하나, 곧 110원이 된다.

상품 생산자는 다른 상품 소유자와 접촉하지 않고서는 (곧 유통 분야의 바깥에서는) 가치를 불릴 수 없고 화폐/상품을 자본으로 바꿔낼 수 없다. 자본은 유통에서 생겨날 수 없고, 또 유통의 바깥에서 생겨날 수도 없다. 자본은 유통에서 생겨야 하는 동시에 유통의 바깥에서 생겨야 한다. 그래서 두 겹의 결과가 나왔다. 화폐의 자본으로의 전환은 상품교환 법칙의 토대 위에서 나와야 마땅하고, 따라서 등가물끼리의 교환이 그 출발점이다. 화폐 소유자는 상품을 그 가치대로 사들여서 그 가치대로 팔아야 하는데, 그러면서도 끝에 가서는 자기가 집어넣은 것보다 더 많은 가치를 끌어내야 한다. 자본가로의 성장은 유통 영역에서 벌어져야 하고, 또 거기서 벌어져서는 안 된다. 여기가 로두스 섬이다. 자, 여기서 뛰어보라![184]

이윤율 하락의 위기에 쫓기는 체제

2~3권 중에서는 3권의 3편만 잠간 살핀다.

노동의 사회적 생산성이 차츰 발달함에 따라, 일반적 이윤율이 점점 떨어지는 경향이 있다.[185] 이것은 자본주의 생산양식의 본질적인 특징이다. 같은 숫자의 노동자들이 점점 커지는 불변자본(기계설비 등)을 처리하기 때문이다. 총자본에 견주어 가변자본(임금으로 지불되는 몫)이 점점 줄어들어 사회적 총자본의 평균적인 유기적 구성이 차츰

---

184. 이솝 우화에서 '로두스 섬에서 높게 뛰었다'고 자랑한 사람에게 이솝이 대꾸한 말. 마르크스는 '유통에서냐, 아니냐'가 논점이 아니라는 게다. 잉여가치를 낳는 것은 오직 '임금노동자(노동력 상품)'뿐.
185. 이윤율이 점점 떨어져도 이윤량은 늘어날 수 있다. 그래서 기업들이 그럭저럭 버틴다.

높아진다.[186] 종래의 정치경제학(애덤 스미스 등)은 이 수수께끼를 해결하려고 애썼지만 실패했다.

하지만 이 일반법칙의 효과를 상쇄하는 요인들이 있어서 이윤율 하락이 하나의 '경향'으로만 나타나게 된다. 상쇄 요인은 노동착취도의 증가, 노동력 가치 밑으로 임금을 떨어뜨리기, 불변자본(기계류) 요소들의 값이 싸지는 것, 상대적 과잉인구(곧 실업)의 증가, 대외 무역이다.

이윤율을 떨어뜨리는 요인과 그 상쇄 요인은 서로 모순을 일으켜 사태를 복잡하게 만든다. 자본 축적에 따라 노동자들이 큰 규모로 (공장에) 모여들어 자본의 (유기적) 구성이 높아지면 이윤율 하락을 부채질한다. 다른 한편, 이윤율 하락이 자본의 집적을 북돋고, 소小자본가들이 잡아먹혀서 자본의 집중을 높인다. 이윤율 하락은 새로운 독립적인 자본의 출현을 느리게 만들고, 과잉생산과 금융투기, 공황crisis을 부르고 '과잉인구와 과잉자본의 병존'을 초래한다. 이윤율 하락은 "자본주의에 대한 장벽은 자본 자체"라는 사실을 깨우쳐주는 빨간불이다. 이 독특한 장벽은 자본 체제가 일정한 단계에서는 부富의 더욱 큰 발달과 충돌한다는 것을 말해준다.

자본 체제에서는 '너무나 많은' 부가 생산되는 게 아니다. 자본주의적인 적대적 형태의 부가 주기적으로cyclic 너무 많이 생산될 뿐이다. 자본 체제의 장벽은 첫째, 어느 때가 되면 이윤율 하락이 생산성 발

---

186. 공장의 살림에서 살아 있는 노동(노동자)의 비중이 줄고, 죽은 노동(기계설비)의 비중이 커지는 것. 그런데 잉여가치는 살아 있는 노동자가 만드는 것이니 (그에 따라) 이윤율이 차츰 떨어지게 된다.

달 자체에 적대적으로 맞서는 탓에 공황으로 해소되어야만 한다는 것. 둘째, 더/덜 생산하느냐 여부는 생산과 사회적 필요(사회적으로 발달한 인간의 욕구) 사이의 비율이 아니라, 이윤과 자본 투자액 사이의 비율이 결정한다는 것! 사회적 필요가 충족돼서 생산이 중단되는 게 아니라, '이윤벌이가 가능하냐' 여부에 따라 생산이 중단된다.

자본주의는 몇몇 자본가의 손 안에 생산수단을 깡그리 모아주고, 노동을 (협업과 분업, 과학기술의 발달 덕분에) 사회적 노동으로 엮어내며 '세계시장'을 이뤄낸다. 생산력과 자본가치는 빨리 늘어나지만 그 생산력이 작용하는 기초(소비시장)는 점점 좁아들어 자본가의 이윤벌이 가능성과 충돌한다. 여기서 공황이 터져 나온다.

유럽에서는 1817년에 처음 공황이 터진 뒤로 거의 10년마다 공황이 잇따랐다.[187] 19세기 중반에는 공황의 발생이 사회혁명을 촉발한 효과가 뚜렷했다. 1847년의 공황과 1848년 2월 혁명의 상관관계가 그것이다. 그래서 그 뒤로 한동안 마르크스는 '언제 공황이 터질지' 촉각을 곤두세우고 탐구했다. 공황이 터지기를 사실상 기다렸던 것이다.[188] 『자본론』을 써낼 때(1867년)가 되어서야 그는 공황이 반드시 혁명으로 이어지는 게 아니라는 사실을 받아들였다. 물론 혁명이 성숙할 조건은 만들어준다. 공황은 자본 체제가 신경질을 부리는 것과 비슷해서 수많은 대중에게 '자본주의가 사람 잡는 것 아니냐' 하는 깨달음

187. '10년마다'였던 까닭은 주력 산업인 면직공업의 설비 기계류가 10년마다 낡아진 것으로 설명된다.
188. 마르크스의 통찰이 (한동안) 허술했던 대목의 하나가 이 '공황 대망론待望論'이다. 그는 공황론을 완성하지 못하고 불완전한 초고(첫 글)만 남겼다. 과소소비와 이윤율 저하의 두 측면을 종합해낸 더 진전된 이론이 나와야 한다.

을 선사하기는 한다. 하지만 혹독한 궁핍을 겪게 된 대중이 오히려 움츠러들기도 해서, 공황이 대중운동의 성장을 반드시 북돋는 것만은 아니다. 1929년 대공황이 터지고 나서는 독일(히틀러)이든 미국(케인스)이든 국가가 소매를 걷고 경제에 개입해서 공황의 해소에 나섰다(국가독점자본주의로의 전환). 그 뒤로, 공황이 터질 조짐이 보이면 국가가 갖가지 땜질을 해대서 공황이 19세기처럼 뚜렷한 형태로 나타나지 않고, 그 폭발을 자꾸 늦추게 됐다. 그래서 공황의 난데없는 폭발에 따른 대중의 끔찍한 고통은 덜어냈지만, 그 대신에 과잉자본과 대중의 빈곤이 빚는 모순이 해소되지 못하고 속으로 타들어갔다. 2008년 대공황의 경우, 그렇게 장기 침체로 이어지고 있다.

한편, 부르주아 경제학은 2차 대전 이후 20여 년의 호황기('좋았던 시절')에 공황panic이란 낱말 자체를 늠름하게 폐기했다. "공황? 그딴 거, 더 이상 없어!" 하지만 20세기 말에 들어서고부터 '자본주의가 영원하리라!'는 그들의 자신감이 시나브로 사그라들었다. '공황'이란 낱말의 부활을 반대할 염치가 없다. 그들은 호기로운 전망도 없이 그저 당장 '자본 살리기'에만 정신을 팔고 있다. 인류 사회의 미래가 어찌될지 따위는 관심이 없다.

덧대기
2008년에 벌어진 난리를 살피자. 그것을 '세계대공황'으로 여기지 않는 사람이 많다. 그저 '미국의 금융공황'일 뿐이란다. 1929년의 대공황에 견주어 대단한 붕괴가 아니지 않느냐는 게다. 그때는 정부가 재정긴축으로 맞섰고 지금은 돈 찍어내기로 맞선다(폭발을 늦춘다). 그러므로 위기 직후에 얼마나 많이 무너졌는지, 양적 비교는 하릴없다. 1929년의 붕괴 사태가 1937년에 더 악화됐듯이 2008년의 사태는 2014년부터의 장기 침체로 더 악화됐다. 이것을 'new-normal(새 정상 상태)'로 일컫는 것은 '눈 가리고 아웅'이다. 붕괴의 정도보다 더 중요한 것은 '오래가느냐'

다. 세계경제는 산업 침체와 금융의 투기바람이 맞물리고, 불황에 디플레가 겹쳐서 대침체를 겪고 있다. 2008~2015년의 전체 과정을 묶어서 '세계대공황'이라 불러야 한다. 1929년의 대공황은 결국 2차 세계대전(1941~1945)을 통해 극복됐는데, 2008년의 대공황은 무엇으로 극복돼야 하는가? 3차 세계대전을 기다려야 할까? 야만의 역사가 다시 반복돼야 할까? 그럴 경우, 예전에 반파시즘 세력(연합국)이 승리했듯이 '절반뿐인 승리'라도 얻어낼 수 있을까?

파리코뮌에서 새로운 세상을 엿보다

1870년 프랑스와 프러시아 사이에 전쟁이 터지고, 프랑스가 이 전쟁에 패배하자 1871년 봄, 파리에서 민중 봉기가 일어나 '파리코뮌Paris Commune'을 세웠다. 마르크스가 파리코뮌의 역사적 의의(뜻)를 알리는 『프랑스 내전』을 썼다.

이 전쟁은 겉으로는 프랑스가 일으킨 것으로 보이지만 실제로는 프러시아가 오스트리아를 무릎 꿇린 뒤, 독일 통일을 가로막는 마지막 걸림돌인 나폴레옹 3세에게 시비를 건 것이다. 3세가 포로로 붙들리고 국민의회가 프러시아와 굴욕적인 강화 조약을 맺으려 하자 파리의 민중이 들고 일어나 자치自治 정부를 세웠다. 프랑스 지배세력은 도망가버리고, 민중이 주인 된 나라(파리코뮌)가 3~5월 사이에 들어섰다. 마르세유를 비롯해 여러 지방 도시에도 코뮌이 들어섰지만 이 코뮌들은 독일군과 프랑스 지배계급에 의해 금세 진압되고, 파리코뮌만이 두 달 동안 영웅적으로 맞서 싸웠다. 프러시아 군대가 파리를 포위한 탓에 식량이 부족해서 파리 민중은 심지어 쥐까지 잡아먹으며 버텼다. 5월 말, 유럽 연합군이 파리로 진격하여[189] 1~5만 명을 (총을 쏴서) 죽이고, 10만 명을 붙들어 가서 그 가운데 만 명가량을 머나먼 외딴섬으로 쫓아 보냈다. 그들은 죽을 때까지 그곳의 감옥에 갇혔다.[190]

마르크스는 파리코뮌이 꿈틀대던 초기에는 이 싸움을 주도하던 그룹의 전술이 무척 모험적이라고 걱정했다. 패배할 위험이 예견됐기 때문이다. 하지만 자치 정부가 들어서고부터 파리코뮌을 힘껏 돕는 일에 나섰다. 이 싸움이 설령 패배할지라도 인류 역사에 커다란 발자취를 남기리라고 생각했던 것이다. 세상에는 패배할 줄 알면서도 싸워야 할 때가 있다.[191]

마르크스의 생각에 파리코뮌은 세상에서 처음으로 탄생한 노동자 국가였고, 프롤레타리아 독재였다. 지금까지의 국가들과 무엇이 달랐는가?

파리코뮌은 부르주아의 지배 도구인 상비군을 없애고 '민중 모두가 총을 들자'고 호소하는 첫 포고령을 내렸다. 부르주아 민주주의가 일하는 대중의 직접민주주의로 바뀌었다. 코뮌은 노동자들의 삶을 보살폈다. 노동시간은 하루 10시간으로 제한했다. 밀린 집세를 다 탕감(면제)했고, 제빵 노동자들의 야간노동을 막았으며 전당포를 없앴다. 무상 교육을 들여오고, 종교교육의 강제를 없앴다. 그리고 굶주리는 사람이 없도록 모든 민중에게 식량을 나눠주었다. 진정으로 민중을 돌보는 국가가 들어서면 사람들의 인간성이 달라진다. 파리 시에서 도둑이 자취를 감추고 온갖 범죄가 사라졌다.[192]

189. 유럽의 지배세력들이 연합해서 파리코뮌을 무너뜨렸다. 이것은 국제적 계급투쟁이었다.
190. 외딴섬에서의 탈출을 그린 영화 「빠삐용」을 관람하고 무기수無期囚의 고통을 떠올려 보라.
191. 1980년 5월, 광주의 시민군 지도부는 패배할 줄 알면서 싸웠다. 끝까지 싸우지 않았더라면 그 역사가 은폐되고 왜곡되어 후손들에게 교훈을 남기지 못했을 것이다.
192. 1980년 5월 광주에서도 그랬다. 파리코뮌이 광주에서 부활했던 것이다.

코뮌은 애국주의 대신에 국제주의를 실천했다. 딴 민족들에게 증오를 불러일으키는 나폴레옹 전승비를 헐어버리고 독일 노동자를 정부 관리로 뽑았다. 옛 국가들은 대다수 민중을 폭력으로 억누르는 기구였지만 코뮌은 대다수의 뜻에 따랐다. 정부 관리를 민중이 뽑았고, 민중이 불신하면 언제든지 쫓아냈으며, 일반 노동자와 똑같은 액수의 봉급을 주었다. 파리코뮌은 단명했기 때문에 새로운 사회와 국가의 모습을 충분히 그려내지는 못했다.[193] 하지만 국가가 더 이상 (사회의 자유로운 운동을 가로막고 그 에너지를 빨아먹는) 기생충이기를 멈추었다. "코뮌의 가장 큰 업적은 코뮌이 생겨나고 굴러가주었다는 것 자체"라고 마르크스는 칭송했다.

파리코뮌에서 마르크스는 사회주의 사회의 가능성을 보았다. 파리코뮌의 주도층은 협동조합의 연합을 구상했다.

"연합한 협동조합들이 공동계획에 의거해서 전국의 생산을 조정하고, 그것을 단체의 통제 밑에 두고, 자본주의 생산의 숙명인 끊임없는 무정부상태와 주기적 변동(공황)을 없앤다면 그것이 가능한 공산주의 아니고 무엇이겠는가?"

마르크스주의와 관련해 오랫동안 입씨름거리가 된 '프롤레타리아 독재' 개념도 파리코뮌과 관련하여 되새길 일이다. 레닌이 부르짖은 프롤레타리아 독재는 실제로는 공산당(또는 이성理性)의 독재로 끝났다. 그것이 스탈린 시대에 와서 공산당 지도자 한 사람의 독재로 쪼그라든 탓에 마르크스주의자들 상당수가 이 개념을 결국 포기했다. 이 낱말은 오해를 낳기 쉬운 일종의 비유이기 때문에, 이 낱말을 꼭 내걸지 말지는 중요하지 않다. 문제는 목욕물과 더불어 (거기 담긴) 어린아

193. 이를테면 여성에게 선거권을 주지 못했다. 하지만 여성들이 코뮌의 투쟁에 앞장섰다.

이를 버려서는 안 되듯이, 이 개념에 들어 있는 합리적 핵심을 포기해서는 안 된다는 것이다. 프롤레타리아 독재의 핵심은 새로운 사회의 출현을 끝끝내 가로막는 부르주아 수구守舊 세력을 꺾어야 한다는 것이지, 무슨 독재 기구를 세우는 일이 아니

파리코뮌 때 민중이 학살당한 장면을 나타낸 그림. 1871년 봄, 프랑스군이 프러시아군에게 패배해 항복하자 파리에서 민중봉기가 일어났다. 마르크스는 파리코뮌이 만들어낸 새로운 국가가 '노동자가 주인 되는 나라'의 모델을 보여준다며 이를 주목했다.

다. '계급투쟁을 결코 포기하지 말라'는 당부다. 파리코뮌에서 무슨 관료독재 기구가 저 혼자 활개를 쳤는가? 이 개념을 말할 때는 파리코뮌을 떠올려야지 스탈린의 관료독재 국가를 떠올려서는 안 된다. 부르주아 국가는 '독재가 다시 살아나지 않을 틀'을 궁리해서 3권 분립分立과 무기명 투표제도 따위를 만들었다. 하지만 프롤레타리아 국가는 그것 이상으로 예민하게 '권력이 고정되는 것(저희끼리 철옹성 쌓기)'과 맞서 싸워야 한다.

파리코뮌은 입법 기관이자 행정 기관이었다. 시민사회와 정치적 국가라는 '분리된 틀'을 없앴다. 하지만 코뮌에도 대의제도와 관료가 없지는 않았다. 다만 그것이 (저희끼리 굴러가는) 고정된 권력집단을 만들어내지 않도록 늘 견제해야 한다.[194]

저마다 능력에 따라, 저마다 필요에 따라

마르크스는 1875년에 『고타 강령 비판』을 썼다. 같은 해에 고타 시

194. 아테네 민주주의는 이를 위해 제비뽑기를 통해 관료를 임명했다.

에서 열린 독일사회주의노동자당 대회에서 채택된 정당 강령(program, 그래서 '고타 강령'이라 일컬음)이 갖고 있는 문제점을 일일이 비판한 글로서 고타 강령은 국가권력을 등에 업은 개량의 길에 점점 빠져들어가던 라살레의 작품이었다.[195]

마르크스는 이 『비판』에서 공산주의(또는 사회주의)로 옮아가는 길을 낮은 단계와 높은 단계로 구분해서 살폈다. 자본주의를 엊그제 벗어난 처음(낮은) 단계에는 아직 낡은 사회의 흔적이 곳곳에 들러붙어 있다. 이를테면 능력에 따라(일한 만큼) 누린다는 것은 얼핏 생각하면 평등한 권리 같지만 이것은 부르주아적인 평등이다. A는 힘도 세고 젊다. B는 힘도 약하고 늙었는데 여러 식구를 먹여 살려야 한다. A는 더 벌어서 좋겠지만 B는 갈수록 더 쪼들릴 것이다. 능력대로(일한 만큼) 보수pay를 주는 것이 공평한 것 같지만, 그것은 (저마다 능력과 처지가 다르다는 데서 비롯되는) 자연적인 불평등을 더 키운다.

> 그러나 공산주의 사회의 더 높은 단계에서, 다시 말해 개인이 분업에 복종하는 예속적 상태가 사라지고 이와 함께 정신노동과 육체노동 사이의 대립도 사라진 뒤에, 노동이 생활의 수단일 뿐만 아니라 그 자체가 으뜸가는 생활 욕구가 된 뒤에, 개인들의 전면적 발전과 더불어 생산력도 커가고, 조합적인 부富의 모든 샘이 흘러넘치고 난 뒤에, 그때 비로소 부르주아적 권리의 편협한 한계가 완전히 극복되고, 사회는 자기의 깃발에 다음과 같이 쓸 수 있게 된다. 저마다 능력에 따라 (일하고), 저마다 필요에 따라 (누리리라)!

195. '온전한 노동수익'과 '생산협동조합에 대한 국가 보조' 등은 사회주의와 동떨어진 것이다.

이 얘기가 성서bible에 잠깐 섬광flash처럼 등장했던 사실부터 떠올리자. 오래 일한 일꾼에게든, 잠깐 일한 일꾼에게든 똑같은 품값을 건네준 포도밭 주인 얘기다. 유토피아(이상향)는 그렇게 누구의 삶이든 다 보장해주는 곳이다. 사회주의 사상이 근대에 와서 비로소 출현한 것이 아니라는 사실을 잠깐 새긴다.

깊이 생각해볼 대목은 "노동이 사람에게 으뜸가는 생활 욕구가 돼야 한다"는 구절이다. 과연 그게 가능한 얘긴지, 고개를 갸웃거릴 사람도 많다. "나는 '목구멍이 포도청'이라 억지로 일하는데 너는 일터에 나가는 것이 그렇게 즐겁다는 말이냐? 대다수 사람이 그럴 수 있다고?" 사람은 입에 풀칠하려고 어쩔 수 없이 밥벌이의 고역(고생스러운 노릇)을 견딘다. 그런 고역苦役을 되도록 덜 하는 세상이 오기를 우리는 간절히 바란다. 옛 아프리카인들 가운데는 (열매와 물고기가 풍성한 곳에 살아서) 하루 두 시간밖에 일하지 않은 부족들이 있었다. 하루의 나머지 시간을 이웃과 정답게 놀며 지냈으니 그런 곳이 낙원이 아니고 무엇이랴. 자본주의가 물질적 생산력을 크게 높여놔서 그것이 인류에게 골고루 분배되기만 한다면 모든 인류가 하루 두 시간(!)만 일해도 된다고 (경제 통계를 갖고서) 계산해낸 학자도 있다. 꿈같은 얘기인데, 아무튼 마르크스는 그런 희망에 머물지 않았다. 정말로 사람답게 사는 것은 꼭 '일을 덜 하며' 사는 것이 아니라, 즐겁게 일하며 사는 것이란다. 이를테면 무척 멋진 명품(예컨대 기타)을 만드느라 밤잠을 잊고 일과 씨름하는 노동자가 있다고 치자. 전 세계 사람들이 그가 만든 기타를 얻어 갖기를 고대한다면 그는 고된 땀방울을 더 많이 흘릴수록 더 큰 기쁨을 맛보지 않겠는가? "고역의 일은 덜 하되, 흐뭇한 일은 더 열심히 하자!" 인류의 사람됨이 다들 성숙해져야만 그런 세상이 온다. 왜냐하면 아무리 너그러운 사람일지라도 고역으로 느끼는 일이 얼마쯤 있고, 그런 일을 누구라도 감당해야 하기 때문이다. 쓰레기를 처리하거나 똥 푸는 일 따위는 누구라도 꺼린다. 그런 고역은 인류 모두가 조금씩 나눠서 맡아야지, 그 고역을 일부 사람만이 평생 짊어진다면 인간 사회에 그늘이 없어지지 않는다. 사람답게 살아갈 세상은 이렇게 원대하고 투철한 목표를 세워야 비로소 한 걸음씩 다가갈 수 있다.

마르크스는 '사회주의 사회는 어떤 곳이냐'라는 물음에 대해 많은 말을 하지 않았다. 아직 만들어본 적이 없는 것에 대해 자세히 말할 수가 없을뿐더러, 훗날의 일을 붙들고 앉아서 긴 시간을 머리 씨름하는 것은 자칫하면 공리공론空理空論이 될 수도 있어서다. 이것을 경계하려고 이런 말도 했다.

"공산주의는 우리에게 있어 만들어져야 할 하나의 '상태'가 아니고, 현실이 따라가야 할 하나의 '이상'도 아니다. 우리는 지금의 상태를 없애나가는 '현실의 운동'이 공산주의라고 부른다. 이 운동의 여러 조건들도 지금 있는 전제들로부터 생겨난다."

그는 분업에 대해서만 잠깐 짚었다.

"공산주의 사회에서는 아무도 하나의 배타적인 활동 영역에 갇혀 있지 않다. 사회가 모든 생산을 통제하므로 개개인은 자기가 하고 싶은 대로 오늘은 이 일을, 내일은 저 일을, 곧 아침에는 사냥하고 오후에는 낚시를 가고 저녁때는 소를 몰고 저녁식사 뒤에는 비평을 하면서, 그러면서도 사냥꾼으로도 어부로도 목동으로도 비평가로도 되지 않는 일이 가능하게 된다."

이 대목을 가리켜 "참 낭만적이군." 하고 슬쩍 비웃는 사람도 있는데, 그는 바보가 아니다. '한번 꿈을 꾸겠다'고 밝히고서 말했다. 이 꿈은 우리더러 눈앞의 소소한 사회개혁 과제에만 생각이 머물지 말라고 우리를 꾸짖는다. 당장의 '빈부 격차 줄이기'나 '차별 철폐'만으로 인간 사회가 본때 있게 해방되는 게 아니라고 우리에게 일러준다.

인류의 초창기, 저마다 몇십 명씩 어울려 다니는 유랑 밴드band 사회에는 불평등도 없었고 분업이라 봤자 남자와 여자 사이의 자연적인 분업밖에 없었다. 국가 사회로 오고부터 정신노동(최초의 정신노동자는 무당巫堂이나 사제司祭 계급이었다)과 육체노동 사이에 크레바스(빙하의 갈라진 틈)처럼 날카롭게 틈이 벌어졌다. 이 틈이 뚜렷이 메꿔질 때라야 비로소 우리는 '지상地上 낙원paradise이 들어섰다'고 말할 수 있겠고, 사회주의의 가장 높은 단계란 그런 상태를 두고 일컫는 말이다.

당장의 현실은 어떠한가? 지금처럼 여러 기업들이 저마다 자기 필요한 대로 쪼가리 일거리를 임금노동자(피고용자)들한테 떠맡기는 경제 체제에서는 분업의 극복이 꿈같은 일이다.[196] 자본가들은 그것(분업의 극복)을 결사적으로 막을 것이다. 공장에서 줄곧 납땜질만 하는 여성 노동자가 한 사람 있다고 치자. 지금 세상에서 그는 갖가지 다양한 일을 겪어보지 못하고 여러 해를 납땜인두만 휘두르며 살아야 할 것이다. 그가 좁은 인생 경험(분업의 틀)에서 당장 벗어날 길은 같은 노동자들끼리 노동조합을 만들어 교류하고, 더 나아가 사회단체나 정당에 참여해서 더 넓은 사회와 맞닥뜨리는 것뿐이리라.

후손들에게 책임지는 성숙한 사회가 되려면

마르크스의 통찰 가운데 미묘하게 짚어볼 대목이 또 하나 있다. 마

---

196. 애덤 스미스는 핀 공장의 일을 예로 들어서 (분업의 결과로 주어진) 단조로운 일이 얼마나 사람의 지성을 갉아먹는지 설명했다. 자본 체제 밑에서 '노동이 삶의 으뜸 욕구가 되는 것'은 불가능하다.

르크스가 너무 장밋빛으로 사회주의의 미래를 점친 것 아니냐 하는 비판이 그것이다.[197] 그가 "자본주의가 이뤄낸 것과 동떨어지게 미래를 그리지 말자"고 방향을 잡은 것이야 옳다. 사회주의는 어디 하늘에서 뚝 떨어지는 것이 아니고, 자본주의의 성과를 받아들이고 그 폐해를 실사구시實事求是하여 해소하는 가운데 비로소 실현되는 것이기는 하다. 그런데 그의 글 중에는 사회주의 사회가 자본주의의 높은 생산력을 고스란히 받아안아서 꿩 먹고, 알 먹고, 다시 말해 자유평등의 살맛 나는 사회관계뿐만 아니라 높은 물질적인 풍요로움도 저절로 이뤄낼 것으로 읽히는 대목이 더러 있다. 사회 변혁의 희망을 불어넣기 위해 그가 '자본주의의 계승'을 더 강렬하게 단언했기 때문일 것이다. 하지만 그의 장밋빛 전망을 꼬치꼬치 나무랄 일은 아니다. 왜 지금의 체제를 바꾸어야 하는지, 그 당위what should be를 일깨우려고 미래를 굵직하고 짤막하게만 살폈을 뿐이라서다. 옛 소련이 '경제 성장률을 높이자!'고 하도 떠들어대서 그런 통념(선입견)이 더 짙어졌다.

아무튼 (마르크스처럼) 미래를 멀리서 내다볼 때와 (21세기의 우리처럼) 그 미래로 한 발 다가가 봤을 때는 보는 것이 달라진다. 사회 변화를 구체적으로 살필 때에는 사회주의의 힘(강점과 약점)에 대해 더 냉정하게 짚어야 한다. 20세기에 여러 나라에서 사회주의 사회를 한 차례 운영해본 경험에 비추어 보자면, 자본주의의 높은 생산력이 사회주의 경제로 고스란히 이월되는(넘겨지는) 것 같지는 않다. 왜?

자본주의는 오로지 '자본의 팽창'을 동력으로 삼아 굴러간다. 자본은 온갖 비용과 부담을 민중과 그 후손에게 떠넘기고 오로지 저희들 몸집을 불릴 것만 궁리한다. 당연히 성장이 빠르다. 자본가 중에는 따

197. 마르크스 시절만 해도 자본주의에 더러 진취성이 남아 있었다. 지금은 더 어둡게 볼 수밖에 없다.

뜻한 마음을 품은 사람도 더러 있지만 자본 체제 자체는 피도 눈물도 없이 제 몸집만 불리는 자동기계다. 산업문명의 발달에 따른 생태계 파괴라는 것도 산업화의 열매는 자본이 따먹고 비용(부담)은 지금의 민중과 앞으로의 민중(미래에 살아갈 후손들)에게 떠넘기는 자본 체제가 1등 주범이 아니었는가. 자본 혼자 몸집을 불리는 세상이었기 때문에 뉴욕과 서울과 두바이에 으리으리한 마천루가 들어섰다. 그것은 밑바닥 대중들에게 자기네를 경배하라는 줄기찬 메시지를 퍼뜨린다. "금 나와라, 뚝딱!" 하는 도깨비방망이가 그런 요지경을 가능케 했다. 여기서 '금'은 수많은 대중에게서 갈취한 잉여가치다.

이와 달리, 사회주의는 민중이 다 함께 풍요의 길로 가자는 사회다. 더디게 이뤄질 수밖에 없고, '높은 성장률'을 자랑해서는 안 된다. 옛 사회주의 소련은 자본주의를 닮아가는 바람에 무너졌다. 국가 관료들이 미국과 성장률 높이기 게임과 군비軍備 경쟁을 벌이는 바람에 사회주의의 좋은 미덕이 다 사라져서 마침내 민중의 지지를 잃었다.[198] 게다가 우리는 그동안 자본주의가 저지른 일들을 뒷갈망해야 하는 새로운(궂은) 숙제를 떠안게 됐다. 자본주의는 돈벌이 되는 것은 무엇이든 만든다며 해로운 농약도 만들고 사람을 죽이는 미사일 폭탄도 마음껏 만들어댔다. 땅과 바다의 자원을 거리낌 없이 탕진하고, 자연을 제 먹잇감인 양 착취한다. 사회주의는 지금의 경제 체제처럼 대량생산 대량소비를 일삼아서는 안 된다. 중국인과 인도인 대다수가 미국인들만큼 석유를 낭비하고 소고기를 일 년 열두 달 주식主食으로 삼았다가는 지구의 자연생태계가 가까운 미래에 거덜 난다. 그러므로 정말로 '지

198. 하지만 사회주의 국가들이 버티고 있었기 때문에 서유럽의 자본가들이 '혁명 예방'을 위해 '복지국가'를 선뜻 허용했다는 사실을 잊어서는 안 된다. 그들이 무너진 뒤로 계급 간 균형도 무너졌다.

속가능한 발전'의 길로 경제 체제를 바꾸지 않으면 안 된다.[199]

자본주의를 넘어선다는 것은 '대량소비 사회'와 작별을 알린다는 뜻이다. 자본 체제가 이윤벌이의 위기에 빠져 가라앉고 있는 탓에 이제는 현실 자체가 대중에게 허리띠 졸라매기를 강요한다. 그동안 "더 소비하라!" 하고 떠드는 선동에 휩싸여 흥청망청 써대며 넋 없이 살았던 우리는 자신을 한참 성찰해야 한다. 생태주의자들의 경고에 귀를 닫아서는 안 된다. 19세기만 해도 '이밥(쌀밥)에 고깃국'을 한번이라도 실컷 먹어봤으면, 하는 소망이 민중에게 얼마나 간절했을지 우리는 넉넉히 짐작한다.[200] 하지만 지금은 기본 생활필수품과 고급 과학기술제품을 (자본주의 선진국과 중진국의 대중이) 웬만큼 누리며 산다. 한국의 장삼이사張三李四들은 먼 나라의 진귀한 음식을 (세계 무역의 발달 덕분에) 고구려의 광개토대왕보다 더 많이 맛보고, (산업기술혁명 덕분에) 세종임금이 부러워할 갖가지 과학기술 제품(스마트폰 따위)을 누리고 있다. 물질생활 면에서 파라다이스는 이미 이 땅에 실현됐다. 더 많이, 더 다양하게 누릴 것을 간구할(간절히 추구할) 때가 아니다.

오히려 '소비자가 왕(!)'인 시대에 살아서 사람됨이 비뚤어지지 않았는지 다들 돌아볼 때다. 현대인은 무엇을 생산(창조)할 때보다 소비할 때 자기가 '사람답다'고 느낀다.[201] 소비를 멈추면 왠지 불안해지고, 더 소비할수록 만족에서 더 멀어진다. "신新-상품아, 빨리 나와라!" 우리는 '쇼핑에 중독되라'고 다그치고 꾀는 사회에 살아왔다. 삶의 방식이

---

199. 자본주의 체제 밑에서 '지속가능한 발전'은 불가능하다. 요즘 나도는 그 구호는 성장과 환경의 두 마리 토끼를 다 잡자는 불가능한 환상을 퍼뜨리며 현실을 얼버무리는 구실을 한다.

200. 16세기 중반 프랑수아 라블레의 소설 『가르강튀아와 팡타그뤼엘』에는 온갖 진귀한 음식을 배터지게 먹는 장면이 나온다. 대중이 지독하게 굶주렸던 그 시절, 민중이 품었던 환장할 꿈을 나타냈다.

확 달라져야 한다. 미래 사회의 소비 매뉴얼(지침)은 물자를 아껴 쓰고 살되, 높아진 과학기술의 도움으로 한두 가지 명품을 누리며 사는 것이 돼야 하지 않을까? 산업기술은 경제 체제가 바라는 방향으로 진화해간다. 자본주의 체제 속에서 산업기술은 자원을 흥청망청 탕진하는 쪽으로 제 솜씨를 뽐내왔다. 생태사회주의를 추구하는 사회에서 산업기술은 사람의 인문학적 감수성을 북돋고 지혜를 더 높이는 제품(명품)을 만들어내야 한다. 뿐만 아니라 산업기술은 자본주의가 불러올 재난disaster으로부터 세상을 어찌 되살릴지 궁리하는 데에도 복무해야 한다.

사이에 서서, 모순을 껴안다

실천(정치) 활동을 간단히 살핀다. 그는 단지 책상머리에 앉아 이론만 연구하는 샌님(책상물림)이 아니었다. 『라인신문』을 함께 만들고, 『뉴욕 트리뷴』지에 칼럼도 계속 썼다. 1864년 (제1인터내셔널이라 일컫는) 국제노동자협회가 돛을 띄우자, 결성 선언문과 규약을 만드는 일에 앞장섰다. 이 단체는 다양한 생각을 가진 그룹(조직)과 개인의 자발적 결사체로서 (러시아 황제의 압제에 맞선) 1863년의 폴란드 민중봉기를 돕는 연대 집회를 계기로 만들어졌다. 제1인터내셔널은 파리코뮌을 돕는 일에 큰 몫을 했으나 코뮌이 패배한 뒤 힘이 빠지고 의견이 엇갈려서 해체됐다.[202] 마르크스가 죽은 뒤 제2인터내셔널이 다시 일어나

---

201. 생산은 공公이고, 소비는 사私다. 다들 소비생활에 빠져 살아서 공公의 영역이 쭈그러들고 있다. 예컨대 TV는 사적 잡담을 공론公論인 양 떠든다. 공公에 대한 관심(시민의식)이 옅어지고 있다. 그 배후엔 이윤벌이가 막힌 자본 체제의 위기와 그래서 한사코 상품을 팔아먹는 광고(홍보)산업이 있다.

서(1889년), 5월 1일을 '노동절'로 선포하고 "하루 8시간만 일하겠다!"는 국제 캠페인을 벌였다. 마르크스주의자들이 이 단체를 주도했는데 1차 세계대전(1914~1918)을 맞아 각국의 노동운동 세력들이 다들 자기 정부를 지지하고 침략전쟁에 찬성함에 따라 노동자 국제주의의 이념이 무너져서 문을 닫게 됐다.

레닌과의 관련을 짚어본다. 1917년 러시아에서 사회주의 혁명이 성공하자 러시아공산당이 (제3인터내셔널을 통해) 여러 나라의 사회운동을 주도하게 된다. 그때부터 (이념을 현실로 만들었다는 레닌의 높은 권위 때문에) 마르크스주의와 '마르크스레닌주의'가 거의 같은 낱말로 쓰였다. 마르크스의 사상이 레닌주의를 뒷받침하는 쪽으로만 해석됐다. 정당과 국가가 사회혁명을 주도한다는 것이 그 핵심이다. 이런 관점에서 보자면 19세기에 마르크스와 늘 입씨름을 벌였던 프루동과 바쿠닌의 무정부주의(아나키즘) 흐름은 몹시 부정적인(=현실을 바꿀 힘이 없는) 것으로 간주된다. 무정부주의는 간단히 말해 '국가'에 의존하지 않고서, 국가 밖에서 사회 변화를 추구하자는 것이다. 하지만 20세기 사회주의 국가들의 실패에서 얻어야 할 교훈은 국가 관료들이 일방적으로 끌고 가는 사회혁명이라는 것은 어느 순간 변질되게 돼 있다는 것이고, 정당(공산당)이 반드시 주도한다는 원칙도 문맹률이 무척 높았던 유럽의 후진국 러시아에서 얼마쯤 쓸모가 있긴 했으나 그런 흐름(엘리트들이 끌고 가는 것)이 굳어질 경우, 얼마 뒤에는 타락하게 되어 있다. 민중 모두가 주인으로 나서지 않고서 사회주의는 만들어지지 못한다. 이런 점에서 마르크스주의와 레닌주의를 세심하게 갈라서 살펴야 한다.

202. 파리코뮌이 솟아났을 때 그 감격을 노래한 「인터내셔널가」가 파리에서 만들어졌다. 이 노래는 각국의 말로 번역돼서 노동자 모두의 노래로 불렀다. 노랫말이 "깨어라, 노동자의 군대! 굴레를 벗어던져라, 정의는 분화구의 불길처럼 힘차게 타오른다! ……"로 시작된다.

마르크스가 탁월한 것은 그가 어떤 얘기든 교조(敎條, dogma)로 흐르는 것을 늘 경계했던 점이다. 그는 무슨 문제든 이것과 저것 '사이'에서 바라봤다(초월론적 관점). 프랑스 사회운동의 자리에 서서 독일(칸트와 헤겔) 철학을 비평했고, 독일 비판철학의 개념적 통찰력을 부려 써서 영국 정치경제학을 검토한 뒤 그 결과를 쏟아부어서 프랑스의 공상적 사회주의가 내놓은 물음에 답을 구했다.[203] 젊어서 그는 데모크리토스(기계적 결정론)와 아리스토텔레스(목적론)의 '사이'에 서서 앎을 추구한 에피쿠로스한테서 그런 발랄한 정신을 배웠다. 무정부주의냐, 아니면 국가주의냐 하는 양자택일 문제에서도 그는 프루동, 바쿠닌과 레닌의 사이에 서서 정교하게 줄타기를 했다고 볼 수 있다. 세상을 바꾸는 어려운 일은 줄타기와도 같은 것이어서 왼쪽과 오른쪽, 어느 쪽으로도 쏠려서는 안 된다. 그런데 "(사회 변화를 추구하는 데 있어) 국가에 의존하지도 말고, 국가를 외면하지도 말라"는 것은 사실 모순된 요구다. 이런 모순을 떠안고 나아가는 것을 변증법이라 일컫는다. 우리도 세상의 사물을 변증법적으로 파악하는 눈을 틔워야 한다.

덧대기 1
전위(前衛, avant guard)는 군사학에서는 본진(本陣, 기본부대)에 앞서 적진을 탐색하는 척후병을, 정치학에서는 대중을 앞장서 이끄는 정치조직을, 예술에서는 대중을 깨닫게 하려고 실험적 기법技法을 꾀하는 현대 예술의 한 경향을 가리킨다. 정치에서는 공산당을 흔히 '전위'로 간주했는데 다른 형태의 전위도 있을 수 있다. 참고로, 마르크스 시절엔 '공산당'이 없었다. 그는 '공산주의자 동맹'에 들어갔다. 아무튼 전위는 민중이 깨어날

---

203. (『유토피아』를 쓴) 토마스 모어와 (인간적 공동체를 만들어본) 로버트 오웬을 빼고 대부분 1830~1840년대 프랑스에서 나왔다. 파리는 생시몽과 푸리에, 바뵈프, 카베, 프루동과 블랑키의 사상으로 들끓었다. 그는 1844년 파리혁명의 실패가 이들 사상의 허술함 탓도 컸다고 봤다.

때까지 징검다리 구실을 하다가 차츰 사라져가는 '매개자'임을 잊어서는 안 된다. 옛 소련이나 지금의 북한이나 그러지 못하고 사회로부터 자립自立한 존재가 돼버려서 사회주의가 활력을 잃어버렸다.

덧대기 2

변증법dialectic의 기원은 소크라테스의 '문답술dialogue'이다. 소크라테스는 산파産婆처럼 상대방이 말한 A 내용과 B 내용이 서로 어긋나지 않느냐고 상대에게 들이대서 상대로 하여금 새 앎을 찾게끔 도왔다. 마르크스는 변증법에 대해 따로 설명하지 않았으나, 유물변증법의 논리에 따라 『자본론』을 서술했다. 헤겔의 변증법은 '관념'이 어떻게 자기운동을 펼치느냐를 살핀 반면, 그의 변증법은 역사적으로 생겨난 모든 형태의 현실을 '유동적인 운동의 흐름'으로 파악하는 것이다. 그는 자본주의가 (숙명적이고 자연적인 것이 아니라) 태어나서 스러지는 것, 일시적이고 과도적인 것, 게다가 변덕스러울 만큼 역동적이라는 사실을 변증법으로 붙잡아냈다. 어린아이는 아직 고정관념들에 붙들리지 않아서 변증법을 잘 받아들인다. 대학에 가서 분과 학문에 파묻힐수록 변증법적인 생각에서 더 멀어진다.

덧대기 3

세계 자본주의의 미래를 간단히 살핀다. ('한 나라 혼자서도 혁명이 가능하다'고 우겨댄 훗날의 스탈린과 달리) 마르크스는 "사회주의는 세계혁명으로써만 가능하다"고 말했다. 사회주의의 1차 실험이 (20세기에) 대부분 실패한 지금, "더디 가더라도 다 같이 가자!"는, 이 길라잡이 원칙은 더 분명해졌다. 자본은 세계 전체를 온통 휘둘러대고 있으므로[204] 세계 민중 모두가 함께 맞서야 힘(세력) 관계가 겨우 뒤엎어진다. 중심부(제국주의 나라)와 주변부(식민지 처지를 겪은 나라)의 처지를 칼같이 구분하는 생각들(종속이론 등)도 많았지만, 부자 나라가 가난한 나라를 착취하는 게 아니고, 세계적 자본이 모든 노동자들로부터 뺏어간다. 미국이든 유럽이든 제

---

204. '삼성'과 '현대'는 한국 사회에 발붙이고 살면서도 '한국'과 무관하게 세계 어디서든 이윤벌이에 나선다. 그들에게 '국적'이 없는 것은 아니지만, '국적'에 크게 얽매이지 않는다.

3세계에서 수많은 인구를 받아들인 요즘은 이 사실이 너무나 분명하다. 그런데 현대 사회의 모순의 하나는 자본과 국가의 어긋남이다. 자본은 지구 차원에서 놀고, 잽싸게 옮겨 다니는데, 국가는 어느 민족(영토)에 고정돼 있다. 자본가와 국가관료 사이엔 긴밀한 연계(서로 돕기)가 있지만, 자본이든 국가든 자기 이익을 위해서 그 연계를 서슴없이 깰 때도 있다. 자본은 통제 불가능한 범람하는 강물과도 같다. 세금을 안 내려고 갖은 수를 다 쓴다. '조세 피난처'로 쓰이는 유령의 섬나라들을 떠올려보자. 조지 소로스 같은 국제 투기꾼들이 (외환 투기 따위를 통해) 영국 중앙은행을 공격해서 허수아비로 만들어버렸던 경우도 생각해보라. 이에 반해 국가들은 저수지와도 비슷하다. 저마다 강물을 자기 쪽으로 최대한 끌어들이려고 애쓰지만, 강물의 속도와 양을 통제할 힘이 없다. 강물이 넘쳐나거나 말라붙는 변화에 수동적으로 반응할 뿐이다. 1945~1970년은 자본주의가 상대적으로 안정된 때(좋았던 시절)였고, 고정환율제의 브레튼우즈 협정을 맺어서 국가들 사이의 화폐운동을 얼마쯤 조절해서 민족국가들을 자본의 지구적 운동에서 얼마쯤 떼어놓았다. 그래서 국가-지향적 정치가 웬만큼 가능했다. 국가와 관료화된 노동운동 사이에도 꽤 안정된 동맹이 유지됐다(유럽에선 노동조합에 기반을 둔 사회민주당이 집권하기도 했다). 이 시절의 경험으로부터 '국가가 부富의 재분배를 할 수 있다'는 식의 생각들이 자리 잡고, 사회과학도 이 시절에 급속히 발달했다.

하지만 1970년대에 접어들어 자본의 이윤율이 떨어지고 불안정성이 짙어지자 자본가들은 국가관료제를 값비싼 것으로 여기기 시작했다. 꿀벌들이 늘어난 식구를 먹여 살리기에 충분한 꿀이 꿀벌통에 없을 경우는 떼를 지어 딴 데로 옮겨 가듯이, 자본은 지금의 국가에서 수익이 빈약해지면 지금의 생산설비(공장)를 팔아서 돈뭉치로 바꿔 들고 세계 곳곳으로 옮겨 간다. 예컨대 한국 자본도 요즘 울산시에서 차츰 보따리를 싸고 있다. 자본은 그 돈뭉치를 또 다른 공장을 짓는 데 쓰기보다 갖가지 돈놀이(금융투기)에 쓰고 싶은 유혹을 받는다. 돈 놓고 돈을 먹는 것이므로 가능하기만 하다면 그 길이 훨씬 편하다. 돈뭉치(화폐자본)로 돌아다니는 자본은 자본의 가장 뻔뻔스럽고 도둑놈 같은 형식이다. 그 돈은 아무런 일자리(고용)도 베풀어주지 않고 오직 돈 임자에게만 봉사하지 않는가! 하지만 돈뭉치(금융자본주의)가 행세한다는 것은 자본주의의 기초가 무척 취약해졌다는 뜻이다. 자본에게 꿀(이윤)을 베풀어주는 곳은 결국 공장(생산기업)

이지 은행과 증권거래소가 아니기 때문이다. 자본가들이 여기저기서 '먹튀(잽싸게 이윤을 먹고 딴 데로 튀기)'를 벌이는 까닭은 어디서도 이윤벌이가 신통찮다고 여겨서다. 그런 자본들에게 인류의 살림살이를 의존하고 살아서야 무슨 밝은 미래를 그릴 수 있겠는가.

덧대기 4

공황은 어떻게 해야 해소되는가? 자본은 평소에도 끊임없이 자기의 일부를 죽인다(가치의 평가절하). 그래야 자기를 빨리 굴릴 수 있어서다. 자동차나 스마트폰은 새 상품 모델을 빨리 내놔야 자본회전 속도를 높일 수 있다. 그래서 (아직 멀쩡한) 옛 모델이 덧없이 죽는다. 다시 말해, 쓰레기가 돼서 버려진다. 하지만 핸드폰과 패션의 회전 주기가 빨라지는 데는 물리적인 한계가 있다. 그래서 수명이 짧고 한순간에 소비되는 상품형태인 '스펙터클'이 중요해졌다. 자본은 소셜 미디어(유튜브, 페이스북, 트위터)를 휘둘러서 갖가지 스펙터클을 만들어 소비자를 꾀어낸다. 올림픽도 돈벌이를 위한 스펙터클의 하나다. 올림픽 개최 도시들이 다 빚더미에 올라앉은 것도 그 비밀을 말해준다. 현대의 인터넷(정보통신) 자본주의는 산업자본가보다 불로소득(=지대를 먹는) 자본가가 더 행세하게 만든다. 고교 사회 교과서는 '지적 재산권'을 당연한 권리로 서술해놓았는데 21세기의 세계 독점자본은 이것을 통해 지대地代를 뜯어먹는다. 제3세계의 농산물 씨앗, 유전물질, 라이선스 관련 행위 등등이 다 먹잇감이 된다.[205]

하지만 공황의 시대에는 이것으로 성이 차지 않는다. 과잉자본과 빈약한 대중의 호주머니 사이에 틈이 크게 벌어진 탓에 '가치 파괴'가 훨씬 대규모로 필요하다. 1929년의 대공황은 유럽의 방대한 자본(공장설비 등)이 전쟁의 폭격으로 잿더미가 된 뒤에야, 멀쩡하게 살아남은 (미국의) 자본에게 이윤벌이의 큰 기회를 선사했다. 지금의 세계대공황도 그렇게 해결하라는 것인가? 전쟁을 일으키고 싶은 (속내를 품은) 자본가들이 분명히 있다. 일본의 아베 총리 같은 사람이 그 꼭두각시다. 그런데 안락한 응접실에 앉아 돈만 세는 자본가는 전쟁을 반기지만 수많은 민중이 그 싸움터에

---

205. '이윤'은 사회적 생산력을 높이는 과정에서 얻어지는 반면, '지대'는 거저먹는 불로소득이므로 완전히 반동적인 구실을 한다. '지대'의 증가는 자본주의가 망조로 치닫는다는 징조다. 빌 게이츠를 '닮고 싶은 모델'로 그리는 달콤한 선전은 추악한 거짓말이다.

서 피를 흘리거나 (자기 아들이 죽어서) 피눈물을 흘린다. 그런 길로 밀고 가려는 자본 체제를 멈춰 세워야 인류의 미래가 비로소 열린다.

자본과 맞설 때라야 민중이 자기 삶을 탈 없이 간수할 수 있음을 넌지시 일러주는 사례가 있다. 남미의 나라들은 1970~1980년대에 세계 자본에 휘둘려서 '잃어버린 20년'을 살았다. 그 뒤, 그에 대한 정치적 저항이 크게 일어나서 21세기에 베네수엘라에는 사회주의 정권이, 브라질에는 사회민주주의 정권이 들어섰다. 이들은 미국의 패권과 신자유주의 흐름에 대해 (쪼끔이나마) 브레이크를 거는 일만큼은 일치단결했다. 2011년 미국이 지배하는 미주美洲 기구OAS에 맞서, 남미/카리브 국가공동체CELAC가 탄생했다. 베네수엘라와 쿠바가 주도하고 미국과 캐나다를 뺀 33개국이 참가했다. 2008년 대공황의 결과로 '자본 죽이기(가치 파괴)'의 압박이 커졌는데 그 손실을 주로 떠안은 곳은 남유럽(그리스나 스페인) 같은 곳이다. 남미 나라들은 세계 자본과 대결을 벌인 덕분에 '최악의 영향'을 피할 수 있었다. 여러 대륙 가운데 최근 들어 사회적 불평등이 얼마쯤 줄어든 곳도 남미 나라뿐이다. 2015년 들어 미국이 '쿠바 봉쇄'를 풀었던 것도 중남미에서 오히려 미국이 정치외교적으로 왕따가 될 위험이 커졌기 때문이다.

자본과 맞서는 세계 민중의 투쟁은 아직 충분히 끓어오르지 못했다. 그래서 아직 자본이 세계를 활개 치고 다닌다. 하지만 솟아나는 기운들은 있다. 2010년대 들어, 중국의 신세대 농민공들이 인터넷으로 소통하면서 파업투쟁이 전국적으로 벌어졌다. 아직 생존권 요구 투쟁에 머물지만 민주노조에 대한 요구도 싹트고 있다. 남유럽(그리스, 스페인과 이탈리아 등) 노동자들은 재정 긴축 복지 삭감에 반대하는 총파업을 벌였다. 요즘은 하도 이윤 먹을 데가 없으니까 유럽 자본이 (인프라가 부족한) 아프리카에도 공장을 짓고 있는데 앞으로는 아프리카 민중도 노동자로서 계급적인 자각을 키워갈 것이다.

4부
현대 사회와 사회 교과서

1 (문제)
지구촌의 분쟁과 전쟁[206]

이스라엘군의 폭격으로 죽어간
팔레스타인 사람. 그동안 '이스라엘이
팔레스타인 땅에서 물러날 것'을 권고하는
결의안이 UN에서 수없이 선포됐지만
이스라엘은 이를 아랑곳하지 않았다.

이 글은 '지구촌과 지속가능한 발전'을 살핀 고교 사회 교과서의 한 대목을 겨냥한 글이다. 지구촌이 맞닥뜨린 문제의 하나로, "민족/종교/문화의 차이로 말미암아 생겨나는 분쟁과 갈등"이 있다고 교과서는 못 박았다. 관용과 박애를 뽐내던 프랑스 나라의 법원이 '히잡'을 둘러쓴 이슬람 여성에게 벌금형을 매긴 것과 탈레반(아프가니스탄의 집권 세력)이 불상佛像을 파괴한 것, 옛 유고슬라비아 연방공화국이 뿔뿔이 갈라져서 민족 간의 분쟁이 빚어진 것, 테러리즘의 출몰 따위를 교과서는 그 사례로 들었다. 그 밖에도 여러 나라의 내전civil war과 나라 간 전쟁 사례들을 '분쟁 지역 목록'으로 실어놓았다. 이 글은 그 여러 분쟁(전쟁)에 대한 해설briefing이다. 먼저 교과서가 던지는 메시지를 간단히 훑어본 뒤, 전쟁(내전을 포함) 이야기로 이어간다. 전쟁은 분쟁을 무력武力으로 해결하려는 것이다.

우선 교과서는 분쟁(전쟁)의 원인을 너무 겉핥기로(피상적으로) 짚는다. 사람이 딴 종교를 믿고 딴 문화를 누리는 타인들에게 낯선 감정을

---

206. 이 글과 다음 글은 교학사에서 펴낸 교과서를 놓고 해설하거나 비평했다. 딴 교과서
들에도 두루 해당되는 얘기다.

느끼고 서먹서먹하게 여길 수는 있다. 하지만 그렇다 하여 그 타인들에 대해 살의殺意를 품지는 않는다. 여간해서는 말이다. 자기한테 아무 해코지도 하지 않는 사람을 왜 죽이고 싶은가? 그러니까 분쟁은 사회 경제적 이해관계가 다른 사람들 사이에 벌어지는 것이고, 종교나 문화가 다르다는 사정은 그 분쟁을 부추기는 데만 쓰일 뿐이다. 또 분쟁(전쟁)이 벌어지면 사람들은 구실(명분)을 찾게 된다. 어떤 지하자원(석유, 물)을 저들이 아니라 우리가 차지하고 싶은데, 그런 이기적인 욕심을 솔직히 드러내는 것은 떳떳하지 못하므로 거짓 구실을 대는 것이다. 예컨대 "이슬람인들은 예수님을 인정하지 않아! 그러니까 그런 놈들은 혼내줘야 해!" 하고 떠들면서 실제로는 석유를 독차지한다든지.

교과서를 우직하게 외운 학생은 다음과 같이 결론을 내릴 것이다. "종교와 문화가 다른 사람들에게, 딴 민족에게 관용을 베풀자! 사이좋게 지내자!" 프랑스에서 왜 관용의 문화가 사라졌으며 탈레반들이 왜 21세기에 들어와 불상을 그렇게 혐오하게 됐는지(전에는 그러지 않았다) 이치를 따져서 그 까닭을 밝히지 않고, 덮어놓고 "너희, 관용하는 마음을 갖고 살아!" 하고 윽박질러봤자 그 우격다짐의 말은 (학생들) 머릿속에 조금도 스며들지 않는다. 사물의 겉만 지레 채는(넘겨짚는) 것은 앎도 배움도 아니다.

굳이 따지자면 민족과 종교와 문화의 차이도 분쟁(갈등)을 빚어내는 원인의 하나이기는 하다. 하지만 그것이 결정적인 원인이 될 때는 드물다. 세상 얘기를 간단하게 읊을 때에는 결정적인(주된) 원인을 들어 설명해야지, 곁다리 얘기를 본론으로 둔갑시키면 안 된다.

침략전쟁을 '내전'으로 얼버무리지 마라

교과서는 커다란 분쟁들이 저희끼리, 곧 다수파 종족(민족)과 소수파 종족(민족) 사이에 벌어지는 것으로 서술했다. 아시아의 아프가니스탄과 스리랑카와 이라크, 아프리카의 콩고와 르완다와 수단의 '내전'을, 또 소수민족인 쿠르드족과 체첸족의 저항을 민족분쟁으로 자리매김했다. 그런데 교과서가 위의 여러 나라에서 벌어진 분쟁을 모두 '내전內戰'이라고 도매금에 팔아넘기는 것은 역사를 왜곡해도 한참 왜곡하는 짓이다.

아프가니스탄의 경우를 보자. 그곳의 민중은 19세기 중반부터 20세기 초까지 세 차례 영국과의 전쟁을 치르고서 가까스로 독립을 얻어냈다. 20세기 후반에는 미국과 소련이 이 나라에 영향력을 끼치려고 다투다가 친소련파 정치세력을 지원하려고 소련이 1979년에 (이 나라를) 침략했다. 이에 맞서는 이슬람 세력(무자히딘)을 미국이 지원했다. 소련이 국제적 압력을 받아 1989년 군대를 철수한 뒤로, 새로 성장한 이슬람 세력(탈레반)이 1996년 새 나라를 세우고 통치했다. 그런데 2001년 9·11 테러(뉴욕의 거대 빌딩이 폭파된 사건)가 나자, 미국은 탈레반이 알카에다(테러 집단)와 협조한다는 구실을 들어 2001년 말 탈레반 정부를 무너뜨렸다.[207] 그 뒤로 새 정부가 들어섰지만, 미국이 탈레반을 격퇴한 덕분에 들어선 정부다. 내전이란 제 힘으로 일어선 두 정치세력 사이의 전쟁이지, 침략국가의 꼭두각시 정부와 저항세력 사이의 전쟁을 가리키지 않는다.[208]

207. 9·11 테러의 '테러범'들 가운데 아프가니스탄에 살거나 거기서 군사훈련을 받은 사람은 아무도 없다.
208. 미국 지배층은 아프가니스탄 침략과 이라크 전쟁으로 미국인의 50년 치 사회보장비용을 탕진했다.

이라크는 어떠한가. 1979년에 집권한 사담 후세인 정권은 미국과 유럽 국가들의 지원을 받아 이란이라크전쟁(1980~1988)을 일으켰고, 1990년 쿠웨이트를 침공했다가 이번에는 미국과 사우디아라비아를 비롯한 연합군에 격퇴당했다. 미국은 2003년 봄에 이라크를 침공하여 후세인 정부를 무너뜨렸다. 그 뒤로 새 정부가 들어섰지만 이것은 미군이 엄호해줄 때에만 살아남는 정부다. 새 정부가 들어선 뒤부터를 '내전'이라 일컫는 짓은 미국이 후세인 정부를 무너뜨린 군사 침략을 마치 없는 일처럼 삭제해버리고서 세상을 바라보는 허튼 속임수다. 내전에 앞서 침략이 있었고, 이라크를 실질적으로 지배하는 정치세력은 변함없이 미국(미군)이다.

콩고민주공화국의 경우는 '내전'이라 부를 수도 있다. 얼핏 봐서 겉으로는 어느 강대국이 그곳을 직접 주물러댄 것 같지 않기 때문이다. (아프리카의 한복판에 있는) 콩고는 19세기 말부터 1960년까지 벨기에의 식민지로 시달렸다. 벨기에의 식민지 경영은 유럽 열강 가운데 가장 악랄해서 수백만 명의 목숨마저 멋대로 앗아갔다.[209] 제국주의자들의 광기狂氣를 고발한 조지프 콘래드(1857~1924)의 소설 『어둠의 심연Heart of Darkness』은 콩고를 모델로 삼은 작품이다. 영국이나 프랑스가 자기들 식민지가 독립한 뒤에도 뒷전에서 막강한 영향력을 발휘했던 것과 달리 약체 국가인 벨기에는 콩고의 독립 이후에 그곳에 대한 영향력을 급속히 잃어버렸다. 애당초 뾰족한 군사력도 없이, 열강 사이의 틈새를 활용해 식민지를 먹었던 경우다. 콩고에 어느 특정 강대국의 간섭이 겉으로 뚜렷이 나타나지 않는 까닭은 그래서다. 하지만 콩고민주공화국이 최빈국最貧國 신세로 굴러떨어진 까닭은 유럽의 자본에 철저

209. 상아와 고무의 채취 할당량을 채우지 못한 원주민의 손목을 잘랐다고 한다.

히 수탈당했기 때문이다. 수도인 킨샤사의 슬럼(빈민촌)은 인류를 부끄럽게 만드는 비참한 삶터다. 그들의 가난을 콩고 민중의 무능함 탓으로 돌리지 마라. 32년간 콩고를 다스린 모부투 독재정권(1965~1997)은 스스로 자립한 정권이 아니다. 워싱턴과 프랑스 외무성과 IMF와 세계은행이 합작하여 잉태해낸 괴물 프랑켄슈타인이요, 그들의 꼭두각시다.[210] 식민지를 벗어나 '독립' 정부라는 간판은 달았지만 나라 살림을 세계 자본 체제가 좌우하는 나라(=신식민지 국가)에서는 집권 세력(여당)과 경쟁 세력(야당) 간의 다툼보다 외세가 그 나라를 어떻게 요리해왔고 민중이 이를 어떻게 견뎌냈느냐가 문제의 더 깊은 본질이다. 내부 다툼이 문제의 초점이 아니다.

콩고 내전(1996~2003)은 종족 간의 정권 쟁취 싸움과 자연자원(금, 다이아몬드)을 차지하려는 외국 자본의 이해관계가 뒤엉켜 현대 사회에서 가장 포악한 전쟁이 돼버렸다. 집단 학살과 강간, 굶주림과 질병으로 400만 명이 넘게 죽었고, 쏟아져 나온 난민이 2,500만 명이 넘었다.

"Divide and Rule!"

역사를 돌아보지 않는 사람은 사태의 겉면만 살피고 겉핥기의 앎을 얻는다. 식민지를 겪은 나라에서 벌어지는 내전은 "그 뿌리가 식민지 시절로부터 비롯된다"는 사실을 새겨두지 않는다. 식민지를 경영하는

210. 세계은행은 미국 정부가 눈치를 줄 때마다 모부투를 부추겨 외국 빚을 쓰게 해, 쏠쏠하게 이자 수입을 올렸다. 모부투는 콩고의 광산을 담보로 빌린 국가 돈을 스위스 은행의 자기 비밀 계좌에 넣었다. 세계 자본에 피를 빨린 콩고는 경제가 무너지고 민중이 절망 속에 도박이나 종말론 종교에 매달렸다.

놈들이 단골로 쓰는 수법은 "갈가리 찢어놓고 다스려라Divide and Rule" 라는 것이다. 식민지 민중이 분열돼 있으면 저희끼리 싸우느라 종주국 에 덤벼들지 못하기 때문이다.[211] 르완다 내전(1990~1996)이 그 전형적 인 경우다. 르완다는 콩고민주공화국 옆에 붙어 있는 작은 나라다. 그 들을 식민 통치한 벨기에는 인구 14%의 소수 부족 투치족을 우대하 고 토착 부족(인구 82%)인 후투족을 차별했다. 투치족을 지배계급으로 만들어놓은 당사자the parties concerned였던 벨기에는 투치족이 독립을 요구하자 이번에는 투치족을 억누르려고 후투족의 폭동을 도왔다. 오 사마 빈 라덴을 키워낸 미국이 나중에는 그를 제거하려고 날뛰었듯이. 1962년 독립 이후에도 이 차별구조가 이어진 탓에 후투족이 내전을 일으켰다. 내전으로 죽은 사람이 50만 명이 넘고, 난민難民이 300만 명 에 이르렀다. 특히 1994년에는 투치족 수십만 명이 한꺼번에 학살되는 끔찍한 사건이 벌어졌다. 영화 「호텔 르완다」는 이 사건을 소재로 삼고 있다.

스리랑카의 내전도 그 뿌리에는 식민지 유산heritage이 도사리고 있 다. 1948년에 영국으로부터 독립한 스리랑카는 소수민족(18%)인 힌두 계 타밀족과 다수 민족인 불교계 싱할라족으로 이뤄져 있었다. 타밀 족이 차별에 맞서 1965년 분리 독립운동을 시작했고 1983~2009년까 지 정부군과 '타밀 호랑이'라 불린 반란군LTTE 사이에 내전이 벌어졌 다. 두 민족 사이가 원래부터 나빴던 것이 아니다. 식민지 시절에는 서 로 힘을 합쳐 독립운동을 벌였는데 영국이 둘 사이를 이간질했다. 타 밀족을 우대해 하급 공무원으로 쓰고, 타밀족의 인구를 늘리는 정책 을 펴서 싱할라족의 불만이 쌓여갔다. 독립 이후로는 거꾸로 스리랑

211. 박정희 같은 독재자도 저한테 도전할 내부 세력의 성장을 막으려고 '2인자'를 키우지 않았다.

카 정부가 대학 입학과 관리 채용에서 타밀족을 차별하는 정책을 써서 타밀족의 소외감이 깊어졌다. 인도 정부는 자기 나라에서 넘어간 타밀족을 은근히 응원했다. 스리랑카에서는 딴 나라처럼 죽어간 사람이 많지는 않으나, 오랜 세월 동안 적대적으로 대립했고, 자살 폭탄 테러와 같이 과격한 투쟁 방식까지 등장해서 '인도의 눈물방울'이란 애칭으로 불리는 나라가 '눈물이 넘치는 땅'으로 바뀌었다.

분쟁의 배후엔 경제 문제가 있다

그런데 집권 세력과 야당이, 다수민족과 소수민족이 전쟁까지 벌이는 것은 단순히 민족 사이의 차별에 대한 불만과 적대감만으로 설명될 수 없다. 사람이 먹고사는 일이 순조로울 때에는 그렇게 격렬한 투쟁까지 벌이지 않는다. 스리랑카의 평화운동가 찬디마는 "상힐라족과 타밀족이 수천 년간 평화롭게 공존해왔다"며 내전의 원인은 "종교나 민족의 차이를 정치에 이용하는 부패한 정치인들, 그리고 (실업자가 넘쳐나는) 경제위기 때문"이라고 했는데 내전의 배후(등 뒤)에 어떤 경제 문제가 있는지도 살펴야 한다.

다르푸르 분쟁(2003~2010)은 가뭄과 사막화, 인구 폭발이라는 경제 문제도 주된 원인의 하나였다. 다르푸르는 (아프리카 동북부에 있는 나라) 수단의 서부 지역이다. 수단이 독립한 뒤로, 정부는 다르푸르 지역을 '아랍인의 땅'으로 만들려는 정책을 펴왔다. 차별을 견디다 못한, 다르푸르의 비아랍계(=아프리카흑인계) 민중이 반란을 일으켰다. 이를 짓누르려고 수단 정부는 북부아랍계 이슬람 민병대를 앞장세웠다. 하도 악행을 저질러서 '잔자위드(말 등에 탄 악마라는 뜻)'로 불린,

정부의 앞잡이들이다.[212] 반란군은 경작을 하는 농민들이고, 진압 군대인 잔자위드는 낙타를 타고 다니는 유목민이었다. 1980년대부터 기후변화(지구 온난화)로 인도양 상공에 만들어지던 열대 몬순(계절풍)이 사라져서 수단 국토에 가뭄이 잦아졌다. 땅이 타들어가자 유목민들은 물을 찾아 가축 떼를 남쪽으로 옮겨 갔고, 그래서 경작 농민들과 충돌이 일어났다.[213] UN은 이 분쟁으로 적어도 45만 명이 죽고(직접 폭력으로 희생당하는 경우보다 피난길에 굶주림과 질병으로 죽는 일이 훨씬 많다), 250만 명이 피난길에 올랐으리라고 짐작한다. 경기도 의정부시만큼의 인구가 죽어갔고, 대구광역시만큼의 인구가 난민 신세로 굴러떨어졌다.

수단 정부는 "우리는 소말리아와 달리, '실패한 국가'가 아니라"며 UN 다르푸르 인권침해조사단의 입국 비자 발급을 거부했다.[214] 이스라엘이 팔레스타인을 '점령'하고 있을 뿐인데도 팔레스타인 지역에 국제평화유지군과 (인권침해) 조사단이 들어가는 것을 늠름하게 퇴짜 놓는 것과 마찬가지다. 2006년에 UN 평화유지군 파병 결의안이 UN 안전보장이사회에서 가결됐는데도 수단 정부가 퇴짜를 놔서 '없던 일'이 됐다. 수단 정부가 UN에 대해 코웃음을 치고 배짱을 부린 비결(?)은 바로 석유다. 미국이든, 중국과 유럽 국가들이든 수단 정부의 석유 이권에 침을 흘리고 있으니 인권침해 조사를 밀어붙일 까닭이 없다. 만약 수단에 석유가 묻혀 있지 않았다면? 마찬가지다. '별 볼 일

212. 이들은 '아랍계의 피를 아프리카에 퍼뜨린다'는 야만스러운 구실을 대며 강간을 일삼았고 더러운 인종을 '청소'한다며 흑인계를 마구 학살했다. 히틀러의 후예들이 아프리카에서 활개 치고 있다.
213. 반란군은 '땅 사용권'과 '농업용 물의 확보'를 내걸었다. 경제투쟁이 인종 살육massacre을 낳았다.
214. 비자는 외국인에 대한 출입국 허가를 증명하는, 여권passport의 배서. 여권에 서명을 받는다.

없는 나라'이므로 다르푸르의 비극을 강 건너 불로 여겼으리라. 제국주의 열강은 저희가 챙길 이익(자원 쟁탈)이 있는 곳에만 '인도주의 humanitarianism' 구실을 대며 참견할 뿐이다. 수단도 콩고처럼 최빈국에 속한다.

중동 전쟁과 팔레스타인 문제

중동 전쟁의 역사는 제국주의의 '검은 본질'을 송두리째 보여준다. 중동(中東, middle east)은 (요즘에는) 북동 아프리카(이집트, 리비아)부터 터키와 이스라엘, 이라크와 이란까지를 몽땅 가리키는 말로 쓰인다. 유럽인이 자기네 땅에서 바라본 자기중심적인 지리地理 명칭이므로, 우리는 (이집트와 리비아를 빼고) '서아시아'라 일컫는 게 좋지 않을까 싶다.[215]

중동(=서아시아)의 여러 나라들은 이스라엘의 건국을 막으려던 1차 중동전쟁(1948년)에 이어, 1956년과 1967년, 그리고 1973년까지 모두 네 차례의 전쟁을 치렀는데 번번이 이스라엘의 승리로 끝났다. 이것이 중동 전쟁의 1기期다. 이때부터 (자기 고장에서 쫓겨난) 팔레스타인 사람들의 문제가 제기되어 1993년에 이르러서야 양쪽의 합의로 야세르 아라파트가 팔레스타인 자치정부를 세웠다. 2012년 UN총회에서 팔레스타인국을 표결권 없는 옵서버 단체entity에서 옵서버 국가state로 격상하는 결의안이 가결됐다.

1980년 이라크가 이란에 선공하여 1988년까지 두 나라가 전쟁을

215. 20세기에 영국인이 쓴 말. 러시아의 남하를 막아, 인도를 지키려는 전략적 관심을 깔고 있다. 중동은 '화약고'라 불린다. 강대국들이 여기저기 집적대서 분쟁을 부추기는 곳.

벌였다. 곧이어 1991년 이라크가 쿠웨이트를 침공했다가 미국과 사우디아라비아를 비롯한 연합군에 의해 격퇴당했다(걸프전쟁). 이것이 중동전쟁 2기의 시작이다. 2001년 9·11 테러가 터지자 미국은 곧바로 아프가니스탄 탈레반 정권을 무너뜨린 데 이어 2003년 이라크를 침략했다(이라크전쟁). 후세인이 대량살상무기를 개발하고 이슬람 테러 세력(알카에다)을 후원한다는 구실을 댔지만 거짓 구실이었다는 사실이 나중에 들통이 났다.

다음은 3기. 무장단체 IS(이슬람국가)가 2014년 여름 들어, 시리아와 이라크 영토 안에 세력을 넓혀 불과 한 달 만에 영국 크기만 한 영역을 얻어냈다. 이들은 이라크 내 알카에다의 잔당들로서 2010년 무렵엔 거의 무너졌으나 시리아 내전에 끼어들어 세력을 회복했다. 제국주의 열강(또는 중동전쟁)이 이들을 키워준 셈인데 이제 버젓이 국가를 세우려고 해서 미국이 두고 볼 수 없었다. IS에 대해 미국이 본격적인 공습(공중습격)에 나섬으로써 중동전쟁의 3기가 시작됐다.

1기로 돌아가서 이스라엘의 건국 과정부터 살피자. 원래 팔레스타인 지방에 유대인은 별로 살지 않았다. 세계 곳곳에 흩어져 살았고, 그곳은 아랍인이 살아가는 고장이었다. 그런데 2차 세계대전(1939~1945)이 끝나고, 나치 학살의 최대 피해자인 유대인들이 팔레스타인 영토를 점령하기 시작했다. 성서를 들이대며 그곳이 자기들 땅이라고 부르짖는 시오니즘(유대민족주의)이 19세기부터 생겨났는데 히틀러의 유대인 박해로 말미암아 이 운동이 탄력을 받았다. 2차 세계대전의 승전국 영국이 1947년 말 팔레스타인을 유대인과 아랍인이 나눠 살게 하자고 UN에 제안했다. 이 움직임에 맞서 중동의 여러 나라가 1948년 전쟁을 일으켰으나 미국의 군사 지원을 톡톡히 받은 유대인들이 승리해서 이스라엘 국가를 세웠다. UN 제안보다 더 넓은 영토를 이스라엘이 차지하고, 팔레스타인 영토는 원래의 영토에서 그 5분의 1로 쭈그러들었다.

2차 충돌(1956)은 이집트의 민족주의 지도자 나세르가 수에즈 운하의 국유화를 선언하고 그 운하를 점령하자 영국과 프랑스가 반발해서 이집트를 폭격한 데서 시작됐다. 유럽 열강 덕분에 세워진 나라 이스라엘이 제국주의의 첨병vanguard으로서 이집트의 시나이 반도를 침략했다. 이 군사 대결이 세계대전으로 번질 위험이 있어서 미국과 소련이 말리는 바람에 흐지부지됐다.

1967년, 아랍 게릴라의 기지가 됐던 시리아를 이스라엘이 침공하자 이집트가 반격함으로써 전쟁이 벌어졌는데 아랍 쪽 전투기들을 괴멸시킨(파괴한) 이스라엘의 승리로 끝났다. 1973년. 이집트가 이스라엘에 기습 선제공격을 가하여 이스라엘의 17개 여단brigade이 전멸했으나 미국이 대대적으로 지원(엄호)해준 덕분에 이스라엘이 전세를 뒤집었다.[216]

위의 네 차례 전쟁을 통해, 이스라엘은 중동 지방의 으뜸 패권국가로 떠올랐다. 재래식 군사력도 막강할뿐더러 핵탄두 300발을 보유하고 있다. 핵무기 보유 여부에 대해 공식적으로 시인도, 부인도 하지 않았는데 이것은 '보유하고 있다'는 신호다.[217]

미국은 이스라엘을 통해서 중동 지방을 지배해왔다. 유럽 민중은 히틀러의 유대인 학살에 대한 죄의식 때문에, 또 기독교의 모태가 되어준 유대교의 나라라는 이유로 최근까지 이스라엘을 줄곧 편들어왔다(최근에는 팔레스타인에 대해 이스라엘이 너무 악랄하게 탄압한다는 국

216. '여단'은 사단(師團, division)보다 작고 연대(聯隊, regiment)보다 큰 군대 편성 단위.
217. 미국과 러시아와 중국, 영국과 프랑스, 인도와 파키스탄, 이스라엘과 북한이 핵무기 보유국가다. 남아프리카공화국이 한때 보유했다가 폐기했다. 북한은 몇 개 안 돼서 미국이 대단찮게 여긴다.

제 여론이 들끓어 기류가 달라졌지만). 미국 자본가계급 가운데에는 유대인 분파가 응집력을 뽐내며 미국의 정치를 쥐락펴락해왔다. 이런 사정에 힘입어 그동안 미국과 유럽 열강은 '이스라엘 편들기'에 거침이 없었다.

다음은 2기의 시작을 알린 이라크이란전쟁 이야기. 먼저 이란의 현대사를 잠깐 살피자. 20세기 전반기에 (세계 석유 매장량 4위를 자랑하는) 이란의 석유는 영국이 차지하고 있었다. 민족주의를 부르짖는 모사데크 정권이 1951년 석유를 이란 민중의 것으로 되찾아오자(=유전油田을 국유화하자) 1953년 미국과 영국이 합작해서 쿠데타를 벌여 모사데크 정권을 무너뜨렸다. 1970년대 들어 민족운동과 민중운동이 일어나 1979년에 친미파 팔레비 국왕을 다시 내쫓고 민족자주 국가를 세웠다. 1980년에 이라크 후세인 정권이 이란을 침공했던 것은 이란의 민족혁명을 무너뜨리고 싶은 미국의 지지를 등에 업었기 때문이다. 그런데 전쟁이 벌어지면 보수파가 득세하기 마련이다. 이란혁명을 이슬람 성직자들만 일으킨 것이 아니었지만 전쟁 정세에 힘입어 혁명의 열매를 이슬람 정치인들이 차지해 '이슬람 독재'를 굳혔다. 이때만 해도 후세인은 '미국의 개'였다. 하지만 이란이라크전쟁 때 보인 미국의 위선적인 태도에 분노한 후세인이 미국에 등을 돌리자 2003년 미국이 후세인의 제거를 결심했다. 미국 지배층은 자기들의 비밀을 너무 잘 아는 그를 서둘러 처형했다. 한편 이란혁명 이후로 미국과 이스라엘은 끊임없이 '이란을 공격하겠다'는 협박의 말을 퍼뜨렸다. 중동 지방의 전통적인 강국이었던 이란이 핵무기까지 개발하면 이 지역에서 이스라엘이 누리던 패권적 지위와 미국의 지배력을 뒤흔들 수 있어서다. "이란에 대한 (이스라엘의) 공격이 임박했다"는 추측성 언론 보도가 자주 나왔다. 2015년 7월에 미국과 이란의 핵협상이 13년 만에 타결됐는데(이란은 핵시설 사찰을 허용하고 미국은 경제 제재를 푼다), 러시아와 중국에 대해 정치군사적 압박의 고삐를 더 죄고 싶은 미국으로서 이란과는 휴전해서 대결의 부담을 줄이고 싶었던 것일 게다.

다음은 최근의 3기. IS(이슬람국가)는 알카에다의 변신(부활)이다. 2011년부터 불거진 시리아 내전은 아사드 정권을 무너뜨리고 싶은 미국과 유럽 열강이 시리아 반정부세력의 뒷배를 봐줘서 치열해졌다. 이란과 러시아가 뒷배를 봐주는 시리아를 무너뜨리는 것은 이란과 러시아와의 정면 대결로 나가기 앞서 벌이는 전초전이다(나중에 더 서술한다). 리비아와 이라크에서 모여든, 알카에다 잔당을 비롯한 여러 이슬람 무장단체들은 제국주의 열강이 은밀히 제공하는 군사무기 덕분에 정부군과 맞설 수 있었다. 시리아의 아사드 정권이 얼마나 독재를 일삼는지, 열렬하게 헐뜯는 유럽 언론들은 사우디아라비아의 지배층이 얼마나 더 야만적인 독재정치를 벌였는지에 대해서는 까맣게 침묵한다(거기는 공화국도 아니고 왕국이다).[218]

미국은 시리아를 치려다가 또 다른 적敵을 만났다. 그런데 이 적은 예전에는 자기들이 뒷배를 봐준 친구들이다. 이들이 아사드 정권을 칠 때에는 동지였다가, 무엄하게도 이라크 국가를 집어삼키려 하자 적이 됐다. IS는 이슬람 분파 가운데 수니파다. 시아파 나라인 이란이 IS를 물리치는 데 있어 미국을 도와줄 판이다. 수니파인 사우디아라비아 지배층은 미국의 맹방이면서도 IS를 은근히 편든다. 원래 오사마 빈 라덴은 사우디 왕가의 후손이었다. IS가 국가를 움켜쥐려고 날뛰지만 않는다면 원래 미국과 사우디아라비아를 도울 단체였으니 굳이 적으로 삼을 까닭이 없었다. 그러니까 미국은 중동 지역에서 자기 동맹

218. 2015년 봄, 사우디아라비아는 예멘의 시아파 반군을 물리치고 수니파 왕정을 도우려고 군대를 보냈다. 사우디를 비롯한 여러 봉건 왕국이 미국의 굳건한 동맹 세력이다.

세력과 균열을 일으킨 셈이다. 세상이 참 복잡하게 얽혀 돌아간다.

　20세기 후반 들어 제국주의 열강이 후진국들에 대해 구상하는 정치군사적 목표는 (식민지를 경영하던 때와 달리) '점령'이 아니다. 미국이나 영국이 시리아에 굳이 자기들 정부를 세우는 것은 귀찮고 돈이 들어가는 일이다. "시리아는 그냥 무너뜨리는 것으로 족하다"고 자기들 정치군사 작전 문서에 버젓이 써놓았다. 열강의 대외관계 모사꾼들은 가끔 푸념을 늘어놓는다. "세상에 국가가 너무 많아! 걸리적거려! 쪼끄만 나라는 다 없었으면 좋겠다!" 그들에게 UN 헌장이나 국제법 조문은 다 휴지 조각이다. UN 헌장 1조 2항에는 "모든 나라의 주권을 존중하는 것이 국제관계의 원칙"이라고 적혀 있다. 특히 1970년 UN 총회가 작성한 「국제법에 대한 선언문」은 딴 나라의 내정에 대해 어떤 간섭도 금지하며 특히 딴 나라 안에 돌아다니는 (알카에다 같은) 무장 단체를 도와서는 안 된다고 자세하게 밝혀놓았다. 그런데 시리아 내전에 유럽 국가들이 다 참견했는데도 유럽 언론 가운데 이를 문제 삼는 곳이 하나도 없었다. 어느 곳의 민중이든 자기 나라를 세우고 싶은 당연한 욕구와 권리가 있다. 먼 나라의 지배를 받고 싶지 않다. 지금은 민족의 분리 독립 욕구가 다시 치솟는 시절이 아닌가. 이를테면 카탈루냐가 스페인에서, 스코틀랜드가 영국에서, 크림반도가 (소련에서 분리 독립한) 우크라이나로부터 다시 벗어나려 하고 있듯이.[219] 후세인(이라크) 정부와 아사드(시리아) 정부가 무너지면 거기 무엇이든 (강대국의

219. 왜 이런 일이 곳곳에서 벌어질까? 세계 자본 체제가 하나로 얽혀 돌아가는 탓에 국민 국가가 떠맡는 영역이 자꾸 줄어들었다. 중요한 결정은 IMF나 유럽중앙은행이 내리지, 각국의 정부가 내리지 않는다. 그러니 카탈루냐인이 스페인에, 스코틀랜드인이 영국에 굳이 기댈 이유가 적어졌다. "우리 민족끼리 살아도 충분하다"고 여기는 사람들이 국민 국가로부터 분리 독립을 추구한다.

꼭두각시 정부가 아니라) 자기 나라를 또 세우고 싶다. 그것이 아무리 미래에 대한 비전을 보여주지 못하는 (이란 같은) 신정神政 국가라 해도 말이다. IS는 이슬람식 율법을 곧이곧대로 들여와 민중에게 끔찍한 형벌을 내린 것으로 악명이 높다. 하지만 그런 시대착오적인 정치집단의 특징뿐만 아니라 민병대(민중이 스스로 조직한 군대)의 성격도 띠고 있다고 분석한 학자도 있다. 중동 지역을 저희들 이권의 사냥터로만 여기는 제국주의 열강의 일방적 지배가 그들 뜻대로 관철되지만은 않는다는 것을 IS 사태가 말해준다.

팔레스타인 사람은 어떤 처지에 놓여 있는가

팔레스타인을 들여다보자. 60여 년 전, 영토를 뺏긴 뒤로 내쫓긴 사람들이 주변 국가의 난민촌에서 살았다. 그 숫자가 680만 명에 이른다. 팔레스타인 나라(자치정부)는 요르단과 잇닿은 서안지구와 이집트 쪽에 붙어 있는 (덩치 작은) 가자지구로 이뤄져 있다. 이스라엘 안에 섬처럼 갇혀 있다. 충청북도보다 작은 땅에 450만 명이 빽빽하게 모여 산다.

서안지구는 이스라엘이 2002년부터 높이 8m의 장벽을 만들어 팔레스타인인들의 출입을 통제했고, 가자지구도 2006년 하마스(이슬람 정치 군사단체)가 팔레스타인 자치정부를 맡으면서 이스라엘이 이곳을 봉쇄해 고립됐다. 검문소 5곳의 몸수색을 거치느라 15분 거리의 일터로 출근하는 데에 3시간이 걸린다고 한다. 이곳은 하늘만 뚫린, 창살 없는 감옥이다.

이들은 극빈자로 살아간다. 가자지구의 청년 실업률이 60%에 이르고, 서안지구 사람들도 일자리가 없어 이스라엘에 넘어가서 일해야 하는데 노동법의 보호를 받지 못해 헐값의 임금을 받는다. 이스라엘은 자치정부에 사는 팔레스타인인들을 '2등 시민'으로 취급한다. 이스라엘 시민권을 갖고 있는 팔레스타인인이라 해도 서안지구로 이사 가면 시민권을 박탈하고 재복귀를 금지했다. 서안지구 사람과 결혼해서 자식이 생기면 그 자식도 시민권을 주지 않는다. 현대판 카스트(신분) 제도다.

이스라엘은 팔레스타인에 대해 그동안 어떤 짓을 저질렀는가? 2008년 말에 벌어진 '가자지구 침공'을 예로 들겠다. 처음엔 공습만 있다가 며칠 뒤부터 지상전이 뒤따랐다. 폭격기가 3,000여 차례 출격해서 1,000톤의 폭탄을 떨어뜨렸고, 육군은 리모컨 총 같은 첨단 무기를 꺼내 들었다. 이스라엘은 이 군사작전이 하마스의 로켓 공격에 대한 자기방어라고 변명했는데 코끼리가 생쥐의 공격이 무섭다고 벌벌 떠는 식의 거짓말이다. 하마스는 감히 반격할 엄두를 내지 못하고 숨어 있었다.[220] 그들의 군사공격은 전쟁이 아니라 학살(민간인 살상)이요, 깡패국가가 벌이는 테러였다.[221] 이스라엘군은 마치 돋보기로 개미를 태워 죽이며 노는 아이처럼 포격을 즐겼다. NGO(비정부단체)의 조사에 따르면 팔레스타인 사람이 1,400명 넘게 죽었는데 그중 5분의 4가 민간인이었고 UN 난민구제사업기관 직원들의 영웅적인 구조행위가 없었더라면 사망자가 훨씬 많았을 것이다. 이스라엘 쪽 사망자는 전투원 10명(그중 4명은 동료의 오발로 죽었다)과 민간인 3명에 불과했다. 그리고 이스라엘군이 떠나고 난 뒤 남은 (폭격의) 잿더미가 60만 톤에 이르

---

220. 하마스는 공개서신에서 "우리의 싸구려 사제私製 로켓은 세계에 항의하는 울부짖음"이라고 썼다.
221. 노먼 핀켈슈타인이 지은 『우리는 너무 멀리 갔다』 참고.

렀다. 민간 시설이 직접 입은 피해만도 7~9억 달러요, 경제 파괴로 인한 손실 총액은 30~35억 달러에 이르렀다.

이스라엘이 가자지구를 침공한 목적이 무엇일까? 2006년 초 민족 자주를 부르짖는 하마스가 선거에서 이겨 자치정부를 맡게 되자, 미국과 이스라엘은 가자지구에 경제 봉쇄를 가하는 것으로 대응했다. 2007년 여름에는 이스라엘과 미국이 어느 팔레스타인 상류층을 꼬드겨 쿠데타를 벌이려 하다가 물거품이 됐다. 그러자 1년 반 동안 가자지구를 봉쇄했다. 가자 주민들은 하루 대부분을 정전 상태로 지냈고, 1주일에 고작 몇 시간 동안만 물을 공급받았다. 주민들은 몸과 마음이 '올가미'에 걸린 듯한 느낌 속에 살았다. 감옥도 이런 감옥이 없다! 그러다가 끔찍한 군사 침공까지 겪게 됐다.

어느 미국 언론의 분석에 따르면 군사 침공의 목적이 '이스라엘의 전쟁 억제력을 재건'하는 것이랬다. "적敵들이 요즘 들어 우리를 덜 무서워하게 됐군. 그들이 다시 고개를 빳빳이 처들지 못하도록 철저히 밟아주자!" 1967년에도 그런 이유로 이스라엘이 이집트를 침공했다. 2008년 여름, 이스라엘은 미국더러 이란을 공격해달라고 끈덕지게 졸랐다. 그리되면 그 기회를 활용해 자기들이 이란과 한 패인 헤즈볼라(레바논의 시아파 이슬람 무장단체)의 숨통을 끊을 수 있겠다 싶어서였다. "그러면 주변의 어느 놈이든 이스라엘에 대들 생각을 못할 거야!" 미국이 자기들 말을 듣지 않자, 이스라엘은 (방어가 취약한) 가자지구를 먹잇감으로 골랐다. 국제법은 필요 이상의 무력을 쓰는 것과 민간 시설을 겨냥하는 것을 '전쟁범죄'라고 단죄하는데 깡패국가에게 국제법은 휴지 조각에 불과했다.

가자 침공은 준비된 작품이었다. 이스라엘 언론은 첫 공습 4분 만에 300명의 가자 사람을 죽인 데 대해 기뻐 날뛰었다.[222] "이제 이스라엘이 약하다고 소리칠 사람이 어디 있겠냐!" "우리 목표는 가자를 사람이 살 수 없는 폐허로 만드는 거야!" 헤즈볼라 군인들이 (자기 나라 민중에 대한 이스라엘의 보복을 염려하여) 마을 밖 외딴 곳에서 로켓을 쐈던 것과 달리 이스라엘군은 민간인이 모여 있는 곳만 골라서 폭격을 퍼부었다. 이스라엘군의 머릿속에는 복수심과 국가적 자존심에 목말라 있는 이스라엘의 상당수 대중들밖에 들어 있지 않았다.

(이스라엘과 미국을 뺀) 국제사회는 이스라엘이 1967년의 국경선으로 완전히 철수한 가운데, 두 개의 나라를 세우고 난민 문제를 공정하게 해결할 것을 줄곧 권고해왔다. 그런데 최근 이스라엘은 팔레스타인에게 「두 국가 해결안」만 받아들일 게 아니라 "시오니즘이 옳고, 이스라엘은 유대인 국가라는 것까지 찬성하라"고 요구했다. 그런데 아무리 나약한(타협적인) 아랍국가 지도자라고 해도 이스라엘의 존재에 대해 "그것은 그저 현실일 뿐, 옳은 것은 아니라"고 말한다. 2008년 여름, 하마스는 「두 국가 해결안」과 휴전을 받아들였는데 이것이 이스라엘 지배층을 곤혹스럽게 만들었다. 더 이상 하마스를 묵살하고, 뒷구멍으로 하마스의 붕괴를 꾀할 수 없어서였고, 국제사회가 들이미는 '합의(갈등 해소 방안)'를 외면할 수 없어서였다. 2008년 말의 가자 침공은 이스라엘이 이런 사정을 뒤엎어보려고 꾸민 전쟁범죄다.[223]

하지만 팔레스타인 문제가 70년이 지나도록 제대로 풀리지 않는 까닭을 '이스라엘, 깡패국가' 탓으로만 돌려서는 안 된다. '이스라엘'에 쳐

---

222. 이스라엘에는 공군 조종사 몇이 공습을 거부했다가 쫓겨난 것처럼 양심적인 시민도 더러 있다.

223. 이스라엘은 2012년 말에도 가자지구를 또 침공했다. 이스라엘이 UN 결의안도 묵살하고 전쟁범죄를 계속 벌인 비결의 하나는 무기거래를 둘러싸고 이스라엘과 여러 나라(브라질, 인도, 한국) 사이에 맺어진 끈끈한 정(?)이다. 한국도 그 공범인데 한국 민중은 아직 정부를 비판할 만큼 눈을 뜨지 못했다.

들어가서 그 나라를 없애버리는 것이 문제 해결의 타당한(현실적인) 길도 아니다. 그동안 아랍의 여러 나라들이 이스라엘을 비난하고 팔레스타인 사람들을 응원하는 말을 줄곧 쏟아냈지만, 그 대부분은 허튼 '빈말'이었다. 아랍 민중들이 자기 나라의 진정한 주인이었더라면 문제를 해결할 훨씬 강력한 힘을 만들어낼 수 있었다. 아랍 지역에 대한 유럽 열강의 간섭을 본때 있게 물리쳤더라면 이스라엘이 지금까지처럼 활개 치고 다닐 수 없었다. 팔레스타인 사람들의 진짜 적은 이스라엘의 유대인들이 아니라 몇몇 특권 세력과 기회주의자들이 굳건히 똬리를 튼 '아랍 체제'라고까지 비판하는 학자도 있다. 그래서 이 문제를 풀어갈 길은 시리아와 이라크와 예멘의 내전, 사우디아라비아의 전제專制 왕정, 이란의 이슬람 독재가 안고 있는 문제들과 더불어 살펴야 한다.

> ### 덧대기
> 한국의 지배세력에게는 이스라엘을 두둔하는 정서가 강하다. 그들 다수가 믿는 기독교(성서)의 발원지(고향)라는 이유에서도 그렇고, (한국이나 이스라엘이나) 미국의 '오른팔'이라는 동류의식에서도 그렇다. 그런데 이런 정치적 태도는 2차 대전 이후 세워진, 반파시즘 국제평화라는 국제 정치질서의 규범(1948년의 UN인권선언이 이것을 표현했다)을 사실상 무너뜨리는 짓이다. 이스라엘은 아랍 나라들의 주권을 묵살하고 오직 폭력(무력)에 기초해서 세워진 나라이기 때문이다. 세월이 아무리 흐른다 해서 이 사실이 지워지지는 않는다. 법(실정법)은 범죄에 대해 '공소시효'를 정해놓았지만 역사의 법정에는 그런 시효時效가 없다.

유고슬라비아 연방의 해체

'유고슬라비아 전쟁'은 (유럽 동남쪽 발칸반도에 있는) 유고슬라비아 연방의 영토에서 1991년부터 1999년까지 여러 차례 벌어진 전쟁을 통틀어 가리킨다. 처음에는 '내전'이라 일컬었지만 1992년 연방(자치권을 갖는 나라들이 하나로 합친 것)이 해체됨에 따라 내전이라 말할 수 없게 됐다. 발칸반도는 중동(서아시아)과 극동(동아시아)과 더불어 '세계의 화약고'라는 별명을 얻었던 곳이다.

유고슬라비아 사회주의 연방공화국federal republic은 1943년 탄생했다. 사회주의자 티토가 지도해서 만들었는데 스탈린의 소련과 거리를 두는 비동맹非同盟 노선line을 추구했고, 시장사회주의 경제 모델을 들여왔다. 1990년대 들어 동유럽 사회주의 블록이 무너지자 덩달아 무너져서 여섯 나라로 갈라졌다.

슬로베니아 알프스산맥 끝자락으로 숲이 많다. 수도는 류블랴나. 슬로베니아인이 대부분.

크로아티아 아드리아해를 끼고 있고, 이름난 관광지가 많다. 수도 자그레브.

마케도니아 내륙국. (그리스 일부, 불가리아를 포괄했던) 옛 마케도니아의 일부. 수도 스코페. 알바니아인도 25% 살고, 국명國名 때문에 그리스와 마찰을 빚었다.

세르비아 발칸반도 중앙 판노니아 평원의 내륙국. 수도 베오그라드.

몬테네그로 가난한 농업경제. 몬테네그로 말은 세르비아 말의 방언이고 수도는 포드고리차.

보스니아헤르체고비나 내륙국. 수도는 사라예보. 보스니아인과 세르비아인이 주로 산다.

앞선 역사를 잠깐 훑자. 20세기 전반기(1918~1941)에 마케도니아인을 뺀 나머지 민족을 묶어 유고슬라비아 왕국이 들어섰다가 나치 독일과 이탈리아에 의해 무너졌다. 2차 세계대전 시절에 크로아티아 계열 파시스트 단체 우스타샤가 세르비아인 30~40만 명을 학살했다. 반파쇼 유격대를 조직해 독일/이탈리아 연합군에 저항한 티토의 정치적 권위에 힘입어 1943년 유고슬라비아 사회주의 연방공화국이 세워졌고, 그의 지도력 덕분에 1980년대까지는 여러 민족이 다툼 없이 공존했다.[224] 티토가 죽은 뒤 새 대통령 밀로셰비치는 세르비아주의를 내걸고 인구의 6분의 1인 무슬림을 적으로 간주하는 한편 크로아티아인을 탄압했다.[225] 반사적으로 다른 민족들의 민족주의도 끓어올랐다. 민족 간의 분쟁이 잇따라 터졌고, 특히 세르비아계가 '인종 청소'를 저질렀다. 보스니아 내전(1992~1995)으로 25만 명이 죽고 보스니아 인구(400만 명)의 절반 가까이가 난민이 됐다. 그런데 유럽 열강은 다들 '나 몰라라' 방관했다. 1999년에는 유럽 열강NATO을 등에 업은 코소보 분리주의 세력이 세르비아(신新-유고)와 내전을 일으키자 NATO가 세르비아를 직접 침략했다. 내전을 빌미로 발칸반도를 새로운 제국주의 질서로 편입하려는 것이었다. 발칸반도에서 인류의 역사는 거꾸로

224. 이웃 그리스는 반파쇼 투쟁에 앞장선 민주세력이 미국과 영국을 등에 업은 정부군에게 결국 패배했다. 영국과 밀약을 맺고, 그리스 민주군을 팽개친 스탈린(소련)에 대해 티토가 등을 돌렸다.
225. 유고가 진정한 사회주의로 나아가고 있었더라면 티토 사후에 민족 간의 끔찍한 분쟁이 벌어졌을 리 없다. 유고에서 실행한 노동자 자주관리는 끼리끼리 자기 이익을 추구하는 데로 빗나갔다. 사회주의와 시장경제는 양립할 수 없는데도 그 이념을 내걸었던 것 자체가 문제다. 유고는 IMF로부터 구제 금융을 받아 재정위기를 여러 번 넘겼는데 그 대가가 '시장 자유화'였다. 민족 분쟁은 티토 이전에 심했다가 한동안 가라앉았던 게 아니다. 유고에 자본주의가 활개 침에 따라 민족 분쟁이 생겨났다.

뒷걸음질을 쳤다.

'테러와의 전쟁'은 허튼 구실이다

2001년 9월 11일, 뉴욕의 110층짜리 세계무역센터 쌍둥이빌딩이 갑자기 무너지자 미국의 조지 부시 대통령(임기: 2001~2008)은 '테러와의 전쟁'을 선포하고 곧바로 아프가니스탄 탈레반 정부를 (알카에다를 도왔다는 구실로) 무너뜨릴 것을 지시했다. 그 뒤로 이 낱말은 미국이 21세기 초에 세운 정치적 방향과 군사 활동 방향을 가리키는 개념이 됐다. 오바마 대통령(2009~2016)이 들어선 뒤로는 이 구호가 그리 내걸리지 않았지만, 2014년 말부터 미국이 무장단체 IS(이슬람국가)에 대해 공습을 퍼부어서 '테러와의 전쟁'이 다시 부활한 셈이다.

소련(소비에트연방공화국)이 1991년 말 스스로 무너진 뒤로, 미국은 맞수가 없는 초강대국이 됐다.[226] 그런데 군사력을 유지하고(국방 예산을 깎지 않고), 세계를 향해 정치군사적 간섭과 압박을 벌이려면 무슨 구실(명분)이 있어야 한다. 9·11 테러는 그 좋은 구실이 되어줬다. 그것 덕분에 아프가니스탄과 이라크 침략이 수월했다.

그런데 곰곰이 생각해보면 이 낱말은 참 아리송하다. 미국이 대결하겠다는 알카에다 부류의 무장 테러 단체는 대단한 덩치의 국가가 아니다. 소총과 로켓을 지녔을 뿐인, 한 줌도 안 되는 무장 세력에 불과하다. 전쟁이란 웬만큼 서로 맞먹는 세력(곧 국가)끼리 벌이는 것이

---

226. 미국에게 소련은 사실 맞수가 못 됐지만 맞수가 있어야 자기편을 묶어세울 수 있어서 (소련이) 무서운 존재라고 떠들어댔다. 소련은 미국과의 군사 경쟁에 휘말리면서 사회주의로부터 더 멀어졌다.

므로 알카에다에 대한 공격을 '전쟁'이라 일컫는 것은 이 낱말을 무분
별하게 남용하는 짓이다. 알카에다에 한정해서는 '전쟁'이라 일컫기 어
렵고, "세계 곳곳에 테러리스트들이 들끓고 있다"고 말해야만 사람들
이 겨우 납득한다. 그런데 그 테러리스트들이 대관절 어디에 있는데?
보이지 않는 적과 싸우는 것이므로 이것은 끝없는 전쟁이요, 수상쩍
은 전쟁이다. 적다운 적이 어디 있기나 한가? 혹시 개발도상국의 민중
전체를 적으로 여기는 것은 아닐까? 개나, 소나 다 '테러와의 전쟁'을
들먹였다. 예컨대 이스라엘은 맨주먹뿐인 가엾은 팔레스타인 사람들의
집에 멋대로 폭탄을 퍼부으면서 '테러리스트들을 막기 위해서'라고 숭
고한(?) 구실을 댔다. 그것, 참으로 더러운 낱말이 아닌가?

'테러와의 전쟁'은 그 은밀한 목표가 가공(허구)의 적을 내세워 (나
라 안팎의) 민중을 겁먹게 하려는 것인, 고단수의 통치 프로그램이다.
나라 바깥으로는 제3세계(개발도상국) 민중들을 겁줘서 미국의 명령에
납죽 엎드리게 하려는 것이다. 중동과 아프리카의 석유와 광물자원들
을 독차지해서 깊어져가는 경제위기의 돌파구로 삼으려는 침략 전쟁
이다.[227] 세계 자본 체제는 이미 1990년대 말부터 과잉생산 과소소비
의 모순을 격렬하게 드러냈다.

또 나라 안으로는 신자유주의 파시즘을 들여올 기반을 닦는 것이
다. 9·11 테러가 벌어지자 '외부의 적'에 대한 대중적 분노에 힘입어
'애국자 법法'이 미국 의회에서 만장일치로 가결됐다. 말 한마디를 했
다고 범죄인 취급하고, 수색영장 없이 남의 사무실을 마구 뒤질 수 있
고, 마구잡이로 도청하고, 심증(의심)만으로 사람을 가둘 수 있게 하

---

227. 이라크와 리비아에 대한 침략은 그들이 무역결제 통화를 달러화에서 유로화로 바꾸
려 한 데 대한 혼찌검의 측면이 컸다. 미국의 패권은 '달러화의 기축통화 지위'에서 나오
므로 미국은 이를 패권에 대한 도전으로 받아들였다. 요즘 세계 각국은 달러 폭락을 걱
정해 미국 채권 보유고를 줄여나가고 있다.

는 것이 애국법이다. 특히 외국인들을 심하게 규제해서 멋대로 내쫓거나 입국을 퇴짜 놓을 수 있게 했다. 미국 정부의 묵인 밑에 아부 그라이브(이라크)와 관타나모(쿠바: 미 해군기지가 있음)의 포로수용소에서는 제네바 협약을 묵살하고 부당하게 가두고 고문하는 일이 자주 벌어졌다.[228] 이 법은 헌법에 보장된 기본권을 빼앗는 것이라고 전 세계 민중에게 비판을 받았다.

2014년 8월, 흑인 청년에 대한 미국 경찰의 총격 사건을 계기로 흑인들이 소요(소란과 동요)를 일으킨 퍼거슨Ferguson 시 사태를 보면 '테러와의 전쟁'이 실제로 무엇을 노렸는지가 잘 나타난다. 퍼거슨 시에서 데모한 사람들은 맨주먹에 숫자도 몇 되지 않았는데도 경찰은 중화기를 썼다. 섬광수류탄과 소총, 군용 트럭과 장갑차가 등장했으니 경찰이 아니라 군대라 불러야 한다. 경제위기에 따른 사회 혼란을 대비하겠다며 미국 정부가 꾸준히 준비해온 것이 정체를 드러냈다.[229]

미국이 자기들 희망대로 중동의 '테러리스트'들이라도 여지없이 속아냈는가? 아프가니스탄의 탈레반 정권이 쫓겨나긴 했어도 아직 저항을 계속하고 있고, 이라크는 미국이 후원하는 새 정부가 자리 잡는가 싶었으나 교파(시아파 ↔ 수니파) 사이에 갈등이 깊어진 틈을 타서 IS(이슬람국가)가 다시 기세를 떨쳤다. 미국이 큰소리친 것과 결과는 동떨어졌다. 미국은 2차 세계대전 때 치른 비용과 맞먹는 4조 달러를 '테러와의 전쟁'에 쏟아부었지만 이것이 자기들의 경제위기를 덜어줄 타개책은 되지 못했다. 그래서 '미국이 완전히 패배했다'고 짚는 사람들도 있는데, 꼭 그렇게 단정 짓기도 어렵다. 민중을 겁먹게 해서 순한

228. 한국 검찰도 '한국판 애국법'을 추진 중이라고 2014년 말에 언론이 보도했다. 증거법을 고쳐 안보 위협과 테러에 대해 압수수색, 계좌 추적을 쉽게 하는 내용이다.
229. 2013년 미국 언론에 폭로된 바에 따르면 미국 국토안보부가 5년간 쏠 총탄 20억 발(20년간 이라크전쟁을 치를 규모)과 장갑차를 사들일 예산을 청구했다.

양으로 길들이겠다는 정치적 목표는 훌륭하게 달성했기 때문이다. 또 미국의 국력이 차츰 기울어서 시원하게 '적'을 소탕하지는 못했어도 여전히 미국은 으뜸가는 강대국이고 군사력으로 맞짱 뜰 나라가 없다.

> **덧대기**
> 인류가 공생共生의 길로 가려면 강대국들이 멋대로 휘두르는 패권정치를 누르고, 모든 나라 모든 민중의 연대solidarity의 정치로 옮아가야 한다. 공자는 올바른 정치는 이름과 명분을 바로잡는 데서 시작된다고 했다. "정명正名"에서! 그렇다면 '테러와의 전쟁'에 덮어놓고 맞장구치기 전에, 그 낱말을 무엇으로 정의定義해야 하는지부터 따져 묻는 것이 올바른 정치의 출발이다. 적敵이 누군지도 얼버무린 채, 전쟁을 선동하는 것 자체가 이미 사악한 짓거리다. 흑인 노예무역부터 아우슈비츠의 유대인 학살과 아프가니스탄 침략에 이르기까지, 유럽 열강들이 저지른 국가 테러를 잊지 않는다면 '테러리즘'을 정의하는 것이 얼마나 예민한 과제인지, 다시 숙고해야한다.

신냉전 또는 3차 세계대전의 서곡이 울렸다

우크라이나는 동쪽으로 러시아와 닿아 있고, 인구의 절반이 러시아어를 쓴다. 1991년 소련의 해체와 더불어 독립국가가 됐다. 정치의 쟁점은 'EU(유럽연합)'에 들어가느냐, 마느냐다. 그 나라 대중에겐 "유럽의 품 안에 들어가면 살기가 더 좋아질 것"이라는, 오래된 환상이 있다. 미국과 유럽은 우크라이나가 자기들 편을 들기만 하면 언젠가는 유럽연합에서 (우크라이나를) 받아줄 것이고, 그러면 유럽 어느 나라든 비자 없이 이민을 가서 돈을 벌 수 있을 것이라는 근거 없는 희망을 부추겼고, 러시아도 우크라이나 동부가 러시아의 품으로 돌아오면

(우크라이나보다) 더 많은 임금과 연금을 받을 수 있다는 기대를 그들에게 불어넣었다. 한편 러시아는 친유럽파 정당이 우크라이나에 들어서는 것을 미국과 NATO가 자기 집 문턱까지 쳐들어오는 것으로 여긴다. 우크라이나는 2013년 유럽연합과의 협정이 물거품이 되자, 친유럽파가 시위를 벌였고, 친유럽파가 집권하자 (우크라이나의 동남쪽 지방) 크림반도의 사람들이 주민투표를 거쳐 러시아와의 합병을 추진했다. 2014년 여름, 친러시아파를 보호하려는 러시아군대와 친유럽 우크라이나군 사이에 충돌이 벌어졌다.

언론은 2014년의 이 군사 충돌을 우크라이나와 러시아 사이의 전쟁으로 규정한다. 겉모습으로만 본다. 하지만 정확히 말하자면 우크라이나 안의 지역 간, 종족 간, 계급 간 내전인 데다가 우크라이나의 친유럽 정부가 유럽 열강을 대신해서(!) 러시아와 맞서는 '대리전代理戰'이다. 뒤의 측면이 더 결정적이다. 대리전이므로 한참 오래갈 것이다. 전쟁 분위기가 높아지므로, 유럽 정치에서 파시즘 세력이 더욱 기승을 부릴 것이다.

유럽 언론과 (앵무새처럼 그 말을 되뇌는) 국내 언론의 보도대로라면 우크라이나 서쪽 키예프 정부와 유럽은 좋은 사람, 좋은 나라이고, 분리 독립을 부르짖는 도네츠크 인민공화국과 루간스크 인민공화국 같은 우크라이나 동남부 지역 정부들과 러시아는 나쁜 사람이고 나쁜 나라다.[230] 하지만 '자유'라는 이름 밑에 폭력을 휘두르는 파쇼 세력이 활개 치는 서쪽 키예프 정부가 상대적으로 더 반민중적이다. 또 미국

---

230. 미국과 유럽은 우크라이나의 신나치 정당과 무장 세력에게 50억 달러를 지원해 친러시아 정부(빅토르 야누코비치)를 무너뜨릴 폭력 사태를 지시했다. 이들 신나치가 날뛴 것이 크림반도 주민들이 러시아 귀속을 선택하는 데에 큰 계기가 됐다. 최근 들어서는 유럽 언론(의 일부)에서도 우크라이나나 그루지야의 친유럽 정부가 벌인 '나쁜 짓'을 알리는 보도가 나오기 시작했다.

유럽과 러시아, 어느 쪽이 선이고 악인지, 칼로 두부 베듯이 쉽게 가를 수는 없지만 오바마와 메르켈(독일 총리)이 천사이고 푸틴(2000년부터 장기 집권한 러시아 대통령)이 악마인 것은 분명히 아니다.[231] 유럽 언론이 푸틴을 '악마'로 그려내는 것을 곧이곧대로 믿어서는 안 된다.

(러시아 출신으로 한국에 귀화한) 박노자는 우크라이나에서의 대리전을 3차 세계대전의 서곡序曲으로 읽었다. 세계정세의 변곡점(굴곡의 방향이 바뀌는 자리)이다. 2차 세계대전이 끔찍한 파괴적 결과를 낳은 것을 아는 사람들은 대부분 다음과 같이 생각한다. "그런 세계전쟁이 다시 일어날 수는 없어! 그랬다가는 곳곳이 핵폭탄으로 쑥대밭이 되고, 인류가 몽땅 멸망할 거니까 각국의 지도층이 (이성理性을 갖고 있는 한) 그런 전쟁은 한사코 피할 거야!" 실제로 전후 70년 동안, 끔찍한 핵전쟁이 터질 것이라는 조짐은 없었다(1962년 말 소련 미사일 기지가 쿠바에 건설되는 것을 둘러싸고 잠깐 긴장이 감돌기는 했다). 하지만 그렇다 해서 인류 사회가 평화의 길로 점점 나아왔던가? 전혀 아니다. 분쟁과 전쟁이 극단적인 상태로 치닫는 것을 막는 국제적인 노력(압력)이 있었을 뿐이지, 분쟁과 전쟁 자체야 더 잦아졌다. 유고슬라비아 연방의 해체 과정을 보라! NATO가 유고슬라비아를 폭격한 것도 기억하라! 20세기 말에 세계화(세계 자본 체제로의 통합)는 절정(클라이맥스)으로 치달았고,[232] 본디 자본 체제는 계급과 계급, 민족과 민족을 서로 갈라놓는 뿌리 깊은 본성이 있다. (국민국가들의 주권을 제한하는) '유럽연합'이라는 초국가적 통치기구가 1993년 유럽에 선을 보이자, "때는 이때다!" 하고 유럽 각국에 소수민족의 분리 독립운동이 우후죽순처

231. 러시아의 집권 정당은 '몇몇 부자들만 돕는 정당'으로 국민들이 불신하지만, 푸틴 개인은 '유럽에 용기 있게 맞서는 지도자'로 국민들에게 인기가 높다.
232. 소련과 중국과 인도가 '자본주의화'된 덕분에 세계 자본 체제는 한동안 활력을 되찾았다.

럼 돋아난 것을 떠올리라. 민족은 원래 그렇게 '따로 국밥'을 차리려는 본성이 있기 때문이 아니라 세계 자본 체제가 그렇게 "다들 '따로 국밥'으로 놀라"고 부추기기 때문이다.

그렇다면 '세계대전大戰'의 개념도 미세하게 조정할 필요가 있다. 꼭 엄청난 규모로 충돌하는 전쟁만이 아니라, 세계의 강대국끼리 줄기차게 맞붙는 전쟁은 다 '세계대전'이라고 정의를 새로 내릴 수도 있다는 것이다. 미국의 으뜸 적국敵國이 중국, 유럽NATO의 적국이 러시아라는 것을 새겨두자. 이념과 체제가 달라서 적enemy이 된 것이 아니다. 냉전 시절, 곧 사회주의 소련이 버젓이 힘을 발휘하던 때에는 그런 구실이라도 댔지만 지금은 들이댈 구실(명분)도 없다. "내가 가장 힘센 나라로 일어서려면 너를 짓눌러야 하므로 너는 적이다! 국가 이익은 세상에서 가장 숭고한 이념이야!" 그렇게 '국가 이익'이 신비로운 것으로 둔갑하는 순간, 그것은 세계 독점자본의 이익을 덮어 가리는 뻔뻔스러운 물신物神이 된다. 두 나라 민중이 서로 싸워야 할 까닭이 없는데 왜 국가가 그 싸움을 부추기는가! 그럴 때의 국가는 누구를 위한 국가인가?

"자본의 위기를 벗어날 길은 전쟁뿐이야!"

물론 (냉전 이후로) 여태껏 미국과 중국이 직접 전면적인 군사 충돌을 일으킨 적은 없다. 그랬다가는 걷잡을 수 없는 결과를 낳을 수도 있으므로 두 나라 지배층이 조심을 했고, 특히 약한 쪽 나라(곧 중국과 러시아)의 지배층이 더 조심했다. 하지만 제국주의 열강이 끊임없이 대리전을 벌였다. 중국의 경우, (미국이) 위구르와 티베트의 소수민족,

또 홍콩 출신 미국 유학생들을 부추겨서 중국 정부에 끊임없이 도전하게 했고,[233] 러시아의 경우, 남오세티아 지방을 누가 차지하느냐를 놓고 러시아와 그루지야가 벌인 전쟁(2008년)이나 우크라이나에 친유럽 정권이 처음 들어선 오렌지혁명(2004년)의 배후에는 미국과 서유럽 열강이 있었다.[234]

세계 자본주의에 경제 위기가 차츰 깊어지면서 강대국마다 블록을 쌓기 시작했다. 유럽 나라는 유럽연합으로 뭉치고, 미국은 환태평양경제동반자협정TPP을 맺어 태평양국가들 사이에서 중국의 영향력을 물리치려고 했다. 만만한 딴 나라(중국, 러시아)를 자본 간 경쟁에서 밀쳐내고 짓눌러서 경제위기를 벗어나려고 한다. 미국과 유럽의 자본가들이 다 모여서 '자본주의의 미래'를 고민한 2012년 다보스 포럼에서는 "세계대공황에 대해 뾰족한 대안을 찾지 못했다"고 씁쓸한 결론을 내렸다. 경제를 손질할 길을 찾을 수 없으니 경제 아닌 해법을, 곧 정치군사적 해법을 찾을 수밖에 없다. 1929 대공황을 그렇게 전쟁으로 타개했는데 다시 그 길을 갈 수밖에! 2014년의 다보스 포럼에서 일본의 아베 총리는 "일본과 중국이 전쟁을 벌일 수도 있다"고 털어놨다. 그들의 속내가 무엇인지 너무 뻔하다. "자본의 위기를 벗어날 길은 전쟁을 벌이는 길 뿐이야!"

미국의 목표는 중국을 점령하여 식민지로 삼는 것이 아니라(그것은 너무 격렬한 저항을 불러오므로 불가능하다), 갈가리 찢어내서 자기한테

---

233. 티베트 지도자 달라이 라마가 미국의 지원을 받았다는 것은 잘 알려져 있다. 2014년 가을, 홍콩에서 벌어진 '우산 혁명'의 배후 주동 인물들도 미국의 후원을 받았다.
234. 그루지야(조지아)는 러시아(카프카스산맥) 남쪽에 있고, 인구는 500만 명의 작은 나라다. 우크라이나는 금융 개방의 결과로 금융위기가 터져 IMF의 빚을 얻은 대신에 유럽 자본의 사냥터가 됐다. 미국의 속셈은 우크라이나를 NATO에 가입시켜 러시아 흑해함대를 거기서 몰아내려는 것이다.

도전할 수 없는 나라로 찌그러뜨리는 것이다. 또 러시아에 대해서는 외톨이로 고립시켜서 무기력하게 만들 심산이다. 중국과 러시아에 맞서 미국과 유럽 열강이 정치군사적 대결의 긴장을 자꾸 높이는 것은 결국 경제적 지배의 동기(야심)를 깔고 있다.[235] 두 쪽의 대리전이 어쩌다 한두 번 벌어지는 것이 아니라 어느 한쪽이 무릎 꿇을 때까지 여기저기서 대리인들을 통해 줄곧 벌어질 태세다. 최근 들어 미국은 노골적으로 '신냉전new-cold war' 전략을 들고 나왔다.[236] 우크라이나와 그루지야부터 티베트와 위구르와 홍콩에 이르기까지 세계 곳곳에서 대리전이 벌어지고 있는데 이것을 어찌 커다란 문제로 탐구하지 않을 수 있겠는가.

한반도도 화약고다

한반도도 그런 대리전이 벌어지고 있는 대표적인 곳이다. 2010년에 천안함 침몰 사건과 연평도 포격이 벌어진 것은 그런 맥락에서 읽어야 한다. 미국이 제주도에 해군기지 건설을 밀어붙이고 있는 것도 중국을 겨냥한 준비 작업이다. 한국의 지배(집권) 세력은 미국과 중국 사이에서 '중립'을 지키겠노라고 오리발을 내밀고 있지만 실제로는 굳건한 동맹 세력인 미국의 뜻을 (중국 눈치를 좀 봐가며) 슬금슬금 따

---

235. 미국은 루마니아와 불가리아에 군사기지를 지었고, 폴란드에 MD(미사일 방어)를 들여갈 계획이다.
236. 미국의 신냉전 전략은 실패할 가능성이 높다. 경제 봉쇄가 어렵고 미국과 유럽, 일본의 이해가 같지 않아서다. 중국이 주도하는 아시아인프라투자은행AIIB에 유럽 국가들이 (미국의 견제를 묵살하고) 참여한 것을 보라. 신냉전은 미국이 전략적 수세 속에 전술적 공세를 벌이는 것이다.

라간다. 사드(THAAD: 종말고고도지
역방어, Terminal High Altitude Area
Defense)를 한국에 배치하는 문제
를 둘러싸고 한국 정부가 벌여온 '언
어의 곡예'(사드는 중국을 견제하려는
게 아니라는 식의 변명) 뒷면의 속뜻
을 읽어내는 것은 그리 어렵지 않다.

태평양 외딴섬에서 미국, 일본과 중국이 으르렁
대고 있다. 신냉전이 전면 전쟁으로 발전하지 말
라는 법이 없다. 이미 미국은 열화우라늄탄 같은
전술 핵무기를 쓰고 있다.

그러니까 대리전이 강요되는 정치적 현실을 어떻게든 바꿔내지 않는
한, 한반도에 전쟁의 포연이 피어오를 개연성probability은 자꾸 높아져
갈 터인데, 공황panic이 깊어져가는 세계 자본 체제의 위기가 그런 정
치군사 정세를 만들어내고 있다는 기본 사실을 새기는 것이 우선 시
급하다.

　제국주의(미국, 유럽, 일본)와 그에 버금가는 아亞제국주의(중국, 러시
아) 사이의 (대리인들을 통한) 대결은 근래 들어 더 치열해졌다. 2010년
에 천안함이 가라앉았고(우리는 아직 그 진실을 모른다), 2011년에는 아
프리카의 수단 국가에서 남南수단이 떨어져 나왔다. 전자는 친중국이
고 후자는 친미 친유럽이다. 중국과 친한 리비아의 카다피 정권이 유
럽 열강의 압박으로 무너졌고, 친러시아 친이란 친중국의 길을 걸은
시리아의 아사드 정부에 맞서는 내전이 시작됐다. 유럽 열강의 지원을
받은 (IS 같은) 무장단체들이 시리아에서 활개를 쳤다. 2012년에는 미
국이 이란에 더 혹독한 경제 제재를 퍼부었고, (일본 오키나와와 중국
사이에 있는) 센카쿠열도를 둘러싸고 중국과 일본(=미국의 하위下位 파트
너) 사이에 마찰이 격화됐다. 중국말로는 댜오위다오 열도다. 2013년
에는 아프리카의 말리에 옛 식민 종주국 프랑스가 군대를 보내 자기
의 기득권을 위협할 반란 세력을 진압했다. 미국도 아프리카에 군대

파견을 늘렸다. 그리고 2014년에는 러시아의 코앞에 있는 우크라이나 정부군과 러시아군 사이에 군사 충돌이 벌어졌다. 그러니까 (개념을 조금만 수정한다면) 3차 세계대전이 이미 벌어지기 시작했다고 보는 것이 옳다.[237]

미국 국방성이 이 가설을 솔직하게 입증해주고 있다. 『연합뉴스』 2014년 10월 16일자 보도에 따르면, 미국 육군이 펴낸 보고서 「육군 작전 개념AOC: 복잡한 세계에서 승리하기」는 "(미국이) 중국·러시아와 같은 '경쟁 강국', 이란·북한과 같은 '지역 강국', 알카에다·이슬람국가IS와 같은 초국가적 테러 조직과 무력 충돌을 빚을 조짐들이 나타나고 있다"고 내다봤다고 한다. 워싱턴 정치사회에서는 이 글을 '제3차 세계대전 시나리오'라는 별명으로 불렀다는데, 북한에 대해서는 "지금의 북한 지도부에 대한 (미국의) 경제·사회·정치적 압력이 전쟁이나 정권 붕괴로 이어질 수 있어 (미국은) 육·해·공군이 한국군과 공동 작전을 펼 수 있도록 준비하고 있다"고 서술했다. 자기실현적 예언self-fulfilling prophecy이다. 생겨나지 않을 수도 있는 현상이 예언의 영향으로 예언대로 된 현상! 그렇게 되기를 바라고 있어서 그렇게 예언하는 경우! 미국 정부 보고서에서 그렇게 '전쟁 가능성'을 말한 경우가 예전에 없었다는 사실을 헤아리면 그 보고서가 미국 집권 세력의 희망을 표현한 것임을 얼마든지 눈치챌 수 있다. 사회 교과서에 실린 '평화통일' 이야기는 미국과 한국 지배층의 진짜 생각이 아니라 한

237. 2014년 말 루블화가 폭락하자 러시아 중앙은행이 기준금리를 크게 올린 것을 두고 유럽 언론은 러시아가 곧 망할 것처럼 떠들었는데 주요 자원을 자급자족하는 러시아는 환율 변동에 쩔쩔매지 않는다. 곧이 믿어선 안 될 신문 기사도 많다. 반면에 이채언 교수는 러시아가 최근 미국과의 신新냉전에서 이미 이겼다고 봤는데 진실은 유럽 언론의 판단과 그의 장담 사이의 어느 중간 지점일 것이다.

갓 그럴싸한 구실(말풍선)이라는 것을 그 보고서가 솔직히 털어놓았다. 한반도에서 전쟁이 벌어질 수도 있다고 미국 지배층은 전망(기대)한다! 이 보고서는 3차 세계대전이 훗날 일어날 수도 있다고 내다보는데 이는 여태껏 대리인들을 통한 그들의 '전쟁 분위기 띄우기'를 얼버무리는 표현에 불과하다. 요컨대 3차 세계대전은 이미 시작됐다![238] 달리 말하자면 신냉전의 시대로 접어들었다.

이것이 혹시라도 두 쪽의 전면전으로 발전한다면(그럴지, 안 그럴지 넘겨짚을 수는 없지만 지금으로서는 전면전으로 번지지 않으리라는 보장이 없다), 이미 그때는 한가롭게 그 전쟁이 '4차'인지, '3차'인지 토론할 겨를이 없다. 그때는 "인류의 공멸이냐, 아니냐"를 걱정해야 할 때이니까.[239]

> 덧대기
> 미국의 하위 파트너(동맹 세력)인 일본 지배층이 전쟁 허용 법안을 밀어붙이자, 일본 민중이 2015년 8월 말 '아베, 물러가라'는 시위를 대대적으로 벌였다. 정치에서 소외돼 있던 일본 민중이 전쟁 위험을 느끼고 모처럼 정치투쟁에 나섰다.

---

238. 정의하기에 따라서는 미국이 '테러와의 전쟁'을 벌인 것을 '3차 세계대전', 미국과 중국이 대리인(완충 국가)을 통해 군사 대결을 높여가는 지금을 '4차 세계대전'이라 부를 수도 있다.
239. "핵 때문에 전면전은 어렵다"는 생각은 낡았다. 미국은 이미 전술 핵무기로 선제 핵공격을 벌인 적 있다. 부시 전 대통령은 "이란이 미국 말을 안 들으면 3차 세계대전을 벌일 것"이라 말했다(2007년).

2 사회 교과서에 배움이 없다

청년 실업을 해소할 길은 기업세를
많이 거둬서 널리 공공의 일자리를
만드는 것이지, 진로 교육이 아니다.
또 중고생들은 아직 '진로 걱정'
해서는 안 될 나이다. 어린 나이부터
먹고살 걱정을 떠안으라는 것인가!

사회 교과서는 사회를 알아보는 책이(라야 한)다. 그런데 한국의 중
고교 사회 교과서에는 '사람 사회가 어떻게 만들어지고 굴러가고 바
뀌는지' 캐묻고 따지는 내용이 아니라[240] 지금의 사회에 어떻게 하면
적응하고 거기서 살아남을 수 있느냐, 하는 생존 기술을 일러주는 대
목이 많다. 그것이 마땅한 일인지 따져보자. 그런 잡다한 기술을 외우
게 함으로써 사회에 대해 왜곡된 앎을 불어넣는다는 것도 문제다.

1. 돈 씀씀이를 가르쳐야 할 일일까?

교과서는 '안정된 경제생활을 위한 재무 설계 방안'을 가르치겠다
고 한다. '저축'이 필요하다며 자산 관리의 기본 원칙을 읊었다(수익성
과 안전성과 유동성). 재무 설계를 하는 과정도 살폈다. 목표를 설정하
고 자기 재무 상태를 둘러보고 (저축, 주식, 펀드, 채권, 부동산을 골고루

---

240. 세상일을 배우고(學) 캐묻는(問) 것을 '학문'이라 한다. scholarship과 academy는
learning과 studies가 쌓여서 이뤄진다. 학문의 핵심은 learning과 studies다.

조합하여) 포트폴리오를 짠다.[241] 자기의 실천을 틈틈이 되돌아보고 필요하면 설계된 것을 다듬는다. 탐구 활동으로 미혼기 → 신혼기 → 자녀 출산 양육기 → 자녀 학령기 → 자녀 성년기 → 자녀 독립과 은퇴기의 생애 주기마다 재무(=돈 씀씀이) 설계를 해보라고 분부한다.

⇨ 이것은 교육학자의 머리에서 나온 커리큘럼(교육과정)이 아니고, 전경련(전국경제인연합)이나 상공회의소 같은 데서 정부(교육부)를 호령해서 강제로 집어넣은 대목일 것이다. 자본가를 대변하는 그 단체들은 국민들에게 경제생활을 가르쳐야 한다는 사명감(?)을 품고 있어서 틈만 나면 참견하려고 든다. 그들이 목소리를 낼 권리는 있으나, 문제는 학교 커리큘럼을 구상하는 자리에 그 반대편(노동자를 대변하는 단체)을 초대하지 않는다는 사실이다. 한국이 '자본 공화국'이라는 사실을 여기서도 확인한다.

교육부 나리들께서는 커리큘럼을 구상할 때 학생들의 목소리도 들어야 한다. 요즘은 인터넷이 발달해서 많은 사람들의 (찬반) 의견을 묻는 것도 그렇게 어려운 일이 아니다. 중고생들에게 "교육과정에 무엇을 넣자"고 제안할 권리까지는 주지 않는다 해도 "어떤 내용은 너무 어렵다"거나 "도무지 쓸데없어 보인다." 하고 비판할 권리는 줘야 한다.

왜 호된 얘기(결론)부터 끄집어내느냐면, 그게 도무지 학교에서 읊을 것이 아니라서다. 돈도 벌지 않는(못하는) 미성년이 무슨 돈 씀씀이를 탐구한다는 거냐! 아무리 머리를 짜봤자 공상空想에 지나지 않는데 그런 공상은 배움이 아니다. 미리 질러 박자면 (1)의 돈 씀씀이부

---

241. 포트폴리오는 원래 경영학의 재무관리에서 '분산 투자하여 이뤄낸 자산의 묶음'을 뜻한 말이었다. '모임, 결합, 배치, 집합, 구성'의 뜻으로 이 낱말을 여러 분야(특허, 음반, 경력, 교육)에서 갖다 썼다.

터 (6)의 자산/신용 관리까지 죄다 하릴없는 공부다. 뭔가 유식한well-informed 낱말들이 잔뜩 적혀 있는데 배울 거리가 조금은 있지 않으냐고 순진하게 되물을 학생도 있겠다. 그거, 쉬운 토박이말로 고쳐놓으면 별거 아니고, 학교를 나오지 않은 사람도 어른이 되어 경제생활을 해보면 얼마든지 터득할 수 있는 앎이다. (7)의 직업/진로 설계는 조금 필요할 수도 있고, 딴 차원에서 살필 게 있어 따로 말하자.

2. 창업을 가르쳐야 할 일일까?

교과서는 창업創業을 정의하고, 학생들에게 '기업가 정신'을 북돋았다. 탐구 활동으로 취업과 창업 중에 무엇이 나을지 토론해보고, 휴대전화를 만드는 핀란드 최대 기업 노키아의 몰락과 '이카루스의 역설(패러독스)',[242] 스티브 잡스의 비전과 열정을 알아보라고 했다. 창업 활동의 설계과정도 읊었다. 사업 구상과 정보 수집 → 사업 종목 선정 → 사업계획서 작성 → 입지 선정 → 자금 마련 → 사업 시작의 순서다. 탐구 활동으로 저마다 자기만의 회사의 창업을 설계해보라고 일렀다.

▷ '창업'은 넓은 뜻으로는 독립된 자기 가게를 내는 것을 죄다 가리키고, 좁은 뜻으로는 번듯한 기업을 세우는 일이다. 전자는 굳이 교과서가 요란하게 설명하지 않아도 어른 되면 다 벌일 수 있는 것이고(장사 밑천만 있으면 말이다), 후자는 무엇인가 실력, 곧 기술과 돈이 있어야 가능하지, 쉽지 않은 일이다. 교과서가 "희망을 품어라! 누구나 창

242. 노키아는 14년간 휴대폰 시장의 1등 기업이었는데 비용 감축만 신경 쓰다가 제품 혁신에 실패했다.

업할 수 있다"고 떠드는 것이 전자(가게 내기)를 가리킨다면 참 뻔뻔스러운 일이다. 한국에는 회사에서 월급(임금)을 받는 노동자보다 훨씬 가난하게 살아가는 자영업자(구멍가게 주인)들이 수두룩하다. 어디 취직할 데가 변변히 없어서 가게를 냈을 뿐, 수입이 변변찮은 사람이 한둘이 아니다. 그게 희망찬 길인가? 교과서가 학생들더러 번듯한 기업을 창업하라고 북돋는 것이라면 그것도 뻔뻔스러운 입놀림이다. 벤처(모험) 기업이 번듯한 기업으로 커가는 것은 낙타가 바늘귀로 들어가는 일만큼이나 어려운 일이고, 그 승패는 남다른 노하우knowhow와 기술력이 아니라 '밑천을 얼마나 모았느냐'에 좌우된다. 돈이 단 한 푼도 없는 엔지니어(기술자)가 기업 성공의 입지전立志傳을 쓰는 것은 범고래(덩치 큰 고래)가 바늘귀로 들어가는 것보다 더 어렵다. 그런데 그런 것을 공상해보라고? "돈은 어디서든 끌어대 대면 돼! 혁신 아이디어가 중요해!"라는 꼬드김인데, 현실은 냉정하게도 돈(밑천)이 중요하다! 그리고 백일몽(白日夢, 낮꿈)은 앎이 아니다.

'교과서에 이 대목을 넣어라'고 지령을 내린 자본가 단체의 속셈은 교묘하다. 구멍가게 내기의 창업은 참 쉬운 일이다. 웬만한 사람은 해볼 수 있으니 모두에게 권할 수 있다. 이와 달리, 멋진 창업(번듯한 기업 설립)은 가뭄에 콩 나듯 드문 일이다. 하지만 두 부류의 창업을 뒤섞어 얼버무리면 어린(어리석은) 백성이 속아 넘어갈 수도 있다. 누구나 해볼 수 있으면서도 어쩌면 희망을 품어볼 수도 있는 것이 '창업'이라고! 사회 교과서에 이 대목이 들어간 것이 그렇게 오래전이 아니리라. 왜 자본가 단체가 다급하게 지령을 내렸을까? 임금노동자로 불러들일 취업의 문이 자꾸 좁아들었기 때문이다. 사람이 헐값으로 품팔이하는 것은 견딜 수 있어도, 실업자an unemployed로 지내는 것은 견디기 어렵다. 우울증에 빠지거나 사람이 망가진다. 그러니 민심民心을 달래야 한다. 신문에서는 매일 '실업자 대책을 세우는 중'이라고 떠들고, 학교에서는 학생들에게 '창업의 길도 있다'고 달랜다.

교과서는 '스티브 잡스한테 배우라'고 권고한다. 물론 사람됨 면에서 배울 점이 있으리라. 하지만 잡스만큼 창의성을 북돋는다면 잡스처럼 기업인으로서 성공할 수 있을까? 이 둘은 전혀 다른 문제인데 마치 그럴 수 있는 것처럼 교과서가 학생들에게 환상을 심어준다. 그가 세운 애플사는 세계에서 두어 손가락 안에 꼽힐 만큼 어마어마한 부富를 쌓아 올린 기업인데, 그 어마어마한 부가 주로 잡스의 창의성 덕분이었던가? 그렇게 여긴다면 그것은 세상을 소꿉놀이하는 곳으로 여기는 천진스러운(유치한) 생각이다. 자본 체제라는 것이 허용하는 독점이윤과 지대地代를 포크레인으로 긁어모을 수 있어서 거부巨富가 됐지, 똑똑해서 억만장자가 된 것이 아니다. 억만장자와 그들의 부가 자꾸 늘어난다는 것은 인류 사회가 정의롭지 못하다는 증거인데 학생들에게 잡스처럼 부자the rich가 될 꿈을 품으라고 권고하면 안 된다. 그런 국가와 사회는 부도덕한 국가(사회)다.

덧대기
창업은 박근혜 정권 들어와 그들이 부르짖는 '창조경제'의 열쇠말keyword로서 줄곧 장려해온 것이다. 중앙일보가 벌인 여론조사(2015년 여름)에 따르면 일반 사람들은 창업에 실패해 쪽박 찰 것을 몹시 두려워하고, 기술과 아이디어가 아무리 좋아도 운(여건)이 나쁘면 실패한다고 여긴다. 실제로 IT(정보기술) 관련으로 창업해서 망한 사람이 수두룩한데 그들이 다시 일어서게끔 은행이 '믿고 꿔주는 일'이 없으므로 대중의 반응은 합리적이다. 사람들은 '창업!' 하면 식당(요식업)을 주로 떠올리는데 쉽게 해볼 수 있고 기술의 변화에 덜 민감해서다. 그런데 그것이 가라앉은 나라 경제를 일으켜줄 분야는 전혀 아니다. 여론조사 결과를 들여다보면 정부가 '창업 캠페인'을 시작하고 2년이 지났는데도 사람들의 그에 대한 의심(회의)은 더 깊어졌음을 알 수 있다.

3. 여가 설계도 가르쳐야 하는가?

교과서는 여가leisure의 의미와 필요성을 서술한다. 그리고 바람직한 여가를 설계하는 과정을 읊는다. 탐구 활동으로 일과 여가의 균형이 왜 중요한지, 생각해보고 한국인의 여가 실태를 알리는 통계 자료를 분석해보라고 분부한다.

⇨ 교과서는 학생들을 (자기의 여가도 설계할 줄 모르는) '바보'로 여긴다. 과연 그럴까? '여가의 의미와 필요성'을 자세히 아는 것은 인문학 공부로서 요긴하다. 사람이 자유롭게 살아갈 틈은 주로 '여가 시간'에 생겨나지 '노동 시간'에 생겨나기 어렵기 때문이다. 그런데 사람살이에서 여가의 중요성을 살피려면 더 깊이, 이를테면 문학작품 읽기의 도움을 받아 탐구해야 한다. 교과서처럼 두어 마디 간단하게 정의를 내리고 끝낼 바에야, 굳이 공부거리로 꺼내 들지 말아야 한다. '여가 실태의 통계'는 우리 사회가 어떻게 굴러가는지를 알아볼 분석 자료로서는 의미가 있다. 그렇지만 그것은 학생들에게 '여가를 누리는 법'을 일깨워주는 공부는 아니다. 사람은 실제로 놀아봐야 '노는 법'을 터득할 수 있다. 누가 여가 설계법에 관해 한두 마디 관념을 읊어준다고 터득되는 것이 아니다.

4. 금융환경에 대해 알아야 하는가?

교과서는 경제적 세계화와 금융환경의 변화를 주목하라고 한다. 직접투자와 간접투자를 비교하고, 우리가 쓰는 상품이 어디서 만들어진 것인지 알아보고, 국경을 넘어 벌어지는 경제활동의 증가에 대해 살피라고 한다. 우리 기업의 해외 진출 실태도 알아두고, 한국 증시가 핫머니의 놀이터가 된 이유도 생각해보란다.

⇨ 이것들이 공부거리이기는 하다. 그렇지만 그것만 뚝 떼어서 알아보는 것은 제대로 된 공부가 아니다. '경제적 세계화'에 대해 제대로 알려면 근대 이전에서 근대로 넘어온 역사를 먼저 알아야 하고, 제국주의와 식민지(또는 개발도상국)들이 맺어온 수탈(약탈) 또는 위계 hierarchy 관계를 먼저 헤아려야 하고, 정치(자본주의 국가)가 어떻게 경제(자본 체제)에 봉사해왔는지 그 세계적 양상aspect을 분석해야 한다. 세상의 어느 부분part에 대한 앎은 '세상 전체에 대한 개념적인 파악'의 한 부분일 때라야 머릿속에 들어온다. 난데없이 어떤 것 하나, 예컨대 직접투자와 간접투자를 견줘보라고 쪼가리 문제를 불쑥 던지면 학생들이 생각을 술술 끌어낼 수 있을까? 자본이 굴러가는 메커니즘(기제) '전체'를 살펴보지 않고서? 그저 선생이 일러주는 답만 받아 적게 된다. 그것을 외워서 시험 점수를 올릴 수는 있어도 그런 것, 알아서 무엇하나? 시험이 끝나고 순식간에 사람 머리를 떠나버릴 지식을!

한국 기업의 해외 진출을 아는 것은 한국 독점자본에 대한 자랑으로 끝나고, 한국 증시가 핫머니의 놀이터가 된 것은 "한국 증권시장을 핫머니들로부터 지키자!"는 허튼 결론으로 끝나기 십상이다. 세계 자본주의 전체에 대한 공부를 제대로 들이파지 않은 상태의 학생들에게 그런 주제만 뚝 떼어서 들이미는 것은 그런 정치적 속셈을 깔고 있다. 앞의 것은 꼬마-제국주의로서 한국 독점자본이 커가는 것에 대한 비판이 필요하고,[243] 뒤의 것은 투기놀음이 들끓는 세계 금융자본주의를 뜯어고치는 방향으로 가야지(그런데 그것은 세계 민중이 다 같이 치열하게 싸워내야 한다), 삼성과 현대와 롯데를 미국 헤지펀드의 공격에서 지켜내자는 우스운 결론으로 가면 안 된다. 한국 교육부가 정말로 학생들에게 학문(배움)을 권할 요량이라면 그렇게 날림으로 교과서를 짜면 안 된다.

5. 소득 관리와 합리적 소비를 알아야 하는가?

교과서는 소득의 합리적 배분을 알아두란다. 자기의 소비성향과 저축성향을 되돌아보고, '저축이 언제나 미덕인지'도 따져보란다. 저축과 소비의 조화harmony가 필요하다고 명쾌하게(!) 결론을 내린다. 교과서는 '합리적 소비'를 권고하는데 사실상 내리먹이는 얘기다. 소비의 네트워크 효과를 알아보고,[244] 가계통신비가 늘어난 현상을 따져보란다.

⇨ 무엇을 하는 데에 합리적인 소비라는 말인가? 자본 체제를 굴리는 데에 합리적이라는 것이다. 자본이 커갈수록 대중의 지갑이 말라붙는다(빈부 양극화). 그러면 자본이 쏟아내는 상품들이 팔리지 않는다. 한국 자본은 한동안 해외 시장에다가 상품을 팔았는데, 수출 export이 제자리걸음을 하자, 국내 시장이 좁은 것이 아쉬워졌다. 그동안 노동자들을 저임금으로 부려 먹은 것이 이제는 탈이 됐다. '합리적

---

243. 학생들은 한국 기업이 딴 나라에서 어떤 짓을 벌이는지, 그 실상을 제대로 알아야 한다. '추악한ugly 한국인'이라는 낱말이 아시아 민중들 사이에서 나돌았다는 것을 유념하자.
244. 허영심 때문에 비쌀수록 잘 팔리는 것을 베블렌 효과, 유행에 따라 상품을 사들이는 것을 밴드왜건 효과라 일컫는다. 밴드왜건은 서커스 행렬의 선두에서 음악을 연주하는 마차이고, 베블렌은 부자들의 과시 소비를 연구한 20세기 미국의 경제학자.

소비'란 "내수內需를 높이자!"고 하는 선전 방송의 하나다. 그런데 이 것은 자본 쪽에 도움을 주자는 것이지 국민 개개인이 자기 처지에서 '무엇이 합리적인지'를 따지는 얘기가 아니다.

한국은 최저임금이 시간급 5,580원이다(2015년). 1주 40시간을 일하면 다달이 1,166,220원이요, 44시간을 일하면 1,261,080원이다. 국가에서 굳이 최저임금을 정하는 까닭은 그러지 않고서는 훨씬 헐값으로 노동자를 부려 먹는 고용주를 규제할 수 없어서다. 최저임금만 받고 일하는 노동자가 적지 않다는 사실도 여기서 짐작할 수 있다. 2015년 3월, 최경환 경제부총리가 "알맞은 수준으로 임금을 올리지 않으면 내수가 살아날 수 없다. 최저임금이라도 올리자." 하고 말했다. 그러니까 최저임금만 받고 일하는 사람들에게 "저축만 하지 말고 소비도 좀 해라!" 하고 권고하는 것은 (남의 사정은 아랑곳하지 않고) 시건방지게 가르치는 얘기가 된다.[245] 그들에게 '합리적 소비'를 생각하라는 것은 허무맹랑한 주문order이다. 지갑은 얇고, 그저 입에 풀칠하고 살 뿐인데 뭘 어쩌라고? 내수를 늘릴 길은 임금 인상이고, 국가 돈을 풀어서 일자리를 더 만드는 것이지 합리적 소비가 아니다.

또 자기가 버는 돈이 여유로운 사람은 굳이 정부가 '더 소비하라!'고 권유하지 않아도 알아서 더 소비한다. 세상에, 돈만 있으면 누리고 즐길 일이 좀 많은가! 돈만 있으면 개도 '명사장님' 대접을 받지 않는가! 정부가 사람들에게 뭘 가르치지 않아도 세상에 제가 번 돈을 불합리하게 쓸 사람은 많지 않다. 똥인지, 된장인지 잘 모르는 학생들이야 그 얘기를 대단히 깊은 앎을 주는 것으로 열심히 외우겠지만 말이다. 요컨대 '합리적 소비'란 국민 개개인의 처지에서 합리성을 따지는

---

245. 가난한 청년들은 결혼도, 심지어 연애도 포기하는 세상이다. '합리적 소비 어쩌고' 떠드는 것은 그들의 열등감을 건드린다.

말이 아니고, 자본가들에게 물건 팔 길을 열어달라는 선전 방송이다.

그런데 (자본 체제가 아니라) 민중 전체의 삶을 정말로 걱정하는 처지에서 본다면 무엇이 합리적인 소비일까? '착한 소비'를 부르짖는 사람도 있다. 좀 비싸더라도 친환경 제품을 사주고, 아프리카나 베트남에서 건너오는 커피를 '공정무역'을 위해 더 비싼 값으로 사주는 윤리적인 소비가 더 '합리적'일 수 있다. 또 지구의 자연자원을 마구 탕진하는 상품들은 사주지 않는 것이 합리적이다. 그저 "소비 좀 더 해라!" 하고 떠드는 것은 정말 얄팍한 말이다.

6. 자산과 신용을 관리하는 법을 알아야 하는가?

교과서는 물건 값을 지불하는 다양한 방법(현금, 신용카드, 전자 결제)을 훑는다. 다양한 저축 수단(예금, 주식, 채권)도 서로 견준다. 신용과 빚을 관리하라고 한다(신용등급 관리). 지나친 신용카드 사용의 결과와 잃어버린 신용을 되찾는 길도 생각해보잔다.

⇨ 학교의 커리큘럼을 짜는 정부(교육부)는 정말 학생들의 자리에서 세상을 볼 줄 모른다. "우리가 정치권력을 쥐고 있으므로 우리 멋대로 '내리먹임'할 거야!" 값을 치르고 돈을 모을 방법을 학교가 가르치겠다고? 그것도 번갯불에 콩 구워 먹듯이, 날림으로? 교과서에 적혀 있는 것 가운데 학생들 머릿속에 들어갈 부분은 얼마 되지 않는다는 불편한 진실을 그들은 쳐다볼 생각을 않는다. 학생들이 (야간자율학습 시간까지 남아) 군소리 없이 교과서를 외워대는 한!

학생들은 부모와 TV로부터 훨씬 많은 것을 배운다. 값 치르고 돈

모으는 방법이야 부모한테 배울 일이고, 이따금 TV에서 배울 일이다. (유럽에서나 한국에서나) 학교교육이 그저 '내리먹임'이나 할 줄 알지, 맹탕이 아니냐는 비판의식을 품은 사람들이 20세기 후반부터 '탈학교 운동'을 벌였다. 한국에 '대안학교'들이 여럿 들어선 것도 학교교육에 대한 비판에서 비롯됐다.[246]

'자산/신용' 얘기는 특히 뻔뻔스러운 얘긴데, 그거 제법 돈을 번 사람한테나 해당되는 얘기가 아닌가? 없는 집 자식들은 교과서를 읽고서 기죽으라는 얘긴가? 있는 집 자식이라 해도, 세상이 어떤 곳이고 어찌 바꿔가야 할지, 학문을 닦는 것이 옳은 공부이지, 무슨 '돈 굴리는 기술'을 익히는 것을 공부learning라고 추어줄 셈인가?

교과서는 학생들더러 자본 체제에 얼른 적응하라고 은밀하게 부추긴다. 자산資産은 경제적으로 가치 있는 재화goods다. 영어는 property, asset, wealth로 나타낸다. 그런데 자본 체제에서는 빚(부채)도 자산의 일부다. 자본 체제는 빚(신용)으로 굴러가고, 그래서 경제적 위험을 미래로 떠넘긴다. 요즘 사람들은 자본 체제에 세뇌가 돼서 빚을 많이 짊어진 것을 자랑으로 여긴다. 물론 그 덕분에 지금의 우리는 그런 대로 잘나가고 있다. 하지만 그 빚더미를 우리 후손들이 떠안아야 한다는 사실을 까맣게 외면한다. 이것, 심하게 말하자면 (후손들을 등쳐 먹는) 집단범죄가 아닐까?

교과서는 '지나치게 신용(빚)을 끌어대는 것을 삼가라'고 말했는데 틀린 얘기는 아니지만 무슨 앎을 주는 것도 아니고 그저 뻔한 잔소리다. 또 거기 숨어 있는 뜻은 '적당하게' 신용(빚)을 끌어대는 것은 괜찮은 일이라는 칭찬이다. 그런데 '적당하다'라는 것의 기준이 무엇

246. '대안학교' 상당수가 입시 경쟁과 결국 타협하는 바람에 '속 빈 강정'이 돼버렸다.

인가?

미국 경제는 1990년대 초 '신경제'라 하여 호황을 누렸다. IT(Information Technology, 정보기술) 산업이 그 호황을 앞장서 끌고 갔다. 그러다가 2000년 말 IT 산업에 잔뜩 낀 거품이 터졌다. 주식 값이 폭락하고 실업자가 쏟아져 나왔다. 이것을 추스르려고 자본과 국가는 부동산 경기business를 열심히 부추겼다. 2006년 말, 이번에는 부동산 거품이 터져서 2008년의 세계대공황으로 이어졌다.

1990년대에 미국의 누가 IT 주식을 굴렸다면 그것은 적당한 자산관리인가, 아닌가? 그 시절에 미국 언론은 다들 "IT 주식, 괜찮아요! 사두세요!" 하고 선전해댔다. 2000년대에 빚을 내서 집을 산 미국인이 적지 않았다. 집값이 하루가 다르게 뛰었기 때문에 빚을 내더라도 괜찮을 줄 알았다. 자본 체제의 모순이 깊어져서 커다란 공황이 땅 밑에서 자라나고 있다는 사실을 꿰뚫어 본 사람만 "아서라, 거품이 꼈다!" 하고 조심했겠지. 그렇다면 '적당한 자산/신용 굴리기'는 자본 체제를 제대로 꿰뚫어 보는 사람만이 그것도 쪼끔 가능하다. 주식 투자는 불확실한 것을 얻으려는 투기speculation가 아니더냐! 실제로 눈먼 개미군단(소액 주식 투자자)이 그동안 얼마나 제 돈을 주식에 처박았던가. 그러니까 교과서가 자산/신용 굴리기를 가르친 것은 하나마나 한 설교인 데다가 '투기'를 부추기는 짓이다. 그저 "자본 체제에 얼른 적응해야지! 그래야 돈을 벌 것 같아!" 하는 조바심만 학생들에게 심어 줄 뿐이다. 이런 이데올로기 효과가 배움인가? 이것이 참된 앎인가? 교과서의 은밀한 목적은 '참된 앎을 가로막는 것'이 아닐까?

7. 직업과 진로를 지금 설계해야 하는가?

교과서는 일의 의미와 중요성을 간단히 살핀다. 직업 선택 요인(수입, 안정성, 발전성, 보람, 적성과 흥미)의 우선순위를 매겨보고, 직업의 가치를 더 생각해보란다. 탐구 활동으로, 자기의 진로를 단계마다 설계해보라고 분부한다. 자기를 알기(적성, 흥미, 성격과 가치관, 신체조건) → 진로 선택 → 직업 탐색(자격, 보수pay, 필요지식) → 직업 선택 → 실천 계획 수립.

⇨ 2016년부터 전국의 모든 중학교 1학년들에게 '자유학기제'가 실시된다.[247] 시험 성적을 매기는 것을 1년간 멈추고, 자유롭게 공부거리를 찾아가라는 너그러운 교육 실험이다. 그런 공간을 열어준 것이야

긍정적인 구석이 있지만 문제는 그 낱말 앞에 붙여진 관형어다. '진로 찾기를 위한 자유학기제'란다! 그래서 여기저기 견학 갈 데를 (교사들한테) 부지런히 알아보란다. 우리는 근본적인 질문을 던질 줄 알아야 한다. "왜?"라고. 아직 코흘리개인 중학교 1학년생이 왜 진로 찾기를 해야 하는데? 그게 그렇게 급한 일인가? 누가 "빨리 (진로를) 걱정해!" 하고 들이댄다 해서 생각 없이 그 다그침에 휘말려서는 안 된다.

중학교 3학년생 일부는 '진학'을 걱정한다. 과학고등학교나 외국어고 등학교 같은 데를 알아보는 (성적이 높은) 학생은 행복한 고민을 하는 셈이고, 실업계 고교(요즘 말로는 특성화 고교 등)를 알아보는 (성적이 낮은) 학생은 '어느 쪽이 그나마 나을지' 씁쓸한 저울질을 한다. 후자의 경우는 진학 궁리와 더불어 '진로 찾기'도 하는 셈이다. 실업계 고교로 간다 해서 진로가 확정되는 것은 아니지만 말이다.[248]

아직 가능성이 열려 있는, 다시 말해 괜찮은 대학에 갈 만큼 성적이 되는 학생들에게 '진로 고민'은 대학에 가서 하는 것이 자연스럽다. 현실에서 고교생이 "이과理科와 문과文科, 어디를 선택할까" 고민하는 것도 미리 쪼끔은 진로 찾기를 하는 셈이지만 말이다.[249] 이와 달리, 가능성이 차츰 닫혀가는, 학교 성적이 별로 좋지 않은 학생들이 일찍 (중3)부터 진로를 고민하는 것은 안쓰러운 일이다. 그들에게 선택 범위는 제한돼 있다. 판검사나 의사나 회사 경영인이 되는 꿈은 사실상 꿀 수 없다. 그러니까 교과서가 '진로 설계표'랍시고 자기의 적성/흥미/가치관/신체조건을 살피고 업무 내용/자격/필요지식/일의 보수pay

---

247. 유럽 몇 나라가 그런 실험을 했길래 따라 한단다. 하지만 유럽에서 배울 것이 있었던 시대는 이미 저물었다. 그 구실을 댄다고 무턱대고 '그러려니' 여겨서는 안 된다.
248. 그저 대학 갈 방편(수단)으로 실업계에 진학하기도 한다.
249. 이과/문과 구분을 없애야 절름발이 교육을 벗어난다. 이과/문과 선택은 허튼 진로 찾기다.

를 알아보라고 학생들에게 명령하는 짓은 은연중에 학생들에게 '나는 별것 아닌 사람'이라는 열패감을 부추기는 짓이다.

진로 교육은 알리바이다

왜 국가와 자본은 '진로 교육, 열심히 시키라'고 학교를 닦달하는가? 학생들 마음에 드는 일자리를 찾기가 점점 어려워지고, 심지어 아무런 일자리도 찾을 희망이 없이 골방에서 뒹구는 청년들이 늘어났기 때문이다. 니트족(취업하지도, 취업할 생각도 없는 청년)이 세계 곳곳에 늘어나고 있다. 인류 사회가 미래에도 계속 탈 없이 이어질 수 있을지, 빨간불이 켜졌다. 그래서는 국가가 비난의 화살에 휩싸이고, 자본도 흔들리기 마련이다. 국가와 자본이 무엇인가 그 대책을 내놓지 않을 수 없다. "우리도 대응하고 있어요! 놀고 있지 않아요!" 하고 변명거리이자 알리바이로 삼으려는 것이 바로 '진로 교육'이다. 진로 교육을 열심히 시키면 사회에 나가서 헤매고 다니는 청년들을 줄일 수 있을 것이란다. 정말 그럴까?

본래 자본 체제는 실업자를 마구 쏟아낸다. 체제 자체의 본성이 그렇다. 그래야 실업자an unemployed들을 무기 삼아 (제 밑에서 고용살이 하는) 노동자들에게 헐값의 임금을 강제할 수 있다. "임금을 올려달라고? 너 아니라도 여기 오겠다는 사람, 회사(공장) 바깥에 쌔고 쌨어! 싫으면 관둬!" 게다가 자본의 이윤벌이가 신통찮아지면 더더욱 노동자를 내쫓고 싶은 생각이 커진다. 고용 인원을 줄이고 남아 있는 노동자들에게 더 많이 일을 시키면 그만큼 임금비용(노동자들에게 나가는 돈)을 줄일 수 있어서다. 요즘 자동화 기계나 무인無人 로봇이 공장에 많이 들어오는 까닭도 그래서다. 과학기술과 정보기술의 발달로 그것이 가능해졌다. 심지어 "앞으로는 공장에서 노동자가 사라질 것"이라고까지 예언하는 학자도 있다(제레미 리프킨이 말한 '노동의 종말'). 임금이 훨씬 낮은 중국이나 동남아시아로 공장을 옮긴 자본가들도 수두룩하다. 한국의 대표적인 공장 도시이자 노동자의 도시였던 울산시가 쇠락(衰退)하기 시작한 것은 한참 전부터다. 게다가 2008년 세계대공황이 터진 뒤로, 세계경제의 형편이 말이 아니다. 부르주아 경제학자들도 다들 '세계경제 침체가 오래갈 것'이라고 내다보고 있다.[250] 한국의 경우도 "일본처럼 복합 불황에 빠지지 않을까" 걱정하는 소리가 높다.

그렇다면 늘어나는 청년 실업失業을 해결하는 것은 나라 경제의 자질구레한 몇 가지를 개혁한다고 될 일이 아니다. 여성들의 '출산 파업'이니, '고령화 사회'로 가고 있느니 하는 어두운 조짐들을 떠올려보라. 하물며 '진로 찾기'를 닦달한다고 될 일은 더더욱 아니다.

진로를 꿈꾸지 않을 자유를 달라!

옛 농업사회에서는 '진로 찾기'라는 관념이 아예(원래) 없었다. 누가 타임머신을 타고 그 시절로 돌아가서, 아버지를 거들어 농사일을 하고 있는 소년들에게 "장래의 네 꿈이 뭐니?" 하고 질문을 던진다면 그 애들은 틀림없이 어리둥절해할 것이다. 그런 생각을 해본 적이 없어서다. 같은 질문을 되뇌면 짜증마저 낼 것이다. '웬 뜬구름 같은 소리를 하느냐'고. 그 시절의 사람들은 땅(농촌)에 파묻혀 살았고, 대代를 이어

---

250. 언제 활력을 되찾을지, 예측하는 사람이 없다. 자본 체제가 하강(쇠퇴) 국면으로 넘어갔다.

농사를 지었다. '진로 찾기'는 세상의 대부분이 근대 도시사회로 바뀐 뒤에야 생겨난 관념이다.

예전에 아프리카에 가서 봉사활동을 한 사람들이 (학교를 세워준 뒤) 그곳의 아이들에게 "네 꿈이 뭐니?" 하고 버릇처럼 질문을 던졌다. "학교에서 열심히 배워서 선생이 되고, 의사가 되고, 어쩌고……." 하는 희망찬 대답을 듣기 위해서였다.[251] 아프리카의 뿌리 깊은 현실을 잘 아는 사람은 (거기 아이들에게) 섣부른 꿈을 부추기기보다 '씩씩하게 세상을 헤쳐 나가'고 격려를 할 것이다. 전태일의 삶의 자취를 진솔하게 들려주는 것이 그 애들에게는 참된 '진로 교육'이 됐을 거다.

근대 한국의 교육 당국이 학교의 커리큘럼을 짤 때, 중고등학교를 '진로 선택' 단계로 삼지 않았다. 실업계 고교는 '진로 선택'을 하는 셈이지만, 고등학생의 일부만 포괄하고 있고, 그나마도 변변찮은 진로가 되어주지 못했다. 거길 나와서도 대학에 가는 학생이 많다는 것은 실업계 고교의 '존립 이유'를 앗아간다.

그렇다면 중고교생에게, 특히 중학생에게 "네 진로를 빨리 알아봐라!" 하고 다그치는 것은 국가(정부)가 처음에 짠 학교 체제 설계도 drawing를 까맣게 잊어버리고 내팽개치는 짓이다. 중고교 시절은 사람이 온전하게 커가려면 갖춰야 할, 읽고 쓰고 셈하기 실력과 인문학적 소양(素養, grounding)을 자유롭고 발랄하게 키우는 생애lifetime 단계다. 입시(진로) 경쟁을 위한 준비 단계가 되어서는 안 된다.[252] "너, 커서 변변찮은 일자리를 얻을까 봐 겁나지? 똥지게 짊어지지 않으려면 부지런히 공부해서 학교 성적을 올려라!" 하고 겁을 줘서는 안 된다.

---

251. 그것은 근대 학교가 불어넣는 뿌리 깊은 환상이다. "학교교육을 받으면 자기 개성을 꽃피우는 사람으로 커갈 수 있다"는 환상! 형편이 좋은 선진국(중진국)의 중산층에게는 그 길이 좀 열리기도 했다. 하지만 그러지 못한 청소년이 더 많다. 앞으로는 그런 (진로 개척의) 길이 더 좁아들 것이다.

마음에 맞는, 좋은 일자리에 대한 걱정은 대학생이 돼서 해도 충분하다. 수많은 청소년들이 중고교 시절을 오로지 진학과 진로 걱정으로 밤을 지샌다면 심신을 괴롭히며 그 시절을 보낸 청소년들이 어떻게 세상을 씩씩하게 살아낼 것이며 어떻게 우리 사회를 일으켜 세울 수 있겠는가.

부르주아 경제학자들도 우리 사회의 청년들이 기진맥진해 있는 현실을 걱정할 줄 안다. "한국도 21세기 들어 출산율 저하, 청년 실업의 확대, 우울증과 자살의 증가로 인적 자본이 흔들리고 있다"고 LG경제연구원 보고서는 결론지었다.[253] 아무리 청년 실업자가 늘어났기로서니 그것을 구실 삼아 "너, 밤낮없이 입시공부 해라! 그리고 일찍부터 '진로 찾기'에 나서라"고 닦달해서는 LG연구원의 말마따나 오히려 '인적 자본'이 쪼그라든다. 그래서는 나라 살림(경제)이 피어나기가 더 어렵다.

그래서 우리는 부르짖는다. "우리 청소년들에게 진로를 꿈꾸지 않을 자유를 달라!"고. 청소년들이 (나중에 해도 될) 괜한 걱정은 붙들어 매고, 어떻게 온전한 사람으로 커갈지만 스스로 주목하게 해달라고. 본디 자유는 무엇에서 벗어날 소극적인 자유보다 무엇을 만들어갈 적극적인 자유를 더 윗길로 친다. 그런데 '진로 찾기'는 무엇을 적극적으로 만들어내고 자시고 할 건덕지가 없다. 탐색과 계획은 실행을 앞두고서 벌여야 자연스럽다. 아직 일터를 찾아가려면 한참 시간이 남아 있는 청소년들에게 미리 '무슨 직업을 선택할지' 궁리하라는 것은 하릴없이 공상이나 늘어놓으라는 음흉한 내리먹임이다. 보리밭의 보리더러 '빨리 자라라'고 욕심 사납게 뽑아 올리는 것과 진배없다. 그 허깨비(진로

---

252. 심호택의 시를 읽자. "우리 어머니 날 가르치며/잘못 가르친 것 한 가지/일꾼에게 궂은일 시켜놓고/봐라/공부 안 하면 어떻게 되나/저렇게 된다/뚱지게 진다."
253. 2012년 8월에 나온 보고서. '인적人的 자본'은 "풍부한 품성을 갖춘 사람"을 왜곡해서 쓴 개념.

귀신)한테서 벗어나야 지금의 내가 어떻게 세상살이를 준비해갈지, 비로소 발랄한 자유를 누릴 수 있다.

"동아리 활동도 해보고, 연애도 해보고, 즐겁게 살아라! 사람에겐 세상에 대한 낙천적인 믿음이야말로 가장 큰 밑천이다! 입시(진로) 귀신한테 다그침을 당할 때의 너는 가슴 끓는 청춘이 아니라 북망산을 향해 터벅터벅 걷는 애늙은이로 쭈그러든다."

> **덧대기**
> 교장과 남교사 여럿이 여교사 성추행과 여학생 성희롱을 일삼다 뒤늦게 (2015년 여름) 들통 난 서울 G고 사건은 '입시 경쟁'이 얼마나 학생들을 윽박지르고 옥죄는지 새삼 말해준다. 학생들은 벌점 제도가 두려워서 성추행을 쉬쉬했다. 감히 알리지 못했다. 벌점이 많아지면 진학하는 데 불이익을 겪으므로 '억울하다'는 말조차 꺼내지 못했다. 그 학교는 남녀 학생이 손을 잡는 것은 물론이요, 화장을 하거나 수업 중에 방귀 뀌고 하품만 해도 벌점을 때렸다. 그런 데서 무슨 참된 교육과 배움이 싹트겠는가.

"선택의 자유!"는 허튼 거짓말이다

근대 사회는 자본가(부르주아) 계급이 지배해왔다. 그들이 가장 즐겨 쓰는 표어는 '자유!'다. "너는 자유롭게 직업(진로)을 선택할 수 있다! 너에게 '선택의 자유'를 보장해주는 자본 체제는 인류가 만들어낸 체제 가운데 가장 윗길이다!"[254]

한국(세계)의 지배층은 그런 호언장담big talk을 근거로 '진로 찾기'

---

254. 자본 체제가 자기를 뽐내는 표어가 '선택하세요!'다. 슈퍼마켓에서도, 직장을 고를 때도 제 뜻대로 선택할 수 있다는 게다. "다만 자본 체제가 허용하는 것 안에서만 선택하라. (무엄하게) 그 바깥을 상상하지 마라!"

교육을 밀어붙였다. 네 진로를 네가 선택할 수 있다는 다짐이다. 과연 그런가? 키 작고 못생긴 사람은 서비스업종의 취업에서 (인간 차별로) 일찌감치 낙제점을 받는다. 아예 명문대학만 뽑는 데도 수두룩하다 (요즘은 명문대 졸업생도 취업을 못해서 불안해한다만). 마치 기회는 널려 있고, 네가 현명하게 선택만 하면 된다는 최면술은 뻔뻔스러운 속임수다. 개천에서 (가끔이라도) 용이 나던 시절은 이미 지나가버렸는데, 천연덕스럽게 '선택의 자유'를 노래한다.

"자기를 계발하라! 부지런히 스펙(경력)을 쌓아서 입사 면접관의 눈에 들어라!" 하고 사회 지배층이 끊임없이 떠드는 것도 '진로 찾기' 주문과 한통속이다. 결국에는 면접관의 눈에 들어야 내게 취업의 기회가 생기는 것이지, 내 재량으로 일자리를 찾는 것이 아니다. 선택은 윗사람(돈 있는 사람)들이 하지, 아랫사람들이 하는 것이 아니다. 자기계발의 다그침에 쫓겨, 현대인은 평생을 자기를 쥐어짜며 살아간다.

그래서 우리는 선택의 자유를 진짜로 누려야 한다. 우리는 진로 찾기에 골몰하느라 공상에 빠지지 않을 자유를 누리겠다. 우리를 부려먹어 이윤을 뽑으려는 곳들을 퇴짜 놓고 우리 스스로 (이웃들과 더불어) 일거리를 찾는 자유를 추구하겠다. 우리는 어린 시절에는 젊은이들답게 발랄하게 살아갈 자유를 누리겠다. 세상을 알고 싶어서, 순수한 지적 호기심에 이끌려서 학문을 배우지, 시험 성적에 쫓겨 공부하지는 않겠다. 무슨 너저분한 기술, 예컨대 자기소개(면접) 기술 따위는 배우지도 않겠다. 어른이 되어서는 누구에게나 일할 기회가 넉넉하게 보장되는 사회를 세우는 싸움에 나서겠다. 그 길을 선택하는 것이야말로 (세상의 주인으로서) 참된 선택이다. 이와 달리 이 사회의 지배계급이 열을 올리며 선전하는 '선택의 자유'는 새빨간 거짓말에 불과하다.

3 국가國歌로 국가國家 읽기

일본 지배층이 학생들에게 그들 국가, 곧 '기미가요' 부르기를 강제하는 것은 '침략전쟁을 수긍하게끔' 일본 국민들을 세뇌시키려는 공작의 하나다. 2015년 7월 자민당과 공명당은 '방어만 한다'는 원칙을 허무는 안보법 개정안을 밀어붙였다.

이 글은 국가國歌를 통해 국가國家를 살핀다. 나라의 노래는 그 나라가 어떻게 세워졌으며, 무엇을 지향하는지를 잘 말해준다. 저 혼자 꼼지락거리는 아이는 자기가 어떤 모습의 사람인지 잘 모른다. 거울을 들여다봐야 자기가 어떤 모습인지 비로소 안다. 이와 비슷하게, 아무 생각 없이 애국가를 따라 부르는 학생은 거기 담긴 노랫말에서 1948년에 세워진 한국이 어떤 성격의 나라인지, 아무런 깨달음을 얻지 못한다. 프랑스와 미국과 중국과 또 다른 여러 나라의 국가와 견줄 때라야 그에게 세상에 대한 앎이 잠깐이나마 찾아온다. 먼저 몇 나라 국가의 가사를 옮겨보자.

미국 오, 그대는 보이는가, 이른 새벽빛(여명) 사이로/어제 황혼 어스름 속에서 우리가 그토록 자랑스럽게 환호했던/널찍한 띠와 빛나는 별들이 새겨진 저 깃발이/치열한 전투로 우리가 지켜낸 성벽 위에서 당당히 나부끼고 있는 것이/포탄의 붉은 섬광과 창공에서 작렬하는 폭탄이/밤새 우리의 깃발이 휘날린 증거라/오, 성조기는 지금도 휘날리고 있는가.

자유의 땅과 용사勇士들의 고향에서!

일본 군주king의 치세治世는 천 대代에 팔천 대에

작은 조약돌이 큰 바위가 되어 이끼가 낄 때까지.

중국 일어나라 노예가 되기를 원치 않는 사람들이여 / 우리의 몸을
바쳐 새로운 만리장성을 세우자 중화 민족에 가장 위험한 시기
가 왔을 때 / 억압받는 사람 사람마다 끝끝내 함성을 외친다네
일어나라 일어나라 일어나라 우리 마음 하나 되어 / 적군의 포
화를 용감히 뚫고, 전진하자 나가자.

임금과 민중, 누구를 찬양하랴?

미국의 국가인 「성조기」(星條旗, The Star-Spangled Banner)는 「매켄리
요새Fort of Mchenry의 방어」라는 노래를 국가로 삼은 것이다.[255] 1814년
이곳을 침공한 영국 해군을 미국 독립군이 물리쳤다. 가사가 길어 미
국인들이 잘 외우지 못하고, 그래서 연주되거나 가수가 부르는 것을
듣기만 할 뿐 거의 따라 부르지 않는다. 미국뿐 아니라 대다수 나라의
국가가 다 그렇다. 한국의 애국가와 일본의 '기미가요'를 두 나라 국민
들이 따라 부르는 것은 오히려 드문 경우에 속한다. 두 나라가 국민들
에게 "국가가 으뜸"이라는 국가주의 사상을 강요했던 사정을 여기서
읽어낼 수 있다.

255. 메릴랜드 주 볼티모어에 있는 별 모양의 요새. 인용한 노랫말은 4절 중 첫 1절이다.

일본 얘기를 좀 하자. 「기미가요」는 일찍이 905년에 나온 『고금古今와카집』에 실린 노래를 가사만 살짝 바꿔서 국가로 삼은 것이다.[256] 그러니까 무척 오래된 노래인 데다가 왕을 찬양하는 노래다. '기미'는 한자로 군君, 곧 임금을 가리킨다. 노랫말이 현대 민주주의 사회와 어울리지 않는데다 일본은 '천황天皇'을 내세워 침략전쟁을 벌였으므로 그 역사를 반성하는 뜻에서 더더욱 기미가요를 불러서는 안 된다.[257]

2차 세계대전으로 일본이 패망한 뒤, 일본에서는 제국주의(군국주의)의 죄악을 반성하고 민주주의로 가자는 사회운동이 여기저기서 일어났다. 일교조(일본교직원조합)도 그 한 축이었다. 그러나 일본을 점령한 미국 군사정부가 전쟁범죄자(=2차 대전을 일으킨 일본 지배층)를 풀어주고 오히려 민주주의를 억압하는 쪽으로 치닫자, 학교에서도 차츰 군국주의의 옛 문화가 부활했다. 교육 당국이 교사들더러 히노마루(일장기, 일본 국기)를 향해 절을 하고, 일어서서 기미가요를 부르라고 지시했고, 이를 거부한 교사를 여럿 파면시키기까지 했다. 하지만 일교조 교사들은 학생들에게 기미가요를 가르치지 않았다. 이 문제는 일본이 민주주의로 남느냐, 군국주의(파시즘)로 돌아가느냐를 가르는 시금석(試金石, 잣대)의 하나가 됐다. 지금은 일교조의 진취성이 많이 사그라들었지만 그래도 (일본 지배층이) 평화 헌법을 뜯어고쳐서 다시 일본이 침략의 길로 나서는 것을 반대하는 평화 세력으로서 제 구실

---

256. 와카和歌는 글자 수가 5/7/5/5/7인 짤막한 옛 노래. 한국어와 일본어가 많이 닮은 탓에 우리 시조時調처럼 '와카'도 음수율이 있는 정형시다. 처음엔 귀족문학이었다가 민중에게 퍼져 나갔다.

257. 1995년 일본은 '전후 50년 무라야마 담화'로 침략과 식민 지배에 대해 사죄했다. 그러나 '전후 70년 아베 담화'는 "예전에 전쟁을 사죄한 적 있고, 식민 지배와 침략이 다시 있어선 안 된다"고 남의 얘기처럼 말했고, 그것도 나라 안팎의 비판을 받고 마지못해 나온 말이다. '군 위안부' 언급도, 누가 식민 지배/침략의 가해자인지 밝히지도 않았다. 일본 국가 지배층의 정신 수준을 짐작케 한다.

은 해왔다. 식민지 침략 역사를 사죄하자고 말하는 일본인은 이들 평화 세력뿐이다.

독립 투쟁의 노래라야 진취적이다

중국은 「의용군 행진곡」을 국가로 삼았다. 1937년 일본이 중국을 침략해서 중일전쟁이 벌어졌는데 이때 일본을 무찌르려고 스스로 일어선 의용군義勇軍을 기리는 노래다. 1937년 말 중화민국의 수도 난징(남경)에 쳐들어간 일본군은 한 달 남짓 동안 10~30만 명의 중국인을 잔인하게 학살했다. 이를테면 '누가 얼마나 많이 죽이나' 내기까지 벌였다고 하니 그것은 사람의 탈을 쓴 '마귀들의 지랄'이라 불러야 옳다.

「성조기」와 「의용군 행진곡」은 자기 나라가 왜, 어떻게 해서 만들어졌는지를 간단하고 선명하게 밝혔다. "남의 식민지 백성으로 사는 것은 비참한 일이다!" "우리를 노예로 짓밟으려는 적을 물리치고 우리나라를 세우자!" 대다수 민중이 자기 나라에 대해 알아야 할 기본적인 앎은 그것이다. 두 나라만 그런 것이 아니다.

쿠바　바야모의 사나이들이여, 전투에 나서라[258]/조국이 그대를 자랑스럽게 보고 있도다/그대여 영광스러운 죽음을 두려워 말라/비열한 이베리아인(스페인사람)을 두려워 마라

우리들은 도망자인가? 애국자인가? 자유의 쿠바! 스페인에게 죽음을!

258. 바야모는 쿠바 그란마주의 도시. 이 노래는 19세기 말 스페인에 맞선 쿠바의 독립전쟁을 노래했다.

폴란드 폴란드는 우리가 살아가는 한 무너지지 않으리/어떤 외적이
우리를 침략해도 손에 든 칼로 되찾으리/전진하라, 돔브로프스
키여, 이탈리아에서 폴란드까지 그대의 지도leadership 아래서
우리 국민은 단결하리/비슬라 강과 바르타 강을 건너서 우리
는 폴란드인이 되리라
우리는 나폴레옹 보나파르트에게 승리의 방법을 보여주었도
다.[259]

프랑스 이 땅의 아들딸들아 영광의 날이 왔도다! 지성을 뒤엎는 폭
압이, 피에 찌든 깃발이 있는 저 들판에서 병사들의 흉악한 소
리가 들려오지 않느냐!
그들이 우리 코앞까지 왔다 우리 아내와 자식들의 목을 찢으
러/시민들아, 무기를 들고 일어서자!
나가자! 더러운 피를 밭고랑에 대자!

우리는 국가國歌를 통해 역사를 읽는다. 바야모 병영(병사들의 거주
시설)을 쟁취한 것을 기념하는 쿠바의 노래는 제국주의 스페인에 맞서
쿠바인들이 '1년 전쟁'을 벌이던 1868년에 만들어져 스페인 치하에서
는 금지곡이자 독립군들의 애창곡이었다가 독립이 되고 나서 국가가
됐다. 폴란드 국가는 18세기 말 돔브로프스키의 민족독립 정신을 기
억하자는 것이다. 러시아와 오스트리아 등 봉건 왕국의 사슬에서 벗
어나는 싸움이었다. 프랑스 국가는 1792년 프랑스 혁명정부가 오스트
리아 황제에게 선전포고를 하자 가슴이 끓어올랐던 한 군인이 지었다.

259. 돔브로프스키는 독립전쟁(1794년)을 벌인 폴란드 민족 영웅. 나폴레옹과 협력해 봉건
왕정에 맞섰다.

마르세유의 의용군들이 즐겨 불렀다 하여 「라 마르세예즈」라고도 일컫는다.[260] (공화국에서 다시 후퇴한) 왕정복고 때는 금지곡이었다가 19세기 말이 되어 국가로 인정됐다. 봉건 왕정을 물리치고 자유평등의 시민사회를 세우자는 내용이다. 노랫말에 과격한 표현이 많아 '국가로 삼지 말자'는 여론도 있었으나 프랑스 근대국가가 그때(1789년)의 시민혁명에 의해 생겨났다는 사실이 훨씬 중요해서 소수 의견은 묵살됐다.

그런데 「애국가」는 일본의 손아귀에서 풀려난 우리 민중에게 (새 나라에 대해) 어떤 청사진(비전)을 퍼뜨리고 있는가? 영국(일본)과 프랑스와 중국(미국)의 나라 노래와 견주어보자.

영국 하느님, 저희의 자비로우신 여왕(국왕) 폐하를 지켜주소서/지도자이신 주님, 여왕(국왕) 폐하의 적들을 변방으로 흩으사 패배하도록 하소서/여왕(국왕) 폐하께서 우리 법을 수호케(지켜내게) 하시길/언제나 우리가 마음으로 찬양할 수 있도록 선정善政을 베풀게 하소서.

한국 동해물과 백두산이 마르고 닳도록/하느님이 보우하사 우리나라 만세
무궁화 삼천리 화려강산/대한 사람 대한으로 길이 보전하세.

먼저 영국. 민주주의 시대에 '왕을 지켜달라'니, 우선 시대착오의 느낌이 왈칵 몰려온다. 물론 그 나라에서 요즘 왕은 나라를 대표하는 상징적인 존재에 불과하므로 크게 나무랄 일은 못 되지만, 그래도 왕

---

260. 마르세유는 지중해 바닷가에 있는, 프랑스 제2의 도시. 가사가 7절까지 있는데 1절만 불린다.

은 새로운 세계를 일구자는 진취적인 기상(기질, 기풍)을 대변하기보다 옛것을 지키자는 쪽에 서기 마련이다. 지금의 영국도 근대국가(=헌법이 다스리고, 왕은 이름뿐인 나라)이지만 본때 있는 시민혁명이 없이 구렁이 담 넘듯 근대로 넘어왔으므로 '치열하게 싸워서 우리나라를 세웠다'고 하는 역사적인 기억이 없다.

잊어서는 안 될 것이, 영국 왕은 제국주의 영국의 위세를 뽐내는 자리이기도 하다는 사실이다. '영국 연방Commonwealth of Nations'에 가입해 있는 52개 나라가 요즘은 영국 왕에게 충성 서약을 하지 않지만, 다시 말해 영국의 졸병 국가들이 아니지만 아무튼 영국 연방은 옛 식민 종주국을 존중(존경)한다는 뜻을 표현하게 돼 있고, 그래서 국제사회(가령 UN)에서 무슨 입씨름이 벌어질 때 영국의 들러리 국가로 놀아날 가능성이 꽤 높다.

일본의 경우는 더 심하다. "군주(왕)의 치세가 팔천 대에 이르게 해 달라"고 했는데 서기 902년부터 여태껏 그 타령을 늘어놓았다. 일본인의 정신세계가 그때부터 지금까지 그대로가 아닐까, 하는 의심을 지울 수 없다. 일본 왕(그들 말로는 천황)도 나라 안에서는 상징적인 존재일 뿐이었지만, 나라 밖으로 태평양전쟁(일본의 아시아 침략)을 대변했다. 그 시절, 일본 군인들은 "천황(곧 국가)을 위해 내 목숨을 바치리라!" 하고 복창을 했다. 일본의 침략을 겪은 동아시아와 동남아시아 사람들은 요즘도 천황과 기미가요와 히노마루에 대해 혐오감을 품고 있다. 그렇다면 국가범죄(침략)를 사죄하는 뜻으로, 일본 국민들은 (2차 세계대전 이후) 천황 제도를 없앴어야 마땅하다. 20세기 초에 민주주의와 사회혁명을 부르짖던 일본의 사회운동이 (태평양전쟁이 벌어지자) 결국 군국주의(대외 침략)의 물결 속에 휩싸이고 말았는데, 그 까닭의 하나는 "천황은 거룩한 존재"라는 일본 지배층의 뿌리 깊은 이데올로기를 단호하게 물리치지 못했기 때문이다. 21세기에 기미가요가 계속 불린다는 것은 일본인들의 수치disgrace일뿐더러 (무덤 속에 들어간 줄 알았던) 일본의 군국주의가 다시 발동을 걸 수 있다는 신호이기도 하다.[261]

애국가에는 독립의 굳센 뜻이 들어 있지 않다

다음은 애국가. 식민지 시절 상하이 임시정부에서 처음 불렸다. 스코틀랜드 민요 「올드 랭 사인」의 멜로디를 얹어 부르다가 나중에 안익태가 지은 곡으로 바뀌었다. 이 노래는 무엇을 말하는가? 왕을 찬양하는 노래가 아니라는 점에서, 최악의 국가로 비판받을 것은 없다. 하지만 어떤 나라를 만들겠다는 것인지, 국가의 상(像, 이미지)을 나타내지 않았다. 무엇보다 주목할 것은, 누구와 싸워서 독립했는지를 말하지 않은 점이다. 사람의 말을 읽을 때에는 "그 말이 무엇을 나타내지 않았는지"도 유심히 살펴야 한다. 속뜻이 거기 있기 때문이다. 폴란드와 프랑스와 또 여러 나라의 국가들이 '적과 맞서자'고 열렬하게 노래한 것과 달리, 애국가에 그 얘기가 없다는 것은 용감하게 적(일본)과 싸우지 않은 사람들이 그 노래를 만들고 불렀다는 뜻이다.

일제강점기 때 독립운동을 벌인 한국인은 적지 않았다. 식민통치 막바지에 이르렀을 때엔 '일본제국주의가 영원히 가겠구나' 싶어서 독

---

261. 아베 수상의 고조부는 1894년 경복궁을 점령한 군인이었고, 외조부(기시 노부스케)는 2차대전 후 A급 전쟁범죄자로 쇠고랑을 찰 처지였으나 미군의 방침이 바뀌어 풀려났다. 아베는 안보安保 법안을 만들어 침략의 길을 튼 뒤로 민심을 잃었다. 일본 지배층은 군사적 긴장을 구실 삼아 방위산업을 새 성장산업으로 키우려고 한다. 일본 정부가 헌법을 '달리 해석하겠다'고 선포하여 '평화헌법'을 거세해버린 짓거리는 인류 문명의 기본마저 짓밟는 파시즘이다. 언어가 짓밟힌 곳에는 원초적인 폭력만 남는다.

립의 뜻을 접어버린 사람들이 잔뜩 늘어났지만 여전히 견결하게 맞선 사람도 꽤 있었다. 그런데 대한민국은 독립의 뜻을 견결하게 지킨 사람들이 세우지 않았다. '분단국가를 인정할 수 없다'고 김구 선생이 남북협상(1948년)에 나선 것을 떠올리라.[262] 요즘 일본이 군국주의의 길을 밟고 있는데도 한국 정부가 뜨뜻미지근하게 대응하는 것은 건국(1948년) 때의 정치 지형地形이 그대로 이어져왔다는 뜻이다.[263]

> 인도   그대(=인도 국가)는 모든 사람의 마음을 지배하고 인도인의 운명을 조정한다네
> 그대의 이름은 펀자브, 신드, 구자라트와 마라타, 그리고 드라비다와 오리사와 벵골이라네
> 그대의 이름은 빈디아 산맥과 히말라야 산맥에 메아리치고 야무나 강과 갠지스 강의 노래와 섞인다네
> 그대의 손은 모든 사람을 구할 것이리/승리, 승리, 승리를 그대에게 바치리.

> 네팔   우리는 백 송이의 꽃, 하나로 통합한 우리의 언어/소박한 우리의 땅에서 전 세상으로 퍼졌네 영웅의 땅에서 피를 흘려 우리 민족이 희생을 해도, 평화와 우리의 언덕이 우리를 강하게 해

262. 김구의 정치적 비전이 진취적이었다고 보긴 어렵지만, '독립국가를 세우자'는 뜻만큼은 굳셌다.
263. 한국 정부는 일본 정부더러 '식민지 침략'을 사죄하라고 줄곧 요구해왔다. 그거야 당연한 요구이지만, 역사 왜곡(은폐)은 일본만 저지르지 않았다. 예컨대 조선일보 기사(2015. 8. 5)는 카이로선언(1943. 11. 27)에서 "알맞은 때에 조선(한국)을 독립시켜줄 것"을 결의했고, 내막을 보자면 식민 지배의 계속을 원한 영국/중국을 미국이 설득해서 그렇게 타협안을 만든 것처럼 썼는데, 실상은 다르다. 미국과 영국이 주동해서 '40년간 신탁통치'를 하자고 열강끼리 밀약을 맺은 것이 실제 사실이다. 이것이 알려지자 상해 임시정부가 항의를 했다. 이승만이 과연 진실된 독립운동가였는지도 따져야 한다.

준다네,

네팔이여, 우리들의 조국이여 영원하리!

남아프리카공화국 주여 아프리카를 구원하소서 그 뿔을 들어 올리
소서(①)

또한 우리 기도를 들으소서 주여 우리에게 복을 주소서 우리
는 그의 자녀라네(②)

주여 우리에게 복을 주시고 전쟁과 고통을 멈춰주소서 지켜주
소서 남아프리카를 지켜주소서(③)

우리 바다 깊은 데서부터 우리 파란 하늘을 벗어나 영원한 산
들을 넘어 절벽들이 대답하리라(④)

함께하자는 외침이 울리네 자유를 위해 단결하고 싸우리라 우
리의 땅 남아프리카에서(⑤)

민족의 통합을 호소하는 노래들

국가는 자기 울타리 안에 있는 여러 민족(종족)을 통합하는 어려운
과제를 안고 있다. 특히 아시아와 아프리카의 새로 생긴 국가들은 그
문제가 심각하다. 그래서 그와 관련해 간절한 메시지를 담아낸 국가가
많다.

인도 국가는 펀자브에서 뱅골에 이르는 고을들, 그리고 산과 강을
호명한다. 그 고을에 살거나 그 산하에 깃든 사람들은 다 같은 '인도
인'이라는 뜻이다. 인도는 워낙 넓은 나라라서 아亞대륙이라 일컫는다.
사람들이 자기가 살아가는 주州 말고는 잘 모른다. 그러니 인도에 무

슨 고을(주)들이 있고 무슨 강이 흐르는지 알려주는 것이 무척 요긴하다. 국민들의 정체성을 형성하려면! 네팔 국가도 백 개의(곧 수많은) 종족을 하나의 나라로 통합했음을 일깨웠다. 인도는 영국으로부터의 독립운동이 벌어지긴 했어도 치열한 전쟁까지 벌여낸 것은 아니다. 세계대전이라는 정세 속에서 영국이 완강히 버티지 못하고 인도에서 슬며시 물러났다. 그러니 독립투쟁의 결기를 널리 퍼뜨려야 할 필요가 덜했다. 노랫말에 그 얘기가 들어 있지 않은 까닭이다. 그들에겐 서로 다른 민족(인종)과 종교 사이의 갈등이 더 큰 문제였다.

남아공 국가國歌는 참 특이하다. ①은 코사족의 말로, ②는 줄루족의 말로, ③은 소토족의 말로, ④는 아프리칸스 말로, ⑤는 영어로 부른다.[264] 국민들에게 딴 종족의 말도 알아두라고 은근히 호소하고 있다. 딴 종족의 말을 아는 것은 그들과 친해지는 첫걸음 아닌가. 어느 하나의 말이 나라 전체에 두루 쓰이고 있지 못한, 딱한 처지를 말해준다. 특히 흑인과 백인 사이의 골이 아직 깊다. 20세기 후반, 반세기 동안 백인 정권이 공식적으로 유색인종 차별정책(아파르트헤이트)을 썼기 때문이다. 남아공이 민족(인종) 간의 갈등과 분쟁으로 얼마나 시달려왔는지는 그들의 노랫말이 절절하게 나타냈다. "전쟁과 고통을 멈춰달라, 아프리카를 구원해달라"는 노랫말이! 그들은 아직 하나님(주님)을 통해서만 '똑같은 남아공 사람(똑같은 자녀)'이라는 정체성을 얻고 있다.

간추리자. 국가는 외적을 물리치고 세워진다. 들불 같은 혁명으로 봉건 왕정을 물리치고 근대국가가 세워지기도 했다(프랑스). 건국 과정

---

264. 아프리칸스 말은 남아공과 나미비아에서 쓰이는 크리올어. 서西-게르만 언어인 네덜란드 말과 몇몇 유럽 말, 토착민의 말이 뒤섞였다. 크리올어는 말이 다른 민족끼리 같이 살면서 급하게 만들어낸 짬뽕말을 두루 가리킨다. 아프리카와 중남미에는 크리올어가 많다.

이 치열하고 수많은 민중의 희생을 딛고 일어선 나라들의 국가는 노랫말이 힘차고 멜로디가 발랄하다. 그 국가가 지금은 느슨해지고 가라앉았다 해도 세워질 때엔 사람들이 다 진취적인 기상(기질)을 품었다는 사실을 말해준다. 그래서 역사와 문학의 뜻깊은 교재가 되어준다. 이와 달리, 건국 과정이 치열하지 못했던 나라, 이를테면 2차 세계대전의 정세 덕분에 독립국가를 세운 곳은 건국 이후에도 식민 종주국에 계속 휘말리는 데가 많았다. 한국의 경우는 '연합군(미군과 소련군)이 우리를 해방시켜줬다!'고 손쉽게 치부해버리는 사람들이 많다. 우리 민족의 해방에 우리가 얼마나 주인 되어 나섰는지, 스스로 따져 물어야 한다.

그런 나라들의 국가는 가사도 그저 '우리네 산과 들이 참 아름다워요!' 하는 맹탕의 내용이 많을 뿐만 아니라 멜로디도 힘차지 못하다. 인도의 국가를 검색해서 들어보라. 동양음악의 느릿하고 구성진 가락을 느낄 수는 있어도 격동하는 역사의 숨결을 읽을 수는 없다. 어떤가. 우리도 옛 애국가는 접어두고, 힘차고 새로운 국가를 찾아보는 것이? 특히나 평화통일을 이뤄낸 뒤의 새 국가國家에는 새 국가國歌가 필요하지 않겠는가?[265]

---

265. 교과서(한국 지배층)는 '평화통일'을 다짐한다. 혹시나 통일이 앞당겨진다면 우리는 그 과정이 정말로 '평화적'이 되도록 애써야 하고, 반反평화가 끼어들지 않는지 두 눈 똑똑히 지켜봐야 한다. 우리에게 앞날을 열어주는 가슴 벅찬 통일만이 진짜 통일이니까.

삶의 행복을 꿈꾸는 교육은 어디에서 오는가? 미래 100년을 향한 새로운 교육

▶ **교육혁명을 앞당기는 배움책 이야기**
혁신교육의 철학과 잉걸진 미래를 만나다!

 핀란드 교육혁명
한국교육연구네트워크 총서 01 | 320쪽 | 값 15,000원

 일제고사를 넘어서
한국교육연구네트워크 총서 02 | 284쪽 | 값 13,000원

 새로운 사회를 여는 교육혁명
한국교육연구네트워크 총서 03 | 380쪽 | 값 17,000원

 교장제도 혁명
한국교육연구네트워크 총서 04 | 268쪽 | 값 14,000원

 새로운 사회를 여는 교육자치 혁명
한국교육연구네트워크 총서 05 | 312쪽 | 값 15,000원

 혁신학교에 대한 교육학적 성찰
한국교육연구네트워크 총서 06 | 308쪽 | 값 15,000원

 혁신학교
성열관·이순철 지음 | 224쪽 | 값 12,000원

 행복한 혁신학교 만들기
초등교육과정연구모임 지음 | 264쪽 | 값 13,000원

 서울형 혁신학교 이야기
이부영 지음 | 320쪽 | 값 15,000원

 혁신교육, 철학을 만나다
브렌트 데이비스·데니스 수마라 지음
현인철·서용선 옮김 | 304쪽 | 값 15,000원

 혁신교육 존 듀이에게 묻다
서용선 지음 | 292쪽 | 값 14,000원

 다시 읽는 조선 교육사
이만규 지음 | 750쪽 | 값 33,000원

 프레이리와 교육
한국교육연구네트워크 번역 총서 01
존 엘리아스 지음 | 한국교육연구네트워크 옮김
276쪽 | 값 14,000원

 교육은 사회를 바꿀 수 있을까?
한국교육연구네트워크 번역 총서 02
마이클 애플 지음 | 강희룡·김선우·박원순·이형빈 옮김
352쪽 | 값 16,000원

 **비판적 페다고지는
세상을 변화시킬 수 있는가?**
한국교육연구네트워크 번역 총서 03
Seewha Cho 지음 | 심성보·조시화 옮김 | 280쪽 | 값 14,000원

미래교육의 열쇠, 창의적 문화교육
심광현·노명우·강정석 지음 | 368쪽 | 값 16,000원

 대한민국 교사, 어떻게 가르칠 것인가?
윤성관 지음 | 320쪽 | 값 15,000원

 아이들을 어떻게 가르칠 것인가
사토 마나부 지음 | 박찬영 옮김 | 232쪽 | 값 13,000원

아이들의 배움은 어떻게 깊어지는가
이시이 준지 지음 | 방지현·이창희 옮김
200쪽 | 값 11,000원

 북유럽 교육 기행
정애경 외 14인 지음 | 288쪽 | 값 14,000원

 모두를 위한 국제이해교육
한국국제이해교육학회 지음 | 364쪽 | 값 16,000원
2015 세종도서 학술부문

경쟁을 넘어 발달 교육으로
현광일 지음 | 288쪽 | 값 14,000원

 독일 교육, 왜 강한가?
박성희 지음 | 324쪽 | 값 15,000원

 대한민국 교육혁명
교육혁명공동행동 연구위원회 지음 | 152쪽 | 값 5,000원

▶ 비고츠키 선집 시리즈
발달과 협력의 교육학 어떻게 읽을 것인가?

 생각과 말
레프 세묘노비치 비고츠키 지음
배희철·김용호·D. 켈로그 옮김 | 690쪽 | 값 33,000원

 성장과 분화
L.S. 비고츠키 지음 | 비고츠키연구회 옮김
308쪽 | 값 15,000원

 도구와 기호
비고츠키·루리야 지음 | 비고츠키연구회 옮김
336쪽 | 값 16,000원

 관계의 교육학, 비고츠키
진보교육연구소 비고츠키교육학실천연구모임 지음
300쪽 | 값 15,000원

 어린이 자기행동숙달의 역사와 발달 I
L.S. 비고츠키 지음 | 비고츠키연구회 옮김
564쪽 | 값 28,000원

 비고츠키 생각과 말 쉽게 읽기
진보교육연구소 비고츠키교육학실천연구모임 지음
316쪽 | 값 15,000원

 어린이 자기행동숙달의 역사와 발달 II
L.S. 비고츠키 지음 | 비고츠키연구회 옮김
552쪽 | 값 28,000원

 비고츠키와 인지 발달의 비밀
A.R. 루리야 지음 | 배희철 옮김 | 280쪽 | 값 15,000원

 어린이의 상상과 창조
L.S. 비고츠키 지음 | 비고츠키연구회 옮김
280쪽 | 값 15,000원

▶ 평화샘 프로젝트 매뉴얼 시리즈
학교 폭력에 대한 근본적인 예방과 대책을 찾는다

 학교 폭력 어떻게 만들어지는가
문재현 외 지음 | 300쪽 | 값 14,000원

 아이들을 살리는 동네
문재현·신동명·김수동 지음 | 204쪽 | 값 10,000원

 학교 폭력, 멈춰!
문재현 외 지음 | 348쪽 | 값 15,000원

 평화! 행복한 학교의 시작
문재현 외 지음 | 252쪽 | 값 12,000원

 왕따, 이렇게 해결할 수 있다
문재현 외 지음 | 236쪽 | 값 12,000원

 마을에 배움의 길이 있다
문재현 지음 | 208쪽 | 값 10,000원

▶ 창의적인 협력수업을 지향하는 삶이 있는 국어 교실
우리말 글을 배우며 세상을 배운다

 중학교 국어 수업 어떻게 할 것인가?
김미경 지음 | 332쪽 | 값 15,000원

 이야기 꽃 1
박용성 엮어 지음 | 276쪽 | 값 9,800원

 토론의 숲에서 나를 만나다
명혜정 엮음 | 312쪽 | 값 15,000원

 이야기 꽃 2
박용성 엮어 지음 | 294쪽 | 값 13,000원

 토닥토닥 토론해요
명혜정·이명선·조선미 엮음 | 288쪽 | 값 15,000원

▶ 교과서 밖에서 만나는 역사 교실
상식이 통하는 살아 있는 역사를 만나다

 전봉준과 동학농민혁명
조광환 지음 | 336쪽 | 값 15,000원

 남도의 기억을 걷다
노성태 지음 | 344쪽 | 값 14,000원

 응답하라 한국사 1
김은석 지음 | 356쪽 | 값 15,000원

 응답하라 한국사 2
김은석 지음 | 368쪽 | 값 15,000원

 즐거운 국사수업 32강
김남선 지음 | 280쪽 | 값 11,000원

 즐거운 세계사 수업
김은석 지음 | 328쪽 | 값 13,000원

 강화도의 기억을 걷다
최보길 지음 | 276쪽 | 값 14,000원

 광주의 기억을 걷다
노성태 지음 | 348쪽 | 값 15,000원

 교과서 밖에서 배우는 역사 공부
정은교 지음 | 292쪽 | 값 14,000원

 팔만대장경도 모르면 빨래판이다
전병철 지음 | 360쪽 | 값 16,000원

 빨래판도 잘 보면 팔만대장경이다
전병철 지음 | 360쪽 | 값 16,000원

 김창환 교수의 DMZ 지리 이야기
김창환 지음 | 264쪽 | 값 15,000원

 영화는 역사다
강성률 지음 | 288쪽 | 값 13,000원

 친일 영화의 해부학
강성률 지음 | 264쪽 | 값 15,000원

 한국 고대사의 비밀
김은석 지음 | 304쪽 | 값 13,000원

▶ 살림터 참교육 문예 시리즈
영혼이 있는 삶을 가르치는 온 선생님을 만나다!

 꽃보다 귀한 우리 아이는
조재도 지음 | 244쪽 | 값 12,000원

 성깔 있는 나무들
최은숙 지음 | 244쪽 | 값 12,000원

 아이들에게 세상을 배웠네
명혜정 지음 | 240쪽 | 값 12,000원

 밥상에서 세상으로
김홍숙 지음 | 280쪽 | 값 13,000원

 선생님이 먼저 때렸는데요
강병철 지음 | 248쪽 | 값 12,000원

 서울 여자, 시골 선생님 되다
조경선 지음 | 252쪽 | 값 12,000원

 행복한 창의 교육
최창의 지음 | 328쪽 | 값 15,000원

▶ 4·16, 질문이 있는 교실 마주이야기
통합수업으로 혁신교육과정을 재구성하다!

 통하는 공부
김태호·김형우·이경석·심우근·허진만 지음
324쪽 | 값 15,000원

 내일 수업 어떻게 하지?
아이함께 지음 | 300쪽 | 값 15,000원

 인간 회복의 교육
성래운 지음 | 260쪽 | 값 13,000원

 교과서 너머 교육과정 마주하기
이윤미 외 지음 | 368쪽 | 값 17,000원

 수업 고수들 수업·교육과정·평가를 말하다
박현숙 외 지음 | 368쪽 | 값 17,000원

 주제통합수업, 아이들을 수업의 주인공으로
이윤미 외 지음 | 392쪽 | 값 17,000원

 수업과 교육의 지평을 확장하는 수업 비평
윤양수 지음 | 316쪽 | 값 15,000원
2014 문화체육관광부 우수교양도서

 교사, 선생이 되다
김태은 외 지음 | 260쪽 | 값 13,000원

 교사의 전문성, 어떻게 만들어지나
국제교원노조연맹 보고서 | 김석규 옮김
392쪽 | 값 17,000원

 수업의 정치
윤양수·원종희·장군 지음 | 280쪽 | 값 14,000원

▶ 더불어 사는 정의로운 세상을 여는 인문사회과학
사람의 존엄과 평등의 가치를 배운다

 밥상혁명
강양구·강이현 지음 | 298쪽 | 값 13,800원

 도덕 교과서 무엇이 문제인가?
김대용 지음 | 272쪽 | 값 14,000원

 자율주의와 진보교육
조엘 스프링 지음 | 심성보 옮김 | 320쪽 | 값 15,000원

 민주화 이후의 공동체 교육
심성보 지음 | 392쪽 | 값 15,000원
2009 문화체육관광부 우수학술도서

  갈등을 넘어 협력 사회로
이창언·오수길·유문종·신윤관 지음 | 280쪽 | 값 15,000원

 동양사상과 마음교육
정재걸 외 지음 | 356쪽 | 값 16,000원
2015 세종도서 학술부문

 교과서 밖에서 배우는 철학 공부
정은교 지음 | 280쪽 | 값 14,000원

좌우지간 인권이다
안경환 지음 | 288쪽 | 값 13,000원

민주시민교육
심성보 지음 | 544쪽 | 값 25,000원

민주시민을 위한 도덕교육
심성보 지음 | 500쪽 | 값 25,000원
2015 세종도서 학술부문

교과서 밖에서 배우는 인문학 공부
정은교 지음 | 280쪽 | 값 13,000원

오래된 미래교육
정재걸 지음 | 392쪽 | 값 18,000원

  대한민국 의료혁명
전국보건의료산업노동조합 엮음 | 548쪽 | 값 25,000원

교과서 밖에서 배우는 고전 공부
정은교 지음 | 288쪽 | 값 14,000원

교과서 밖에서 배우는 사회 공부
정은교 지음 | 304쪽 | 값 15,000원

▶ 남북이 하나 되는 두물머리 평화교육

분단 극복을 위한 치열한 배움과 실천을 만나다!

 10년 후 통일
정동영·지승호 지음 | 328쪽 | 값 15,000원

 선생님, 통일이 뭐예요?
정경호 지음 | 252쪽 | 값 13,000원

 분단시대의 통일교육
성래운 지음 | 428쪽 | 값 18,000원

▶ 출간 예정

근간 **핀란드 교육의 기적은 어떻게 만들어지나**
Hannele Niemi 외 지음 | 장수명 외 옮김

근간 **걸림돌**
키르스텐 세룹-빌펠트 지음 | 문봉애 옮김

근간 **마이클 애플의 민주학교**
한국교육연구네트워크번역총서 04 | 마이클 애플 지음

근간 **체육 교사, 수업을 말하다**
전용진 지음

근간 **도덕 수업, 책으로 묻고 윤리로 답하다**
울산도덕교사모임 지음

근간 **교실을 위한 프레이리**
아이러 쇼어 엮음 | 사람대사람 옮김

근간 **고쳐 쓴 갈래별 글쓰기 1**
(시·소설·수필·희곡 쓰기 문예 편)
박안수 지음(개정 증보판)

근간 **존 듀이와 교육**
한국교육연구네트워크번역총서 05 | 짐 개리슨 외 지음

근간 **고쳐 쓴 갈래별 글쓰기 2**
(논술·논설문·자기소개서·자서전·독서비평·
설명문·보고서 쓰기 등 실용 고교용)
박안수 지음(개정 증보판)

근간 **학교 혁신을 넘어 교육 공화국으로**
정은균 지음

근간 **조선근대교육의 사상과 운동**
윤건차 지음 | 이명실·심성보 옮김

근간 **왜 따뜻한 감성 수업인가**
조선미 지음

근간 **조선족 근현대 교육사**
정미량 지음

근간 **고등학교 국어 수업 토론 길잡이**
순천국어교사모임 지음

근간 **마을교육공동체란 무엇인가**
서용선 외 지음

근간 **함께 만들어가는 강명초 이야기**
이부영 외 지음

근간 **체험학습 학교협동조합이란 무엇인가**
주수원 외 지음

근간 **어린이와 시 읽기**
오인태 지음

참된 삶과 교육에 관한 생각 줍기